普通高等教育职业院校交通运输大类"十三五"规划教材

高等职业教育交通运输大类"互联网＋教育"创新规划教材

铁路工程施工组织与管理

主　编　许红叶　谢黔江

副主编　杨维国　杨素娟　陈　超

参　编　龚海育　刘丽霞　李晨峰

中南大学出版社

www.csupress.com.cn

·长沙·

高等院校交通运输类"十三五"规划教材

编审委员会

总　序

　　交通运输业是国民经济体系的重要组成部分，也是促进国民经济发展的重要基础产业和推动社会发展的先决条件。在最近的30年里，我国交通运输业整体上取得飞速发展，交通基础设施、现代化运输装备、客货运量总量和规模等都迅猛扩展，大量的新技术、新设备在铁路等交通运输方式中被投入应用。同时，大量的交通基础设施建设，特别是近年来我国高速铁路的不断投入使用，使我国的交通供需矛盾得到一定的缓解，我国交通运输网络的结构也得到了明显改善，颇具规模的现代化综合型交通运输网络已经初步形成。

　　我国交通运输业日新月异的发展，不仅对专业人才提出了迫切的需求，教材建设也成为专业建设的重点和难点之一。为解决当前国内高职院校交通运输类专业教材内容落后于专业与学科科技发展实际的难题，由中南大学出版社组织国内交通运输领域内的一批专家学者，协同编写了这套普通高等职业院校交通运输类"十三五"规划教材。参与规划和编写这套教材的人员都是长期从事交通运输专业的科研、教学和管理实践的一线专家学者，他们不仅拥有丰富的教学和科研经验，对我国交通运输相关科学技术的发展和变革也有深入的了解和掌握。这套教材比较全面、系统地介绍了目前国内交通运输领域尤其是高速铁路和城市轨道交通的客货运输管理、运营技术、车站设计、载运工具、交通信息与控制、道路与铁道工程等方面的内容，在编写时也注意吸收了国内外业界最新的实践和理论成果，突出了实用性和操作性，符合大中专院校交通运输类以及相关专业的培养目标和教学需求，是较为系统和完整的交通运输类系列教材。这套教材不仅可以作为普通高等职业院校交通运输专业课程的教材，同时还可以作为各类、各层次学历教育和短期培训的首选教材，也比较适合作为广大交通运输从业人员的学习参考用书。

　　由于我们的水平和经验有限，这套教材的编写也有不尽如人意的地方，敬请读者朋友们不吝赐教。编者在一段时间之后会根据读者意见以及学科发展和教学等的实际需要，再对教材认真进行修订，以期保持这套教材的时代性和实用性。

　　最后衷心感谢参加这套教材编写的全体同仁，正是由于他们的辛勤劳动，编写工作才得以顺利完成。我们还应该真诚感谢中南大学出版社的领导和同志们，正是由于他们的大力支持和认真督促，这套教材才能够如期与读者见面。

中国工程院院士
中南大学校长

前　言

　　铁路工程施工组织与管理是高等职业教育交通运输大类的一门非常重要的职业岗位拓展课程，内容覆盖铁道工程技术、城市轨道交通工程技术、道路桥梁工程技术、高速铁道工程技术、铁路桥梁与隧道工程技术等专业方向。"互联网＋教育"是国家"十三五"教育信息化发展的重要战略，本书结合了许多"互联网＋教育"元素，将其融入到教材中，适应智慧校园的发展。

　　本书内容坚持职业教育教学以"必需、实用"为度，按照可持续成长技能型人才培养的要求，针对高职、高专院校注重基础、注重实践、注重应用的特点，以掌握概念和基本原理为重点，侧重理解及知识应用。重点加强应用知识能力的培养和强化学生分析问题、解决问题能力的提高。

　　本书以项目为导向，以任务为驱动，按高职高专学生学习的特点开展情景教学。

　　通过本书 11 个项目、51 个任务的训练，学生能够了解铁路工程施工组织与管理的相关概念，熟悉其原理和流程，从而掌握工程技术人员必备的核心技能。

　　本书由湖南高速铁路技术学院许红叶、谢黔江主编，杨维国、杨素娟、陈超任副主编，龚海育、刘丽霞(中煤中原建设监理咨询有限公司)及李晨峰(中铁工程设计咨询集团有限公司)参编。具体编写人员如下：许红叶编写项目 2、3、4，谢黔江编写项目 5、8，杨维国编写项目 11，杨素娟编写项目 1，陈超编写项目 7，龚海育编写项目 9，刘丽霞编写项目 6，李晨峰编写项目 10。全书由许红叶、谢黔江统稿。

　　本书在编写过程中，参考了很多专家学者的论著，在此向他们表示衷心的感谢。本书提供的网址，只涉及查询浏览，不涉及下载及商业用途。由于时间仓促，编者的水平和经验有限，书中难免有欠妥和错误之处，恳请读者批评指正。

编　者

2017 年 5 月于湖南衡阳

目　录

项目 **1**

铁路工程施工组织设计概述

拟实现的教学目标

1. 能力目标

通过本项目的学习，能够对铁路工程施工组织设计进行初步的分析，初步具备编制铁路工程施工组织设计的能力。

2. 知识目标

了解铁路工程基本建设的特点及程序；熟悉铁路工程项目的组成及主要内容；掌握铁路工程施工组织设计的主要内容、编制方法及步骤。

3. 素质目标

通过对铁路工程施工组织设计案例的分析，培养学生在铁路工程项目实施过程中全方位管理的理念。

任务 1.1　熟悉铁路工程基本建设

基本建设是人类生产活动的基本形式，作为国民经济的重要组成部分，它是社会生产力发展和科技进步的动力。铁路运输是国民经济的大动脉。若要富，先修路，铁路基本建设是国家基本建设的一个重要方面。自 1876 年在我国出现第一条运营铁路算起，到 2016 年底，全国铁路营业里程达 12.4 万 km，其中高速铁路营业里程为 2.2 万 km 以上。

回顾"十二五"期间，我国铁路投资不断掀起高潮。2011—2014 年，我国铁路固定资产投资率逐年增长，从 2011 年的 5800 亿元增长至 2014 年的 8000 亿元，年复合增长率为 11.32%。2015 年铁路投资完成 8000 多亿元。由此"十二五"期间铁路累计投资达到 3.5 万亿元，远高于"十二五"规划的 2.8 万亿元。"十三五"期间，全国铁路固定投资规模将达 3.8 万亿元，其中基本建设投资约为 3 万亿元，建设新线 3 万 km。至 2020 年全国铁路营业里程计划达到 15 万 km，其中高速铁路为 3 万 km。

虽然中国铁路在强化"八纵八横"、构筑快速网络、扩大西部路网、提高线路质量等方面取得了很大的成就，但是还远远满足不了国民经济可持续发展的需要。铁路网密度仅为 130 km/万 km²，人均长度还不到 9 cm。特别在尚待开发的中西部广袤国土上，铁路建设还有很大的发展空间。高速铁路网络的构建方兴未艾，展望未来，任重而道远。

一、铁路工程基本建设的特点

铁路工程基本建设的主要任务包括：**修建新线铁路；既有线复线、多线和电化改造；线路个体工程；车站枢纽等的改扩建工程**。具有工程量大、施工战线长、技术门类广、专业种类多、配套工程多、施工条件复杂、建设投资大、建设工期长等特点。

1. 工程量大

以成昆铁路为例，全长 1100 km，主要工程量：土石方 9687.8 万 m^3，平均 8.8 万 m^3/km；挡土墙和路基加固工程 163.4 万 m^3，平均 1485 m^3/km；大、中、小桥 991 座，总延长 92.7 km；涵管 2263 座，隧道和明洞 427 座，总延长 341 km；桥隧总延长 433.7 km，占线路总长的 39.4%，全线有 42 个车站站内有大、中桥或隧道。

武广客运专线是我国铁路高速客运网主骨架之一，正线全长 968.446 km，于 2009 年 12 月 26 日全线建成通车。武广客运专线全线基本采用无砟轨道（主要为德国的雷达 2000 型轨道，部分采用日本的板式轨道，共 948.218 km）一次铺设跨区间无缝线路。正线路基共计 388.349 km，占线路总长的 40.1%；全线桥隧总长 580.097 km，占线路长度的 59.9%。共有桥梁 661 座 401.239 km，占线路长度的 41.4%；隧道 237 座 178.858 km，占线路长度的 18.5%。共征用土地 69615 亩，拆迁建筑物 375.66 m^2，土石方 1.01 亿 m^3。铁路工程量之大可见一斑。

2. 施工战线长

工点极为分散，铁路有多长，线路施工现场就有多长，而且终年不间断地在复杂地质和不同气候条件下进行野外施工。

3. 技术门类广

结构多样化，铁路工程包括线路、桥梁、隧道等，结构繁多。例如：线路包括路基和轨道；桥梁又分梁部和墩台基础，而仅桥梁基础就有明挖基础、挖井基础、挖孔基础、沉井、钻孔桩、管桩等不同类型；在结构上有石砌、混凝土、片石混凝土和钢筋混凝土等。

就成昆铁路而言，仅桥梁就有主跨 192 m 的钢桁梁桥、跨度 54 m 的石拱桥（均为当时铁路上最大的桥梁）；有 112 m 系杆拱栓焊钢梁、大跨度悬臂灌注钢筋混凝土梁和钢筋混凝土柔性桥墩等新结构；有锚杆挡墙、桩基挡墙、托盘式路基挡墙等新型和轻型支挡，以及锚杆喷浆护坡，锚杆钢筋网喷浆护坡、锚固桩等防护工程。

4. 专业种类多、配套工程多

铁路工程是一项专业多、工种杂、配套项目烦琐的系统工程。它包括拆迁工程、路基土石方工程、桥涵工程、隧道工程、轨道工程以及站后工程中通信、信号、电力、供电、房屋、供水等工程。

5. 施工条件复杂

铁路工程施工条件复杂，互相制约的因素多。一条铁路是由很多工程组成的，随着地形、地质、气候、交通、工期等条件不同而构成错综复杂的施工顺序、施工方法、运输方法和施工机具设备。铁路线路往往经过高山深谷、大江大河、盐碱沼泽、戈壁沙漠、永久冻土、原始森林、高原缺氧等特殊地区，工程艰巨、技术复杂、交通困难、生活条件差。

铁路工程在施工过程中还需要处理好征地、拆迁、补偿以及道路、供电、给水等问题。

6.建设投资大、建设工期长

铁路建设每千米的基建投资，由20世纪60年代的几十万元，发展到京沪高铁的1.676亿元；而施工期限短则数月，长则数年，如京沪高铁从开工到载客运行共耗时3年零2个月。

二、铁路工程基本建设程序

基本建设程序是指基本建设项目从立项决策、设计、施工到竣工验收并交付使用等整个工作过程中，各阶段、各环节之间必须遵循的先后次序。铁路基本建设必须严格执行建设程序。

（一）基本建设程序步骤

基本建设程序步骤如图1-1所示。

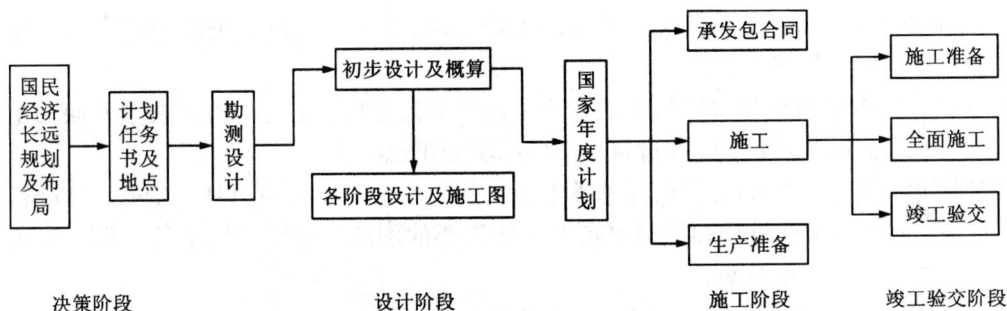

图1-1　基本建设程序步骤

（二）基本建设工作内容

1.可行性研究

铁路基本建设项目的前期工作划分为预可行性研究和可行性研究两个阶段。可行性研究是项目建设决策阶段的重要工作，是对建设项目进行技术、经济的可行性论证，作为提供立项决策的依据。

根据国民经济发展的规划，对建设项目进行可行性研究，可以减少决策的盲目性。为使建设项目具有切实的科学性，需要收集确切的资源勘探、工程地质和水文地质勘察、地形测量、科学研究、工程工艺技术试验、以及气象和环保等资料。在此基础上，论证建设项目在技术上、经济上和生产力布局上的可行性，进行多方案比较，推荐最佳方案作为项目建议书、计划任务书和设计任务书的依据。

2.设计任务书的编制

设计任务书是确定基本建设项目、编制设计文件的主要依据。它在基本建设程序中起主导作用。设计任务书把国民经济计划落实到建设项目上，同时使项目建设及建成投产后的人、财、物有可靠保证。

一切新建、扩建、改建项目，都要根据国家发展国民经济的计划和要求，按照项目的隶属关系，由主管部门组织计划、设计等单位，编制设计任务书。

3.选择建设地点

建设地点的选择，要求在综合研究和进行多方案比较的基础上，提出选点报告。例如进西藏的铁路，有川藏、青藏、新藏等不同走向方案，经综合比较选定由青海入藏。

综合考虑包括工程地质、水文地质、地形等自然条件，建设时所需的水、电、运输条件等，生产人员的生活条件、生产环境条件等，并进行全面比较。

4. 编制设计文件

建设项目的设计任务书和选点报告经批准后，主管部门应委托设计单位，按设计任务书的要求编制设计文件，设计文件是安排建设项目和组织工程的主要依据。

大、中型建设项目，一般采用两阶段设计，即初步设计和施工图设计；对于技术上复杂而又缺乏设计经验的项目，可增加技术设计阶段；对工程简单，原则明确，有条件的项目可按一阶段设计，即施工设计。

根据批准的可行性研究报告，在定测基础上开展初步设计。

初步设计的目的是确定建设项目在指定地点和规定期限内进行建设的可能性和合理性，从技术上和经济上，对建设项目通盘规划、合理安排，做出基本技术决定和确定总的建设费用，以便取得最好的经济效益。

技术设计是为了研究和决定初步设计所采用的工艺过程，建筑结构形式等方面的主要技术问题，补充和修改初步设计，与此同时，要编制修正总概算。

施工图设计是在批准的初步设计基础上编制的，比初步设计更具体、精确，是进行建筑安装、铺设、制造各类建筑物和机器设备安装所需要的图纸，是现场施工的依据。在施工图设计中，还应编制施工图预算。

铁路设计将现行的初步设计、技术设计及施工图设计三个设计阶段调整为初步设计和施工图设计两个阶段。铁路初步设计的工作深度要求达到现行技术设计的水平，解决各类工程的设计方案和技术问题、工程数量、主要设备数量、主要材料数量、用地拆迁数量、施工组织设计及概算。文件经审批后，作为控制建设项目总规模和总投资的依据。施工图的工作深度维持现行施工图阶段的水平，内容详细说明施工具体事项和要求。

5. 做好建设准备

为确保施工的顺利进行，必须做好各项建设的准备工作。设计任务书批准之后，主管部门根据计划要求的建设进度和工作的实际情况，指定企业或建设单位，组成精干班子，负责建设准备工作。

6. 列入年度计划

一切建设项目都要纳入国家计划，进行综合平衡。大、中型项目由国家批准；小型项目按隶属关系，在国家批准的投资总额内，由各部门、省、市、自治区自行安排；用自筹资金安排的项目，要在国家确定的控制指标内编制计划。

根据批准的总概算和建设工期，合理安排建设项目的分年度实施计划。

7. 组织施工

建设项目列入国家年度计划后，应做好准备工作，具备开工条件，并经审核批准才能开工。施工单位自承接工程任务至竣工验交，一般要经过施工合同签订、施工规划、工程施工准备、施工组织及管理、竣工验交等五个步骤，如图1-2所示。

8. 生产准备

为保证项目建成后能及时投产，建设单位要根据建设项目的生产技术特点，组成专门的生产班子，抓好生产的准备工作。如京沪高铁在全线铺轨完成后，先组织进行山东枣庄至安

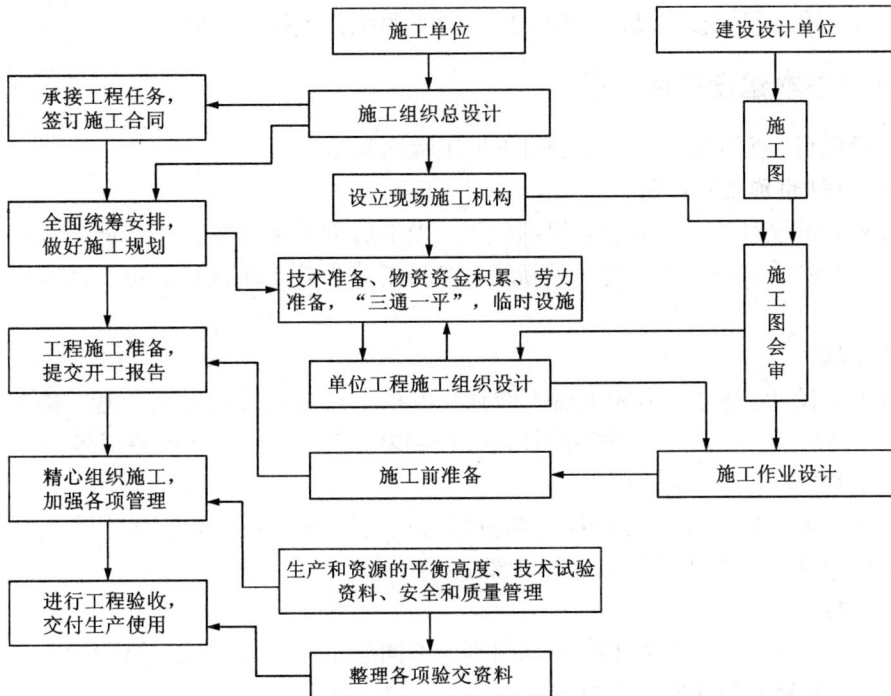

图 1 - 2　施工单位工作程序

徽蚌埠先导段联调联试和综试，并扩大至枣庄至上海段进行联调联试，再经空载试运行、全线满图试运行，最后进行载客运行。

9. 竣工验收，交付生产

竣工验收的作用在于：在投产前解决影响正常生产的问题；参加建设的各单位分别进行总结；移交固定资产，交付生产和使用。

铁路基本建设程序除上述的预可行性研究、可行性研究、初步设计、施工图设计、工程施工和设备安装、验交投产、正式运营等具体工作内容外，还要加强铁路建成后的后评估工作。在铁路运营若干年后，由建设单位会同有关部门对立项决策、设计质量、施工质量、技术经济指标、投资和经济效益等进行后评估，以总结经验，提高决策水平。

任务 1.2　认知铁路工程项目管理

一、铁路基本建设项目

凡按一个总体设计的建设工程并组织施工，完工后具有完整的系统，可以独立地形成生产能力或使用价值的工程，称为一个建设项目。执行基本建设项目投资的企业或事业单位称基本建设单位，简称建设单位。

铁路基本建设项目，从大的方面而言，有铁路新线修建项目、既有线复线或电化改造项目、线路或个体工程改扩建项目等，它们又包含许多子项目，如新建铁路基本建设工程项目线路路基及轨道、桥隧建筑、站场、机务设备、车辆设备、给排水、通信、信号、电力、房屋建筑，一般将前三项工程统称为站前工程，后七项工程统称为站后工程。

二、铁路基本建设项目工程

一个建设项目，按其复杂的程度，由下列工程内容组成。

1. 单项工程（也称工程项目）

凡具有独立的设计文件，可独立组织施工，竣工后可以独立发挥生产能力或工程效益的工程，称为一个单项工程。如修建一条新线，将其划分为若干个区段，每个区段可作为单项工程完成。

2. 单位工程

凡具有独立设计、施工，但完工后不能独立发挥生产能力或效益的工程，称为单位工程如站前工程、站后工程以及一段铁路的任何一段路基、任何一座桥梁或隧道等。

3. 分部工程

分部工程一般是按单位工程的各个部位划分的，如一座桥梁由上部建筑和下部建筑组成。桥梁墩台由基础工程和主体工程等分部工程组成。

4. 分项工程

分项工程是按工程的不同结构、不同材料、不同施工方法划分的，如桥梁墩台主体工程由模板、钢筋、混凝土等分项工程组成。

5. 示例网址及二维码

《六沾复线Ⅰ标段项目层次划分实例》（网址及二维码）：

http：//www. worlduc. com/blog2012. aspx？bid = 12244169

三、铁路工程项目的生命周期

任何项目都有其生命周期，从策划直至竣工投产。整个生命周期又划分为若干个特定阶段，每一阶段都有一定的时间要求，都有它特定的目标，都是下一阶段成长的前提。铁路工程项目的生命周期也可看作是项目管理的各个阶段划分。按照时间的先后顺序，可把铁路工程项目管理划分为四大阶段，即项目决策阶段，项目组织、计划与设计阶段，项目实施阶段，项目竣工验收及试生产阶段，如图1－3所示。

四、铁路工程项目管理及特点

1. 铁路工程项目管理的概念

铁路工程项目管理是以铁路工程项目为对象，以项目经理负责制为基础，以实现项目目标为目的，以构成铁路工程项目要素的市场为条件，以与此相适应的一整套施工组织制度和管理制度作保证，对铁路工程项目建设全过程系统地进行决策、计划、组织、协调和控制的方法体系。

2. 铁路工程项目管理的特点

（1）有明确的特定目标。中标承担的铁路工程项目施工，尽管有多重目标，但最重要的是工期、质量、成本三项。对于项目管理者来说，这三项目标是最大的约束条件，必须追求项目施工快速、优质、低成本。

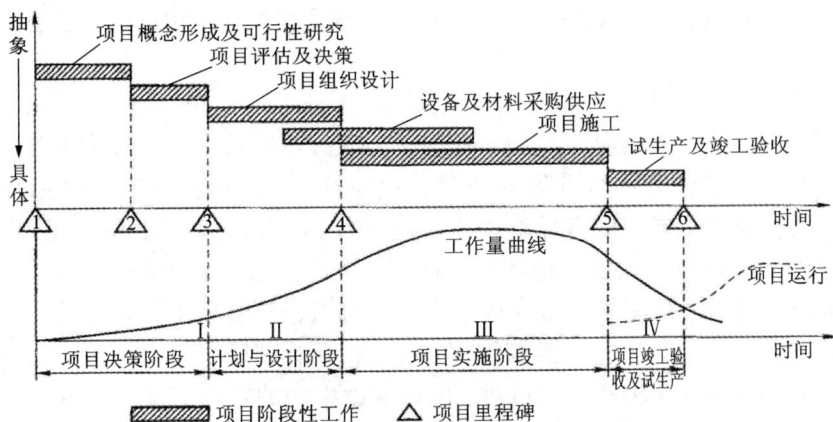

图 1 – 3 铁路工程项目生命周期及阶段划分

1—项目建议书提出；2—可行性研究报告提出；3—计划任务书下达；4—图纸交付、开工命令下达；
5—项目配套竣工；6—试生产验收合格

（2）实行项目经理负责制。作为第一管理者的项目经理，必须充分发挥个人的聪明才智，利用自己的责权进行集中统一领导和科学管理。

（3）组织管理机构的临时性（一次性）。施工单位某项铁路工程中标后，即要组建项目经理部，选定第一管理者（项目经理），组建管理机构（管理层），调集施工队伍（劳务层），制订计划和部署施工。这些组织机构和人员都不是固定的，且是一次性的，工程结束后，各回原单位另行分配工作。

（4）组织管理的有序性。按任务要求的一定程序、步骤、方法、标准施工，在特定的时间内达到预期的目标。

（5）项目管理是系统性的管理。实行项目管理的铁路工程项目，由管理者对各种资源（包括人、财、物及技术）进行统一使用和调配，组成有机整体，并按规定的程序和步骤进行信息传递、反馈，上下内外合作，为实现系统目标而运作，发挥系统整体优势。

五、铁路工程项目管理的主要内容

铁路工程项目管理的主要内容，可以概括为"四控制、两管理、一协调"。

（一）四控制

1. 进度控制

建设工程项目管理有多种类型，代表不同利益方的项目管理（业主方和项目参与各方）都有进度控制的任务，但是，其控制的目标和时间范畴并不相同。

业主方进度控制的任务是控制整个项目实施阶段的进度，包括控制设计准备阶段的工作进度、设计工作进度、施工进度、物资采购工作进度，以及项目启动前准备阶段的工作进度。

设计方进度控制的任务是依据设计任务委托合同对设计工作进度的要求控制设计工作进度，这是设计方履行合同的义务。另外，设计方应尽可能使设计工作的进度与招标、施工和物资采购等工作进度相协调。

施工方进度控制的任务是依据施工任务委托合同对施工进度的要求控制施工进度，这是施工方履行合同的义务。

进货方进度控制的任务是依据供货合同对供货的要求控制供货进度,这是供货方履行合同的义务。

2. 成本控制

铁路施工项目成本控制应从工程投标报价开始,直至项目竣工结算完成为止,贯穿于项目实施的全过程。成本作为项目管理的一个关键性目标,包括责任成本目标和计划成本目标,它们的性质和作用不同。前者反映组织对施工成本目标的要求,后者是前者的具体化,把施工成本在组织管理层和项目经理部的运行有机地连接起来。

根据成本运行规律,成本管理责任体系应包括组织管理层和项目管理层。组织管理层的成本管理除生产成本以外,还包括经营管理费用;项目管理层应对生产成本进行管理。组织管理层贯穿于项目投标、实施和结算过程,体现效益中心的管理职能;项目管理层则着眼于执行组织确定的施工成本管理目标,发挥现场生产成本控制中心的管理职能。

3. 质量控制

质量是铁路工程项目管理的重要任务目标。工程项目质量目标的确定和实现过程,需要系统有效地应用质量管理和质量控制的基本原理和方法,通过建设工程项目各参与方的质量责任和职能活动的实施来达到。

质量控制是质量管理的一部分,致力于满足质量要求的一系列相关活动。铁路工程项目质量控制,在工程勘察设计、招标采购、施工安装、竣工验收等各个阶段,项目关系人均应围绕着致力于满足业主要求的质量总目标而展开。

质量控制是在明确的质量目标和具体的条件下,通过行动方案和资源配置的计划、实施、检查和监督,进行质量目标的事前控制、事中控制和事后纠偏控制,实现预期质量目标的系统过程。

4. 职业健康安全与环境控制

随着人类社会进步和科技发展,职业健康安全与环境的问题越来越突出。为了保证劳动者在劳动生产过程中的健康安全,并保护人类的生存环境,必须加强铁路工程项目建设中的职业健康安全与环境的控制管理,提高建设工程项目环境保护的要求,健全职业健康安全管理体系与环境管理体系的建设,完善相关措施,确保职业健康安全与环境控制目标的实现。

（二）两管理

1. 合同管理

铁路工程项目是一个极为复杂的社会生产过程,要经历可行性研究、勘察设计、工程施工、运行和维修改造等阶段;有建筑、土建、水电、设备安装、通信等专业设计和施工活动;需要各种材料、设备、资金和劳动力的供应。由于现代的社会化大生产和专业化分工,一个较大规模的工程项目可能就有几个或者几十个单位参加。它们之间形成各式各样的合同关系,工程项目的建设过程实质上就是一系列合同的签订和履行的过程。

合同管理贯穿于项目管理的整个过程,并与项目的其他管理职能相协调。合同管理过程如图1-4所示。

2. 信息管理

信息管理包括铁路工程项目实施过程中所有信息的收集、整理、加工、储存、传递与应用。通过有组织的信息流通,使决策者能及时、准确地获得相应的信息,以做出科学的决策。

```
设计/计划 → 招标投标 → [工程施工] → 项目结束

合同策划 → 合同起草/审查   合同分析 → 合同交底 → 合同监督 → 合同跟踪 → 变更管理 → 索赔管理   合同后评估
```

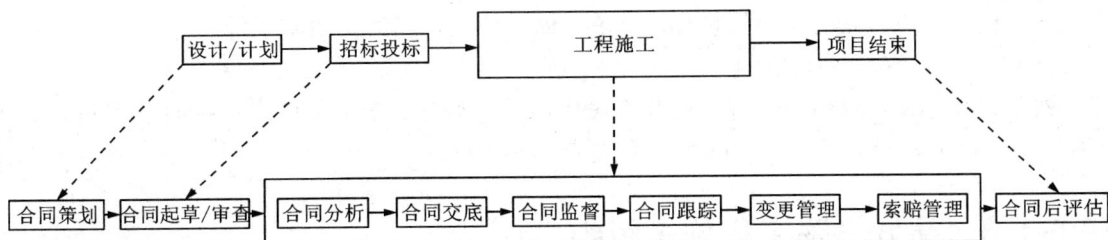

图1-4 合同管理过程

（三）一协调

一协调是指组织协调工作，包括如下内容。

1. 施工单位的内部协调

（1）内部人际关系的协调。

①在人员安排上要量才录用；

②在工作委任上要职责分明；

③在成绩评价上要实事求是；

④在矛盾调解上要恰到好处。

（2）内部组织关系的协调。

①在职能划分的基础上设置组织机构；

②明确规定每个部门的目标、职责和权限；

③事先约定各部门在工作中的相互关系；

④建立信息沟通制度；

⑤及时消除工作中的矛盾和冲突。

（3）内部需求关系的协调。

①对施工设备、材料的平衡；

②对施工人员的平衡。

2. 与业主关系的协调

（1）施工管理人员要理解铁路工程的总目标，理解业主的意图。

（2）做好施工宣传工作，促使业主对施工大力支持。

（3）尊重业主，让业主投入到铁路工程施工的全过程。

3. 与监理单位的协调

（1）坚持原则，实事求是，严格按规范、规程办事。

（2）协调不仅是方法、技术问题，更多的是语言艺术、感情交流。

4. 与设计单位的协调

（1）真诚尊重设计单位的意见。

（2）及时向设计单位提出施工中出现的问题，以免造成大的损失。

（3）注意信息传递的及时性和程序性。

5. 与政府部门及其他单位的协调

（1）与政府部门的协调。

①发生重大质量、安全事故时，及时向政府有关部门报告，接受检查和处理；

②工程合同应报政府建设管理部门备案，做好施工现场的文明施工等。

（2）与社会团体的关系协调。

铁路工程建设给当地的经济发展和人民生活带来好处，施工单位应把握有利时机，搞好宣传工作，争取社会各界对工程的关心和支持。

任务1.3　认知铁路工程施工组织设计

一、施工组织设计的概念

所谓铁路工程施工组织，它是需要规划、部署全部施工生产活动，制订先进合理的施工方案和技术组织措施，解决施工过程中在组织上的一些主要问题，处理好各项技术作业之间的关系，合理确定在什么时间、按什么顺序、用什么方法和机具、用多少劳动力和材料来完成施工任务的过程。

铁路工程施工组织就是针对工程施工的复杂性，探讨与研究铁路工程施工全过程以达到最优效果，寻求最合理的统筹安排与系统管理的客观规律的一门学科。具体地讲，施工组织的任务就是根据铁路工程施工的技术经济特点、国家的建设方针政策和法规、业主的计划与要求、提供的条件与环境，对耗用的大量人力、资金、材料、机械和施工方法等进行合理的安排，并协调各种关系，使之在一定的时间和空间内，得以实现有组织、有计划、有秩序地施工，以期在整个施工上达到相对最优的效果。即实现进度上耗工少、工期短，质量上精度高、功能好，经济上资金少、成本低。

学习和研究铁路工程施工组织，必须具有本专业的基础知识及铁路路基、桥梁、隧道、轨道线路等建筑结构和施工技术知识。施工组织编制是对专业知识、组织管理能力、应变能力等的综合运用。如前所述，施工对象千差万别，需组织协调的关系更是错综复杂，我们不能把一种固定不变的组织管理方法与模式运用于一切工程上。必须充分掌握施工的特点和规律，从每一环节入手，做到精心组织、科学规划与安排、制定切实可行的施工组织设计，并据此严格控制与管理，全面协调好施工中的各种关系，充分利用各项资源以及时间与空间，以取得最佳效果。

二、施工组织设计的分类

铁路工程施工组织设计，按其针对性不同，有不同的分类。

1. 按工程专业类别分类

（1）新建铁路工程施工组织。

（2）增建二线铁路工程施工组织。

（3）铁路电气化改造工程施工组织。

（4）铁路独立枢纽工程施工组织。

2. 按编制阶段分类

施工组织设计按编制阶段的分类，如表1-1所示。

表 1-1　施工组织设计按编制阶段分类

编制阶段	施工组织设计名称	编制单位
预可行性研究	概略施工组织方案意见	建设单位
可行性研究	施工组织方案意见	建设单位
初步设计	施工组织设计意见	设计单位
投标阶段	投标施工组织设计(指导性施工组织设计)	施工单位(建设单位)
中标后施工阶段	标后施工组织设计(实施性施工组织设计)	施工单位

3. 按编制对象范围分类

(1)施工组织总设计。施工组织总设计是以一个标段或一个建设项目为编制对象，以批准的初步设计或扩大初步设计为主要依据。在总承包企业总工程师的领导下进行编制，用以指导整个建设工程施工全过程的各项施工活动的、全局性的技术经济性文件。

(2)单位工程施工组织设计。单位工程施工组织设计是以一个单位工程(一座桥涵、一座隧道或一段路基土石方工程)为编制对象，在施工图设计完成后，由直接组织施工的项目部负责编制，用以指导单位工程施工全过程的各项施工活动的技术经济性文件。

(3)分部、分项工程施工组织设计。这是指为分部、分项或特殊条件下工程施工编制的施工组织设计文件。

4. 按编制内容的繁简程度分类

(1)完整的施工组织设计。对于规模大，结构复杂，技术要求高，采用新结构、新技术、新工艺的重点工程或拟建工程项目，必须编制内容详尽的完整施工组织设计。

(2)简明的施工组织设计(施工简要)。对于规模小、结构简单、技术不复杂且以常规施工为主的非重点工程或拟建工程项目，通常可编制仅包括施工方案、施工进度计划和施工平面图(简称一案、一表、一图)等内容的简明施工组织设计。

三、施工组织设计的主要内容

1. 工程概况

工程概况包括拟建工程的建筑、结构特点，工程规模及用途，建设地点的特征，施工条件，施工力量，施工期限，技术复杂程度，资源供应情况，上级、建设单位提供的条件及要求等各种情况的概要和分析。

2. 施工准备工作计划

施工准备工作计划主要为明确施工前应完成的施工准备工作的内容、起止期限、质量要求等，主要包括：施工项目部的建立，技术资料的准备，现场"三通一平"，临建设施，测量控制网准备，材料、构件、机械的组织与进场，劳力组织等。

3. 施工方案

施工方案的选择应结合人力、材料、机械、资金和施工方法等可变因素与时间、空间的优化组合，全面布置任务，安排施工顺序和施工流向，确定施工方法和施工机械。对承建工程可能采用的几个方案进行分析，通过技术经济比较、评价，选出最佳方案。

4. 施工进度计划

施工进度计划是施工组织设计在时间上的体现，是组织与控制整个工程进展的依据，是施工组织设计中的关键内容。

5. 施工(总)平面图

施工(总)平面图指施工现场的布置，即各种临时工程的设置规模、方案、位置和布局等。

6. 资源配置的方案

资源配置的方案，即材料设备采购供应方案、分年度主要材料设备采购供应计划、关键施工设备的数量及进场计划、劳力计划、投资计划等。

7. 管理的措施

管理的措施即标准化管理、质量管理、安全管理、工期控制、投资控制、环境保护、路基桥梁沉降控制及观测、预警机制和紧急预案、信息化管理等。

四、编制步骤及方法

（一）编制步骤

施工组织设计应按照不同阶段的内容、深度要求进行编制，包括概略施工组织方案意见、施工组织方案意见、施工组织设计意见、指导性施工组织设计的编制（步骤略）。实施性施工组织设计的编制步骤是以标段工程、单位工程、地段、工点为编制单元，根据指导性施工组织设计的要求进行编制，是指导现场施工与编制作业计划的依据，其编制步骤如图 1 - 5所示。

（二）编制方法

施工组织设计应根据工程分布和工程数量，选择和优化施工方案，合理划分施工区段和组织流水作业，拟定施工进度并计算资源需要量，按均衡施工的原则，对拟定进度计划进行修正，提出大型临时和过渡工程的设置意见，完成施工总平面图布置等。

施工组织设计中各主要环节的编制，应根据其控制因素展开。

1. 总工期的确定

在完成准备工作的基础上，摸清全线路基、桥梁、隧道全部工点情况，填写全线工点一览表，作为施工组织设计的对象；初步确定控制性工程及重难点工程的施工方案和工期；计算线下分段工程工期；初步确定箱梁(T 梁)、轨道板(双块式轨枕)预制场的设置方案及架梁方向；初步确定铺轨基地的设置方案及铺轨方向；进而优化控制性及重难点工程的施工方案和大型临时工程的布置方案和工期；并初步确定大型站房的方案和工期、铺架完成后的接触网、信号工程方案和工期，以及为联调联试必需的其他站后工程方案和工期；最后，初步确定联调联试及运行试验、初验及安全评估的工期。绘制总体施工组织形象进程图，在均衡配置"人财物机"的基础上，对铺架工程和联调联试两条主线上的控制性工程及重难点工程的施工方案和工期，进行技术经济比选，确定总工期的推荐意见。

2. 材料供应方案

拟定材料供应的料源，分别按铁路专用、主要建材和当地料三大类拟定料源点及其储量；拟定运输方法；根据不同的运输方法、运距、运价，并综合考虑不同运输方案所引起的修建临时设施的费用、料价差别和安全等因素，比选出合理的运输方案。

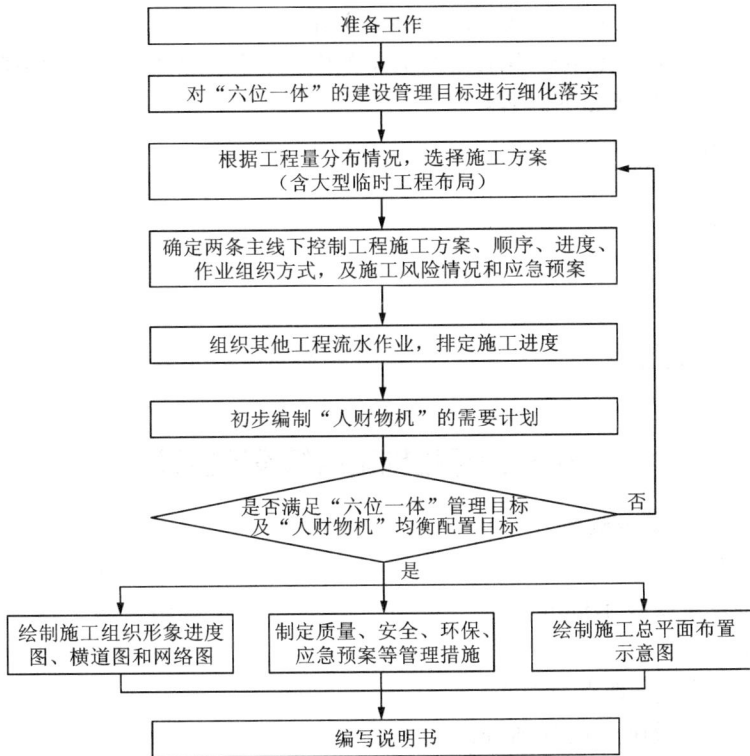

图 1-5　实施性施工组织设计的编制步骤

3. 施工顺序及进度安排

站前工程，为确保铺轨期限，应首先安排好控制性工程及重难点工程的施工顺序，然后再考虑一般工程的施工顺序。有砟轨道工程必须做到铺砟铺轨协调，无砟轨道应重点考虑无砟道床的施工进度。站后工程，应结合站前工程的施工进度，统筹安排，配套完成。

4. 大型临时设施和过渡工程

大型临时设施，应根据现场情况，经比选确定设置方案及建设规模，估算工程数量。过渡工程，应根据设计工程内容，结合既有设施产权与维护部门的意见，拟定安全可靠的施工过渡方案及其规模、标准，估算工程数量。

5. 主要人工、材料、施工机械台班数量

按工程数量，根据工程的人工、材料、机械的消耗水平分析计算。

6. 施工总平面布置图和总体施工组织形象进度图

（1）施工总平面布置图主要包括以下内容：

①线路平面缩略图及主要村镇、河流、行政区界；

②重点桥隧等工程的特征；

③车站分布及其特征；

④料源点分布及其特征；

⑤大型临时设施的位置；

（5）主要试验、质量检测仪器设备配备。

13. 临时用地与施工用电计划

（1）临时用地计划；

（2）施工用电计划。

14. 主要材料供应计划

（1）材料供应组织；

（2）材料来源及运输方法；

（3）物资管理；

（4）主要材料供应计划表。

15. 合同用款估算

（1）安排用款计划的原则；

（2）合同用款估算表。

16. 文明施工、文物保护

（1）文明施工；

（2）文物保护管理措施。

17. 其他应说明的事项

（1）工程保险；

（2）廉政建设保证措施；

（3）交通配合措施；

（4）施工配合与协调措施；

（5）确保民工工资发放的措施；

（6）参考的施工标准、设计标准及验收标准清单。

18. 附表

（1）拟为承包本工程设立的项目实施组织机构图；

（2）拟投入本工程的主要施工设备表；

（3）拟配备本工程的实验和检测仪器设备表；

（4）××新建铁路 PJ - 01 标施工进度计划网络图；

（5）××新建铁路 PJ - 01 标施工进度计划横道图；

（6）劳动力计划表；

（7）××新建铁路 PJ - 01 标施工总平面图；

（8）临时工程占地计划表；

（9）外部电力需求计划表。

19. 案例网址及二维码

《施工组织设计的文本组成》（网址及二维码）：

http：//www. worlduc. com/SpaceShow/Blog/More. aspx？cid = 489316&sid = 2654316&uid = 177251

思考与练习

1. 什么是基本建设？铁路基本建设的特点有哪些？

2. 什么是基本建设程序？基本建设程序步骤如何划分？

3. 基本建设工作内容有哪些？

4. 什么是建设项目？铁路基本建设项目工程由哪些内容组成？

5. 简述铁路基本建设工程施工步骤。

6. 铁路工程项目管理的主要内容有哪些？

7. 铁路工程项目管理的生命周期指的是什么？

8. 铁路工程施工组织设计的主要内容有哪些？

9. 简述铁路工程施工组织设计的编制步骤。

项目 2

铁路工程项目施工准备与临时工程

拟实现的教学目标

1. 能力目标

通过本项目的学习，学生能够针对铁路工程项目进行施工调查、技术准备、劳动组织准备、施工物资准备和施工现场准备等各项准备工作，并能够根据需要计算并布置临时工程。

2. 知识目标

了解施工准备工作的含义、任务及分类；掌握施工准备工作的主要内容；掌握临时工程的计算及布置原则。

3. 素质目标

培养学生的团队意识，提高与团队成员之间的沟通、协作能力，初步养成尊重客观实际、服从施工规律的技术管理工作素质。

任务 2.1 掌握施工准备工作

一、施工准备工作的含义及任务

1. 施工准备工作的含义

施工准备工作是指开工前为了保证整个工程能够按计划顺利施工，事先必须做好的各项工作，为施工创造必要的技术、物资、人力、现场和外部组织条件，从而使各项施工活动科学、合理地开展。施工准备工作是施工阶段的一个重要环节，是施工管理的重要内容。

2. 施工准备工作的任务

施工准备工作的任务：调查研究工程施工相关的各种原始资料、施工条件以及业主要求，全面、合理地安排施工力量，从计划、技术、组织、人力、物力、资金、现场及施工环境等方面为拟建工程的顺利施工创造一切必要条件，并对施工中可能出现的各种变化做好应变准备。

二、施工准备工作的分类

（一）按施工准备工作的对象分类

1. 全场性施工准备

以整个建设项目或一个施工工地为对象而进行的各项施工准备工作称为全场性施工准备。其特点是施工准备工作的目的、内容都是为全场性施工服务的，不仅要为全场性施工活动创造有利条件，而且要兼顾单位工程的施工条件准备。

2. 单位工程施工条件准备

以一个单位工程为对象而进行的施工条件准备工作称为单位工程施工条件准备。其特点是施工准备工作的目的、内容都是为单位工程施工服务的，但它不仅要为该单位工程在开工前做好一切准备，而且还要为分部（分项）工程做好施工准备工作。

3. 分部（分项）工程作业条件准备

以一个分部（分项）工程或冬、雨期施工项目为对象而进行的作业条件准备称为分部（分项）工程作业条件准备，其是基础的施工准备工作。

（二）按施工阶段分类

施工准备工作按拟建工程所处的不同施工阶段，可分为开工前施工准备工作和各分部（分项）工程施工前准备工作两种。

1. 开工前施工准备工作

它是在拟建工程正式开工之前所进行的一切施工准备工作。其目的是为拟建工程正式开工创造必要的施工条件。它既可能是全场性的施工准备，也可能是单位工程施工条件准备。

2. 各分部（分项）工程施工前准备工作

它是在拟建工程正式开工之后，在每一个分部（分项）工程施工之前所进行的一切施工准备工作。其目的是为各分部（分项）工程的顺利施工创造必要的施工条件。该施工准备又称为施工期间的经常性施工准备，也称为作业条件的施工准备。它具有局部性、短期性和经常性的特点。

三、施工准备工作的基本内容

铁路工程项目施工准备工作包括施工调查、技术准备、劳动组织准备、施工物资准备和施工现场准备五个方面，如图 2-1 所示。

（一）施工调查

投标前，调查有关工程项目特征与要求的资料，制定科学的投标策略和报价。中标后，调查工程项目所在地的自然条件、技术经济条件、社会生活条件，编写施工调查报告。

1. 有关工程项目特征与要求的资料

（1）向业主和主体设计单位了解并取得可行性研究报告、工程地址选择、扩大初步设计等方面的资料，以便了解建设目的、任务、设计意图。

（2）弄清设计规模、工程特点及投资额。

（3）了解生产工艺流程与工艺设备特点及来源。

（4）摸清对工程分期、分批施工，配套交付使用的顺序要求，图纸交付的时间以及工程施工的质量要求和技术难点等。

施工调查
1. 有关工程项目特征与要求的资料
2. 施工场地及附近地区自然条件
3. 施工区域的技术经济条件
4. 社会生活条件

技术准备
1. 交接桩与施工定线
2. 熟悉、审查施工图纸
3. 编制施工组织设计
4. 编制施工图预算和施工预算
5. 签订工程分包合同
6. 实验工作准备

劳动组织准备
1. 建立拟建工程项目的领导机构
2. 组建精干的施工队伍
3. 组织劳动力进场，对施工队伍进行各种教育
4. 对施工队伍及工人下达施工计划和技术交底
5. 建立健全各项管理制度

施工物资准备
1. 构建材料准备
2. 构(配)件、制品的加工准备
3. 建筑安装机具的准备
4. 生产工艺设备的准备

施工现场准备
1. 施工用地划拨
2. 建筑物拆迁与改移
3. "三通一平"
4. 临时设施搭设
5. 现场补充勘探
6. 建筑材料、构配件的现场储存、堆放
7. 组织施工机具进场、安装和调试
8. 做好特殊环境下的现场准备，设置消防安全设施

施工准备工作内容

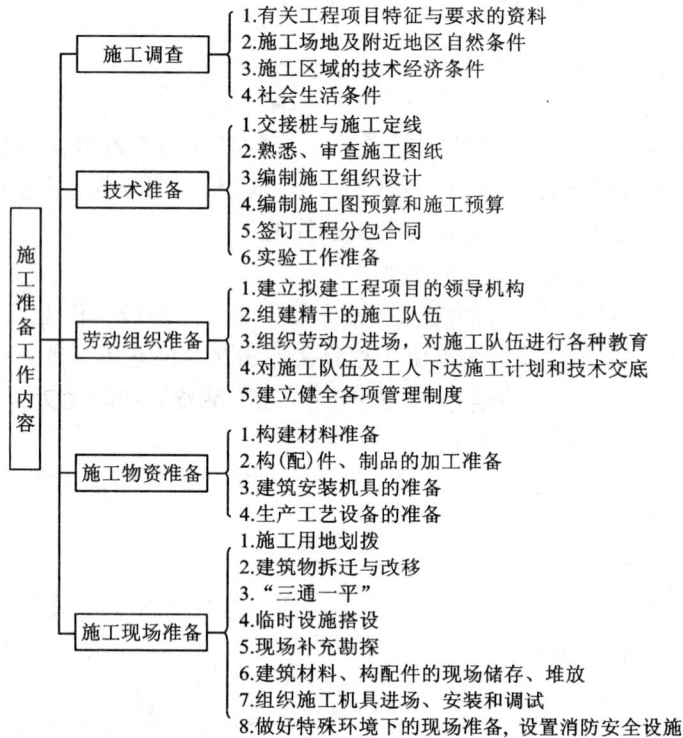

图 2－1　施工准备工作内容

2. 施工场地及附近地区的自然条件

建设地区自然条件调查内容主要包括建设地点的气象、地形、地貌、工程地质、水文地质、场地周围环境、地上障碍物和地下隐蔽物等情况。

3. 工程项目所在地的技术经济条件

（1）地方建材供应条件。

地方建材主要指碎石、砾石、块石、砂石和工业废料（如矿渣、炉渣和粉煤灰）等，此项调查是合理选用地方建材、降低工程成本的重要依据，调查内容如表 2－1 所示。

表 2－1　地方建材供应条件调查表

序号	材料名称	产地	储藏量	质量	开采量	出厂价	供应能力	运距	单位运价

（2）地方建筑生产企业。

地方建筑生产企业主要是指建筑构件厂、木工厂、金属结构厂、硅酸盐制品厂、砖厂、水泥厂、白灰厂和建筑设备厂等，主要调查内容如表 2－2 所示。此项为确定材料、构（配）件、制品等的货源、供应方式和编制运输计划、规划场地和临时设施等提供依据。

表 2-2　地方建筑生产企业调查表

序号	企业名称	产品名称	单位	规格	质量	生产能力	生产方式	出厂价格	运距	运输方式	单位运价	备注

（3）交通运输条件。

铁路工程项目施工中主要有 3 种交通运输方式：水路运输、铁路运输和公路运输。此项调查为确定材料和设备的运输方式，进行运输业务的组织以及规划施工便道提供依据。

（4）水、电及通信条件。

水、电是施工不可缺少的条件，可由当地城市建设、电业及通信等管理部门和业主提供。此项调查为规划临时供水、临时供电等大型临时工程提供依据。

4. 社会生活条件

（1）铁路工程项目施工地区可资利用的房屋类型、面积、结构、位置、使用条件和满足施工需要的程度，附近主副食供应、医疗卫生、商业服务条件，公共交通、通讯条件、消防治安机构的支援能力。此项调查为规划临时生产、生活设施，建造职工生活基地提供依据。

（2）附近地区机关、居民、企业分布状况及作息时间、生活习惯和交通情况。施工时吊装、运输、打桩、用火等作业所产生的安全问题、防火问题，以及振动、噪声、粉尘、有害气体、垃圾、泥浆、运输散落物等对周围人们的影响及防护要求，工地内外绿化、文物古迹的保护要求等。此项调查为制定文明施工及环境保护措施提供依据。

5. 其他

（1）当地可供使用的闲置劳动力资源，人数、技术水平、来源及工资标准。此项调查为编制劳动力供应计划提供依据。

（2）施工区域内建筑物拆迁及补偿办法，以及拆除材料的利用情况。

（3）对国外施工项目，调查内容应更加广泛。如对汇率、进出海关的程序与规则，项目所在国的法律、法规和政治经济形势，业主资信等情况都要进行深入细致的调查。

（二）技术准备

技术准备是施工准备的核心，是确保工程质量、工期、施工安全和降低成本，提高施工企业经济效益的关键。完成施工调查工作以后，应着手做好交接桩与施工定线，熟悉与审查施工图纸，编制施工组织设计，编制预算文件，签订分包合同及工程实验等一系列技术准备工作。

1. 交接桩与施工定线

（1）交接桩。

铁路施工单位接到设计文件以后，应会同设计单位进行交接桩工作，包括主要交接线路标段的起终点桩，直线转点桩、交点桩及其护桩，曲线及缓和曲线的控制桩，大型建筑物的中线桩，隧道进出口桩以及水准基点桩。

（2）施工定线。

施工定线是指将设计线路及建筑物的中轴线在地面上正确地测设出来。

2. 熟悉、审查施工图纸和有关的设计资料

（1）审查拟建工程的地点、建筑总平面图同国家、城市或地区规划是否一致，建筑物或构筑物的设计功能和使用要求是否符合卫生、防火及美化城市方面的要求。

（2）审查设计图纸是否完整、齐全，设计资料是否符合国家有关工程建设的设计、施工方面的方针和政策。

（3）审查设计图纸与说明书在内容上是否一致，设计图纸与其各组成部分之间有无矛盾和错误。

（4）审查建筑总平面图与其他结构图在几何尺寸、坐标、高程、说明等方面是否一致，技术要求是否正确。

（5）审查工业项目的生产工艺流程和技术要求，掌握配套投产的先后次序和相互关系，以及设备安装图纸与其相配合的土建施工图纸在坐标、高程上是否一致，掌握土建施工质量是否满足设备安装的要求。

（6）审查地基处理与基础设计同拟建工程地点的工程水文、地质等条件是否一致，以及建筑物或构筑物与地下建筑物或构筑物、管线之间的关系。

（7）明确拟建工程的结构形式和特点，复核主要承重结构的强度、刚度和稳定性是否满足要求，审查设计图纸中的工程复杂、施工难度大和技术要求高的分部（分项）工程或新结构、新材料、新工艺，检查现有施工技术水平和管理水平能否满足工期和质量要求并采取可行的技术措施加以保证。

（8）明确建设期限、分期分批投产或交付使用的顺序和时间，以及工程所用的主要材料、设备的数量、规格、来源和供货日期。

（9）明确建设、设计和施工等单位之间的协作、配合关系，以及业主可提供的施工条件。

3. 编制施工组织设计

为了使复杂的建筑工程的各项工作在施工中得到合理安排，有条不紊地进行，必须做好施工的组织工作和计划安排。施工组织设计是根据设计文件、工程情况、施工期限及施工调查资料，对拟建工程做出全面、科学、合理的施工部署，包括各项工程的施工期限、施工顺序、施工方法、工地布置、技术措施、施工进度、生产资源供应计划等内容（可用图表和说明表达出来）。

4. 编制预算文件

（1）编制施工图预算。施工图预算是技术准备工作的主要组成部分之一，是按照施工图确定的工程量、施工组织设计所拟定的施工方法、建筑工程预算定额及其取费标准，由施工单位编制的确定建筑安装工程造价的经济文件，它是施工企业签订工程承包合同、工程结算、建设银行拨付工程价款、进行成本核算、加强经营管理等方面工作的重要依据。

（2）编制施工预算。施工预算是根据施工图预算、施工图纸、施工组织设计或施工方案、施工定额等文件进行编制的，它直接受施工图预算的控制。它是施工企业内部控制各项成本支出、考核用工、"两算"对比、签发施工任务单、限额领料、基层进行经济核算的依据。

5. 签订分包合同

由于受施工单位自身条件所限，有些专业工程的施工、安装和运输等需要委托给外单位时，可根据工程量、完成日期、工程质量和工程造价等内容，与其他单位签订分包合同，保证按时实施。

6. 实验工作准备

为了使工序质量达到可控状态，确保铁路工程项目的整体质量，必须对建筑材料的强度及建筑物的基底承载力进行实验。路工程项目类型多，涉及的实验工作繁杂，包括：地基承载力实验；路基夯实度实验；建筑材料的物理、力学性质实验；水泥、金属、沥青、水的化学分析；各种圬工强度配合比实验；对于各种建筑构件，可向供货单位索取合格证。

（三）劳动组织准备

劳动组织准备包括建立高效的组织机构、组建精干的施工队伍、组织劳动力进入施工场地、向施工队伍交底［施工组织设计、施工生产计划和分部（分项）技术交底］、健全各项管理制度。

1. 建立高效的组织机构

建立铁路工程项目的高效组织机构应遵循以下原则：根据拟建工程项目的规模、结构特点和复杂程度，确定拟建工程项目施工的领导机构人选和名额；坚持合理分工与密切协作相结合；把有施工经验、有创新精神、有工作效率的人选入组织管理机构；从施工项目管理的总目标出发，因目标设事，因事设机构定编制，按编制设岗位定人员，以职责定制度、授权力。对于一般的单位工程，可配置项目经理、技术员、质量员、材料员、安全员、定额统计员、会计各一人即可；对于大型的单位工程，项目经理可配副职，技术员、质量员、材料员和安全员的人数也应适当增加。

2. 组建精干的施工队组

施工队组的建立要认真考虑专业、工程的合理配合，技工、普工的比例要满足合理的劳动组织，专业工种工人要持证上岗，并符合流水施工组织方式的要求。确定建立施工队组时，要坚持合理、精干、高效的原则；人员配置要从严控制；二、三线管理人员，力求一专多能、一人多职，同时制定出该工程的劳动力需要量计划。

3. 组织劳动力进场

施工前，企业要对施工队伍进行劳动纪律、施工质量及安全教育，注意文明施工，而且还要做好职工、技术人员的培训工作，使之达到标准后再上岗操作。

4. 向施工队和工人交底

拟建工程开工前，要向施工队和工人进行施工组织设计、计划和技术交底，把拟建工程的设计内容、施工计划和施工技术等要求详尽地讲解、交代清楚，以保证工程严格地按照设计图纸、施工组织设计、安全操作规程和施工验收规范等要求进行施工。

5. 健全各项管理制度

健全各项管理制度是各项施工活动顺利开展的可靠保障。因此，必须健全如下管理制度：工程质量检查与验收制度；工程技术档案管理制度；建筑材料（构件、配件、制品）的检查验收制度；技术责任制度；施工图纸学习与会审制度；技术交底制度；职工考勤、考核制度；工地及班组经济核算制度；材料出入库制度；安全操作制度；机具使用保养制度。

（四）施工物资准备

铁路工程项目开工前，应根据各种物资的供应计划，分别落实物资的货源，合理安排物资的运输和储备，满足连续施工的要求。

1. 建筑材料的准备

建筑材料的准备主要是根据施工预算进行分析，按照施工进度计划要求，按材料名称、规格、使用时间、材料储备定额和消耗定额进行汇总，编制出材料需要量计划，为组织备料、确定仓库、场地堆放所需的面积和组织运输等提供依据。

2. 构(配)件、制品的加工准备

根据施工预算提供的构(配)件、制品的名称、规格、质量和消耗量，确定加工方案和供应渠道，以及进场后的储存地点和储存方式，编制出其需要量计划，为组织运输、确定堆场面积等提供依据。

3. 施工机具的准备

根据采用的施工方案，安排施工进度，确定施工机械的类型、数量和进场时间，确定施工机具的供应办法和进场后的存放地点和方式，编制工艺设备需要量计划，为组织运输，确定堆场面积提供依据。

4. 生产工艺设备的准备

按照拟建工程生产工艺流程及工艺设备的布置图，提出工艺设备的名称、型号、生产能力和需要量，确定分期分批进场时间和保管方式，编制工艺设备需要量计划，为组织运输、确定进场面积提供依据。

(五)施工现场准备

铁路工程项目开工前，应依据施工现场的空间规划，搞好施工用地划拨、建筑物拆迁与改移、施工现场"三通一平"及各种临时设施的搭设等施工现场准备工作。

1. 铁路施工用地的划拨

铁路施工用地的宽度，应考虑能容纳所有铁路建筑物，并适当考虑施工及养护的便利，但必须注意节约用地，少占农田，杜绝浪费土地资源现象。通常在取土坑或排水沟外留出1 m 空地，作为非建筑物界线。铁路施工用地必须在开工前进行永久性征购或临时性租用，并根据国家或地方的相关规定，做好施工地界内建筑物、树木的拆迁及青苗的补偿工作。

2. 建筑物的拆迁与改移

位于施工地界内的建筑物，不能作为临时设施的都必须拆除或迁移，包括房屋、围墙、水井、堰塘、砖瓦石灰窑、电杆、管线等。施工地界外的临近建筑物，因铁路工程项目建设失去作用的也须拆除。

3. 施工现场"三通一平"

在拆除施工地界内的一切妨碍施工的障碍物后，把施工道路、水电管网接通到施工现场的"场外三通"工作，通常是由业主来完成，但有时也委托施工单位完成。

(1)平整施工场地。

施工现场的平整工作，按施工总平面图进行。首先通过测量，计算出挖土及填土的数量，设计出土方调配方案，然后组织人力或机械进行平整工作。同时要清理地面上的各种障碍物，如树根等。还要特别注意地下管道、电缆等情况，对它们必须采取可靠的保护措施或对它们进行拆除。

(2)路通。

施工现场的道路，是组织大量物资进场的运输动脉，为了保证建筑材料、机械、设备和构件早日进场，必须先修通主要干道及必要的临时性道路。为了节省工程费用，应尽可能利用已有的道路或结合正式工程的永久性道路。为使施工时不损坏路面和加快修路速度，可以先做路基，施工完毕后再做路面。

(3)水通。

施工现场的水通包括给水和排水两个方面。施工用水包括生产、生活用水及消防用水，其布置应按施工总平面图的规划进行安排。施工给水设施应尽量利用永久性给水线路。临时管线的铺设即要满足生产用水点的需要和使用方便，也要尽量缩短管线。

（4）电通。

根据各种施工机械用电量及照明用电量，计算选择配电变压器，并与供电部门联系，按施工组织设计的要求，架设好连接电力干线的工地内外临时供电线路及通信线路。同时应注意对建筑红线内及现场周围不准拆迁的电线、电缆加以妥善保护。此外，还应考虑到供电系统供电不足或不能供电时的情况，为满足施工工地的连续供电要求，配备备用发电机。

4. 临时设施的搭设

为了施工方便和安全，应对指定施工用地的周界进行围挡，围挡的形式和材料应符合所在地部门管理的有关规定和要求。在主要出入口处要设置标牌，标明工程名称、施工单位、工地负责人等。施工现场所需的各种生产、办公、生活、福利等临时设施，均应报请规划、市政、消防、交通、环保等有关部门审查批准，并按施工平面图中确定的位置、尺寸搭设，不得乱搭、乱建。

各种生产、生活须用的临时设施，包括各种仓库、混凝土搅拌站、预制构件场、机修站、各种生产作业棚、办公用房、宿舍、食堂、文化生活设施等，均应按批准的施工组织设计规定的数量、标准、面积、位置等要求组织修建。大、中型工程可分批、分期修建。

在考虑施工现场临时设施的搭设时，应尽量利用原有建筑物，同时尽可能减少临时设施的数量，以便节约用地并节省投资。

5. 施工现场的补充勘探

对施工现场做补充勘探的目的是为了进一步寻找枯井、防空洞、古墓、地下管道、暗沟和枯树根以及其他坑井等，以便准确地探清其位置，及时地拟定处理方案。

6. 建筑材料、构（配）件的现场储存和堆放

应按照材料及构（配）件的需要量计划组织进场，并应按施工平面图规定的地点和范围进行储存和堆放。

7. 组织施工机具进场

按照施工机具需要量计划，组织施工机具进场，根据施工总平面图将施工机具安置在规定的地点或仓库。对于固定的机具要进行就位、搭棚、接电源、保养和调试等工作。所有施工机具都必须在开工之前进行检查和试运转。

8. 特殊环境下的现场准备

按照施工组织设计要求，落实冬期和雨期施工的临时设施和技术措施，并根据施工总平面图的布置，建立消防、保安等机构和有关规章制度，布置、安排好消防、保安等措施。落实夜间施工、风沙地区、不良地质条件地区等特殊环境下的施工现场准备工作。

任务 2.2 设置临时工程

临时工程是为了保证施工期间的工程运输、居住、通讯、水电供应等临时修建的工程。这类工程在基本工程完工后大多要被拆除、废弃，但在施工准备期中是必须修建的。

一、临时房屋

在铁路建筑中，为了确保施工任务的顺利完成，需修建一定数量的生产及生活用临时房屋。

（一）修建原则

（1）根据施工调查资料，充分利用沿线已有房屋，结合生产布局，合理安排有利于生产和生活的临时房屋。

（2）修建标准，应贯彻勤俭建国的方针，在满足施工需要的前提下，力求结构简单，并尽量利用拼装化房屋或帐篷，便于拆装倒用，以节省工时和费用。

（3）因地制宜，就地取材。在有条件的情况下，应尽量做到临时工程与永久工程相结合，以减少修建面积。

（4）修建时，要节约用地，保护农田灌溉系统。

（5）临时房屋的位置应与施工、农田水利交通运输互不干扰；避开滑坡、泥石流、坍方等地质不良地段；考虑生活、生产用水及交通运输条件，尽量靠近铁路、公路和水源；避开高压线和高大树木，防止雷电事故；便于职工上下班。

（6）结构上要保证安全，考虑采光、防寒、防暑、防漏雨，满足生产、生活的要求。

（7）临时房屋的修建与布置，应符合现行的有关防火、雷电防护等安全规定。

（二）临时房屋的布置与面积计算

1. 生产用房

生产用房包括机械电力房、工作间、材料库房、机械棚、车辆棚等。

（1）机械房。

机械房一般要求机体间的距离不小于 1 m，机体间的通道不小于 1.5 m。常用机械房修筑面积如表 2-3 所示。

表 2-3　常用机械房屋修建面积参考指标

名称	单位	面积	附注
混凝土或砂浆拌合机房	m²/台	13~26	混凝土拌合机以 250 L、400 L 为例，砂浆拌合机采用下限
移动式空压机房	m²/台	30	以 6 m³、9 m³ 为例
固定式空压机房	m²/台	15	以 10 m³、20 m³ 为例
发电机房	m²/kW	0.2~0.3	小容量者用上限，大容量者用下限
水泵房	m²/台	3~8	一般水泵占地平面面积在 1 m² 以内，多极离心式最大的占 2.4 m²
锻钎机房	m²/台	25~29	
充电机房	m²/台	15	
电瓶车棚	m²/台	15	
卷扬机棚	m²/台	10~15	以 1~5 t 为例

续表 2 – 3

名称	单位	面积	附注
联合掘进机棚	m²/台	96	以 J – 5.5 联合掘进机为例
装碴机棚	m²/台	12	

注：土石方机械在严寒地区或有特殊需要时可酌情设棚。

（2）材料库房。

材料库应尽可能地靠近材料来源地，并充分利用铁路运输，尽量保证正在施工或即将开工的工点材料供应最为便利，且运输费用最少。工地布置料库时，应便于材料进出。料库面积可由下式进行计算：

$$F = \frac{Q_X}{b_X K_F} \tag{2-1}$$

$$Q_X = \frac{M_X}{T} D_X \tag{2-2}$$

式中：F——料库需用面积；

　　　Q_X——材料储备量；

　　　b_X——材料储存指标（见表 2 – 4）；

　　　K_F——面积利用系数（见表 2 – 5）；

　　　M_X——材料需用量，可根据材料消耗定额和工程量计算来确定；

　　　T——工作天数，指使用该材料的工程项目的计划完成天数；

　　　D_X——储备天数（为使生产不间断而按一定储备量储备的天数），见表 2 – 6。

表 2 – 4　材料储存指标

材料名称	单位	每 m² 存料数量	放置高度/m	放置方法	仓库或敞棚
水泥（袋装）	t	1.3	2.0	堆垛	仓库
油毡	卷	15 ~ 22	1.0 ~ 1.5	堆垛	仓库
沥青	t	2.2	1.5 ~ 2.0	堆垛	敞棚
炸药（箱装）	t	1.2	1.8	堆垛	仓库
雷管（箱装）	t	0.7	1.0	堆垛	仓库
薄钢板	t	2.0 ~ 4.5	1.0 ~ 2.2	堆垛	敞棚
厚钢板	t	4.1 ~ 4.5	2.0	堆垛	敞棚
方、圆、角钢	t	2.9 ~ 4.2	1.2 ~ 1.5	堆垛	敞棚
大直径钢管	t	0.5 ~ 0.6	1.0	堆垛	敞棚
小直径钢管	t	1.5 ~ 1.7	1.2 ~ 1.5	棚架	敞棚
钢丝绳	t	1.2 ~ 1.3	1.2 ~ 1.5	堆垛	敞棚

续表2－4

材料名称	单位	每 m² 存料数量	放置高度/m	放置方法	仓库或敞棚
电器制品	千件	0.12～0.8	2.0～2.5	料架	仓库
劳保用品	千件	0.2～0.3	2.0～2.5	料架	仓库

注：爆炸材料的堆放，应按照《铁路工程爆破安全规则》办理。

表2－5　面积利用系数

仓库类型	利用系数	仓库类型	利用系数
用料架装备起来的封闭仓库	0.35～0.40	存放木料的露天场地	0.40～0.50
用大箱装备起来的封闭仓库	0.50～0.70	存放钢料露天场地	0.50～0.60
堆置桶装及袋装材料的封闭仓库	0.40～0.60	存放砂石料的场地	0.60～0.70

表2－6　材料储备天数

材料及成品名称	单位	储备天数	材料及成品名称	单位	储备天数
砂	m³	30	卷材	卷	30
石	m³	20	五金玻璃	t	40
石灰	t	30	沥青	t	30
水泥	t	30	金属结构	t	30
砖	千块	20	钢筋混凝土结构	m³	30
木材	m³	40	钢筋成品	t	10
钢材	t	40	粗木制品	m³	15～30
金属管	t	40			

【例2－1】　某工程队修建钢筋混凝土盖板涵工程，工期为 60 d，根据材料消耗定额及工程量计算出水泥需用量为 120 t，计算水泥库的需用面积。

【解】　查表2－6，知 $D_X = 30$ d

由公式(2－2)，得：

$$Q_X = \frac{M_X}{T}D_X = \frac{120}{60} \times 30 = 60 (t)$$

查表2－4、表2－5，知 $b_X = 1.3$，$K_F = 0.5$。

由公式(2－1)得：

$$F = \frac{Q_X}{b_X K_F} = \frac{60}{1.3 \times 0.5} = 92.31 (m^2)$$

2. 生活用房

生活用房包括办公房屋、职工宿舍、文化生活福利建筑等。修建面积的计算应按施工单位的全员人数、房屋使用性质及机构设置情况分别进行确定。

（1）生活用房的需要面积等于工人、职员、干部各自的平均人数分别与其相应的面积参考指标（见表 2 – 7）的乘积之和，或根据历年各工程局的施工安排和现场统计资料，将临时生活用房修建面积按综合指标每人 8 ~ 12 m^2 进行计算。

表 2 – 7　生活用房修建面积参考指标

房屋用途	单位	指标	说明
办公室	m^2/人	5	按室内办公人员计
会议室	m^2	20 ~ 60	
集体宿舍	m^2/人	2.5 ~ 3.5	
单身宿舍	m^2/人	4 ~ 5	
双身职工宿舍	m^2/户	18 ~ 20	按双身职工的户数计
探亲家属宿舍	m^2/人	15	按同时可能的探亲人数计
招待所	m^2/床	3	按招待客量计
三用堂	m^2/人	0.5	按全体职工计
厨房	m^2/人	0.25	按就餐人数计，包括储藏室
卫生所	m^2	30 ~ 80	
托儿所	m^2/人	4	按入托儿童计
茶炉房	m^2	20 ~ 40	
理发室	m^2	20 ~ 40	
浴池	m^2/人	0.15 ~ 0.2	按全体职工计
厕所	m^2	20 ~ 40	
职工生活供应站	m^2	40 ~ 50	

（2）现场工人平均人数可根据工程类别、项目、定额及施工期进行计算，也就是从基本工程开工起至铺砟工程完工止，将这一期间所需生产工人工天总量除以相应的施工期限即得施工期间工人的平均人数。

临时工、辅助生产工人和其他间接工人数也计算在内。在计算时，如无具体资料，可按生产工人人数的 20% ~ 30% 进行计算。

职工、干部人数，可根据施工单位在册的人员人数确定，如无具体资料，可按生产工人的 10% ~ 15% 进行计算。

（3）用平均人数计算出来的房屋面积，应扣除可以利用或代用的房屋面积（如帐篷、活动房屋、租用的民房等）。当出工人数超过平均人数时，不足部分再以活动房屋或帐篷补充。对流动性大的工程（如铺轨、铺砟、架梁等），可用挂有居住车辆的宿营列车，不必另修临时房屋。

　　××工程临时房屋计算案例(网址及二维码)：

http：//www.worlduc.com/SpaceShow/Blog/More.aspx? cid =
489299&sid =2654310&uid =177251

二、临时道路

　　在铁路建筑施工期间，需将大量的劳动力、材料、机械和生活物质
等运往沿线各工点。为保证施工的顺利进行，在开工前，做好贯通全线运输道路的修建是非
常重要的。

(一)临时公路(临时便道)

　　临时公路分长途公路干线、短途支线及由干线或支线通往各工点及一些附属企业的引
入线。

1. 选线原则

　　(1)充分利用有利地形，便道应尽可能顺直通过，以缩短运距。

　　(2)尽量利用原有道路，如原有道路不能满足运输要求时，也可进行改、扩建。

　　(3)干线尽可能靠近修建的铁路，照顾重点工程，减少引入线长度。引入线应力求线路
短、工程量小、尽可能靠近材料产地及施工用料地点，避免材料倒运。

　　(4)应尽量避免与铁路线交叉，以减少施工对行车的干扰。

　　(5)尽量避免穿过滑坡、崩坍、泥石流等地质不良地段和行车危险地带。如必须通过时，
应选择合理线位，采取防治措施，保证运输安全。

　　(6)临时公路应尽量避免拆迁建筑物和穿过良田，少占农田，并注意保护农田水利及水
土保持。

　　(7)在合理布局的情况下，可适当结合地方需要，使临时公路的修建与地方交通运输相
结合。

2. 临时公路的技术标准

　　线路部分的主要技术指标见表 2 – 8 ～表 2 – 12。

表 2 – 8　线路主要技术指标

顺序	项目		干线		引入线		说明
			平原、微丘	山岭、重丘	平原、微丘	山岭、重丘	
1	计算行车速度 /(km·h⁻¹)		40	20			干线交通量平均每昼夜在 200 辆以下，或条件比较困难的地区，可采用单车道标准
2	路基宽度 /m	单车道	4.5	4.5	4.5	4.5	
		双车道	6.5	6.5			
3	路面宽度 /m	单车道	3.5	3.5	3.5	3.5	
		双车道	5.5	5.5			

续表 2 – 8

顺序	项目		干线		引入线		说明
			平原、微丘	山岭、重丘	平原、微丘	山岭、重丘	
4	错车道 /m	间距	200~300		200~300		①错车道应选择在驾驶员便于瞭望来车的地点；②每边路肩仍保持0.5 m宽
		路面宽	≥5.5		≥5.5		
		长度	≥10		10		
		两端变宽缓和长度	10		5		
5	最小曲线半径/m		50	15	20	15	①地形特殊、困难而又不通过大型车的引入线，最小曲线半径可采用12 m；②位于平地或下坡道的长直线尽头，应尽可能不设小半径曲线，如不可避免时，应加设安全防护措施
6	最小竖曲线半径 /m	凸形	500	400	400	300	①当纵坡变更处的两相邻坡度代数差小于1%时，应按表列半径设置圆形竖曲线；②竖曲线长度不足10 m的，用10 m
		凹形	300	200	200	100	
7	最大纵坡/%		8	10	10	12	坡长较短、运量较小而工程又特别困难的山区引入线，最大纵坡可适当加大，但不得超过15%
8	视距/m	会车视距	100	40	40	30	在工程特别困难或受限制的地段，可采用停车视距，但必须设分道行驶标志
		停车视距	50	20	20	15	

表 2 - 9　路堤边坡

填料种类	路堤边坡的最大高度/m			边坡坡度		
	全部高度	上部高度	下部高度	全部高度	上部高度	下部高度
粉性土	12	66		1:1.5	1:1.75	
砂性土	12	8	4		1:1.5	1:1.75
一般黏性土	20	8	12		1:1.5	1:1.75
砾石土、粗砂	12			1:1.5		
碎石土、卵石土	20	12	8		1:1.5	1:1.75
不易风化的小石 （直径小于 25 cm）	8 ~ 20			1:1.3 ~ 1:1.5		
不易风化的大石块 （直径为 25 ~ 40 cm）	20			1:1		

注：①路堤受水浸淹的土质边坡应采用1:2，并视水流等情况防护加固；

②沙漠地区路堤边坡一般采用1:1.75；

③不易风化的大石块边坡需采用码砌。

表 2 - 10　路堑边坡

土石种类		边坡最大高度/m	边坡坡度
一般均质黏土、砂黏土、黏砂土		20	1:1 ~ 1:1.5
中密以上中砂、粗砂		20	1:1.5 ~ 1:1.75
老黄土		20	1:0.3 ~ 1:0.75
新黄土		20	1:0.75 ~ 1:1.25
砾、碎石土	胶结和密实	20	1:0.5 ~ 1:1
	中密	20	1:1 ~ 1:1.5
岩石	风化	20	1:0.5 ~ 1:1
	一般	20	直立 ~ 1:0.5

注：沙漠地区如采用路堤时，边坡采用1:1.75。

路面部分的主要技术指标见表 2 - 11、2 - 12。

表 2 - 11　路面的种类和厚度

路面种类	路基土壤	厚度/cm	路面种类	路基土壤	厚度/cm
泥结碎石路面	石质	8	碎砖路面		14 ~ 26
	一般土	16	炉渣、矿渣、 贝壳路面	一般土	10 ~ 14
	松软土	26		松软土	14 ~ 30
级配路面	石质	8	砂土路面	一般土	15 ~ 20
	一般土	14		松软土	15 ~ 30
	松软土	24	石灰土路面	一般土	10 ~ 13

表 2 – 12　常用路面各层次厚度及材料的规格

路面种类	结构组成		厚度/cm	材料规格	说明
泥结碎石路面	基层（底层）	锥形块石基层	18	锥形块石尺寸为 14 ~ 18 cm，嵌缝用粒径 2.5 ~ 3.5 cm 的碎石	
		卵石基层	18	大卵石尺寸为 14 ~ 18 cm，嵌缝用粒径 1.5 ~ 2.5 cm 的石碴或砾石	
		泥结碎（卵）石基层	8	泥结碎（卵）石尺寸用粒径 3.5 ~ 7.5 cm 的碎（卵）石，嵌缝用 2.5 cm 以下的小石子，胶结材料为黏土	
	面层（铺砌层）	泥结碎（砾）石路面	6	石质较软的用粒径 2.5 ~ 5.0 cm 的碎石；石质较硬的用粒径 1.5 ~ 3.5 cm 的碎石；胶结材料为黏土	碎石中含扁平细长的石料不宜多于 20%；黏土用量≤20%（黏土与石料干重比）
	磨耗层	碎石混合料磨耗层	2	砾碎石混合料	
		砂土混合料磨耗层	2	砂土混合料	
	封面层	稳定保护层	≤1	黏土及粗砂或石粉	
级配路面	基层	卵石基层	18	大卵石尺寸为 14 ~ 18 cm，嵌缝用粒径 1.5 ~ 2.5 cm 的石碴或砾石	
		不合级配的砂砾（卵）石基层	8	不合级配的砂砾（卵）石基层掺当地土壤	
	面层	级配面层	6	符合最佳级配的混合料，胶结材料为黏土	
	封面层	稳定保护层	≤1	黏土及粗砂或石粉	
碎砖、炉渣、矿渣、贝壳路面	基层	碎砖基层	8 ~ 18	碎砖尺寸为 7 ~ 10 cm，嵌缝用小碎砖或砂砾	碎砖基层须铺中粗砂或炉渣垫层 4 ~ 5 cm 厚
		炉渣、矿渣、贝壳基层	8	贝壳、炉渣、矿渣掺当地土	
		砂基层	8	中粗砂掺少量黏土	砂的压实系数为 1.3 ~ 1.4

续表 2－12

路面种类	结构组成		厚度/cm	材料规格	说明
碎砖、炉渣、矿渣、贝壳路面	面层	碎砖瓦面层	6	碎砖瓦尺寸为 2～5 cm，胶结材料用当地土	
		炉渣、矿渣、贝壳基层	6	炉渣、矿渣、贝壳等代用料，胶结料用当地土	
	磨耗层	砂土磨耗层	1～1.5	砂土混合料	

（二）铁路便线、岔线

铁路便线和岔线可分为临时通车便线、临时运料便线和临时岔线三种。

（1）临时通车便线：在新建铁路长、大干线的施工中，对影响全线铺轨的控制工程或地段，可修建铁路便线，先行铺轨通车，作为临时通车方案。

（2）临时运料便线：在施工中为了解决某一重点工程的材料运输问题，在技术上可行、经济上合理的条件下，可在正线路基或局部增修的临时路基上铺设临时运料便线，作为临时运料方案。

（3）临时岔线：为了满足工程材料和设备的中转、存放、加工、组装以及其他施工需要，需设置岔线，如通往材料厂、成品厂、道砟场、存梁基地、轨节拼装场等的岔线及架桥岔线。

不管是临时便线还是临时岔线，在修建时，技术标准均不需很高，以满足安全和需要为原则，其有关技术标准见表 2－13～表 2－15。

表 2－13 铁路便线技术标准

项目	一般地段	困难地段	附注
坡度/‰	15	18	包括坡度折减值
坡段最小长度/m	200	100	
最小曲线半径/m	300	200	
竖曲线半径/m	5000		

表 2－14 铁路便线路基宽度

路基宽度/m		半径小于 400 m 地段路基外侧加宽值/m	路拱类型
土质	石质		
4.9	4.4	0.2	三角形，中间高 0.15 m

表 2 – 15　轨道标准

钢轨类型	轨枕根数/根	道床顶宽/m	道床厚度/m		道床边坡
			土质路基	石质路基	
≥38 kg/m	≥1440	2.8	0.25	0.20	1:1.5

注：曲线半径小于等于 400 m 的缓和曲线地段，或坡度陡于 1.2% 的下坡制动地段，应增加轨枕数量，采用钢筋混凝土枕时，每千米增加 80 根，采用木枕时，每千米增加 160 根。

三、临时给水工程

临时给水工程是为了解决施工过程中生活、生产及消防和铁路运输用水需修建的临时工程。隧道施工用水量多，水压要求高，应首先满足隧道施工用水的要求。

（一）用水量计算

施工总用水量，包括生活用水、生产用水和消防用水。

1. 生活用水

每小时平均生活用水量 Q_s（m³/h），可按下式进行计算：

$$Q_s = \frac{1}{24}(q_1 \times p_1 + q_2 \times p_2) \tag{2 – 3}$$

式中：q_1——生产工人用水指标，一般采用 0.04 ~ 0.06 m³/（人·天）；

p_1——生产工人人数；

q_2——非生产工人用水指标，一般采用 0.02 ~ 0.04 m³/（人·天）；

p_2——非生产工人人数。

2. 生产用水

每小时平均生产用水量 Q_c（m³/h），可按下式进行计算：

$$Q_c = \frac{1}{24} \sum \frac{q \times W_n}{t} \tag{2 – 4}$$

式中：q——生产用水指标见表 2 – 16；

W_n——工程或机械数量；

t——各项工程的工期（计划天数）。

表 2 – 16　生产用水量指标

工程项目	单位	用水量/m³	工程项目	单位	用水量/m³
建筑安装工程			施工机械及运输工作		
机械施工土方	100 m³	0.35 ~ 0.4	铲运机、推土机	台时	0.07 ~ 0.075
机械施工石方	100 m³	0.35 ~ 0.45	挖掘机、倾卸汽车	台时	0.03 ~ 0.035
机械施工土石方	100 m³	1.8 ~ 2.2	湿式凿岩机	台时	0.24 ~ 0.3

续表 2 - 16

工程项目	单位	用水量/m³	工程项目		单位	用水量/m³
钢筋混凝土梁桥	延米	17.9 ~ 24.8	内燃发动机	直流供水	kW·h	0.08
拱涵(单孔)	延米	6.7		循环供水	kW·h	0.025
单线隧道机械开挖(成洞)	延米	103 ~ 113				
单线隧道压浆	延米	1.9 ~ 2.6	空气压缩机		kW·h	0.025
混凝土	m³	1.2 ~ 1.3	汽车用水		辆·昼夜	0.4
浆砌石	m³	0.5 ~ 0.6	汽机车	标准轨	台·昼夜	10 ~ 20
砌砖	m³	0.1 ~ 0.15		窄轨	台·昼夜	4 ~ 7

注：①钢筋混凝土梁桥用水量不包括上部建筑、沉井、桩基等圬工的用水量；

②建筑安装工程各项用水量均包括养护用水；施工机械用水量为机械冷却用水量。

3. 消防用水

消防用水储备量 $Q_x(m^3)$，可按下式进行计算：

$$Q_x = 3600 q_x \times t_m \qquad (2-5)$$

式中：q_x——消防耗水流量(m^3/s)，见表 2 - 17；

t_m——灭火历时(h)，一般按 0.5 ~ 1.0 h 进行计算。

表 2 - 17　消防耗水流量指标

耐火等级	临时房屋结构	修建面积/m²	耗水流量/(m³·s⁻¹)
五级	各类帐篷、竹木构架，草或油毡屋面	<3000	0.01
		3000 ~ 5000	0.015
		>5000	0.02
四级	土、石或砖砌墙、柱、竹木构架，草或油毡屋面	<3000	0.005
		3000 ~ 5000	0.01
		>5000	0.015

（二）水源及水压

（1）水源：临时给水的水源，有地下水源和地表水源两种。地下水源有浅井、深井等；地表水源有河水、湖水、山溪水等。一般较多采用地表水。

选择水源时，应根据施工调查并结合实际用水量来选择。对生活用水，要注意检查水质是否符合饮用标准。

（2）水压：各用水点的水压要求参见表 2 - 18。

表 2 – 18 水压要求

项目	自由水头/m	水压/MPa	备注
水风钻	≥30	≥0.3	
室外公共给水栓	3 ~ 5	0.03 ~ 0.05	从地面算起
室外消防栓(低压式)	7 ~ 10	0.07 ~ 0.1	从地面算起
水罐车加水点	≥6	≥0.6	从轨顶算起
水鹤	≥6	≥0.6	从轨顶算起

（三）贮水池容积的计算

计算出生产、生活、消防用水后，还应计算出用水总流量 Q_h，用来计算水池容积。

当 $Q_s + Q_c > Q_x$ 时，$Q_h = Q_s + Q_c$；

当 $Q_s + Q_c < Q_x$ 时，$Q_h = Q_x + \dfrac{1}{2}(Q_s + Q_c)$。

昼夜用水量 $Q_d = 24Q_h$。

贮水池容积 V 按下式计算：

$$V = a_0 \times c_0 \times Q_d \tag{2-6}$$

式中：a_0——调节水量系数，为 1.10 ~ 1.20；

c_0——贮水系数（水池容量/昼夜用水量），当昼夜用水量小于 1000 m^3 时，c_0 取 1/6 ~ 1/4；昼夜用水量为 1000 ~ 2000 m^3 时，c_0 取 1/8 ~ 1/6。

【例 2 – 2】 某项目队生产工人 300 人，非生产工人 40 人。临时房屋为砖墙、油毡屋面，面积为 2000 m^2。该项目队的生产任务为：浆砌片石 10000 m^3，混凝土工程 20000 m^3，拱涵（单孔）300 延米，机械施工土方 500000 m^3，计划 300 d 完成，计算每天的用水量，并确定贮水池的容积。

【解】 由式（2 – 3），得：

$q_1 = 0.05$ m^3/(人·天)（取平均值）

$p_1 = 300$ 人

$q_2 = 0.03$ m^3/(人·天)（取平均值）

$p_2 = 40$ 人

则
$$Q_s = \frac{1}{24}(0.05 \times 300 + 0.03 \times 40) = 0.675\,(m^3/h)$$

由式（2 – 4），查表 2 – 16，得：

$q_浆 = 0.55$ m^3/m^3 $W_浆 = 10000$ m^3

$q_混 = 1.25$ m^3/m^3 $W_混 = 20000$ m^3

$q_涵 = 6.7$ m^3/延米 $W_砖 = 300$ 延米

$q_{机土} = 0.375$ $m^3/100\ m^3$ $W_{机土} = 500000$ $m^3 = 5000\,(100\ m^3)$

$t = 300$ d

$$Q_c = \frac{1}{24} \times \frac{0.55 \times 10000 + 1.25 \times 20000 + 6.7 \times 300 + 0.375 \times 5000}{300} = 4.776\,(m^3/h)$$

由式(2-5)，查表2-17，得：

$q_x = 0.005 \text{ m}^3/\text{s} \qquad t_m = 0.75 \text{ h}$

$Q_x = 3600 \times 0.005 \times 0.75 = 13.5 (\text{m}^3)$

这时 $\qquad Q_s + Q_c = 0.675 + 4.776 = 5.451 (\text{m}^3/\text{h}) < Q_x$

则 $\qquad Q_h = 13.5 + \dfrac{1}{2} \times (0.675 + 4.776) = 16.226 (\text{m}^3/\text{h})$

昼夜用水量 $\quad Q_d = 24 \times 16.226 = 389.424 (\text{m}^3)$

再由式(2-6)，得：

$a_0 = 1.15$（取平均值）

$Q_d = 389.424 \text{ m}^3 < 1000 \text{ m}^3$

取 $c_0 = \dfrac{5}{24}$，则

$$V = 1.15 \times \frac{5}{24} \times 389.424 = 93.30 (\text{m}^3)$$

故水池容积采用93.30 m³。

四、临时供电

(一)临时供电的负荷计算

在铁路施工中需要大量的电力供应，尤其是附属企业、大桥、隧道、重点土石方及大型车站等施工中的动力用电和生活、照明用电量很大。

用电负荷是编制供电计划的依据。生产和生活用电需要量，在施工组织设计中可按以下两种方法计算。

1. 综合用电指标法

根据施工组织的安排，以施工最繁忙期间同时施工的各项工程对象的数量和辅助设备等（包括主体工程、辅助工程、附属企业），乘以相应的综合用电指标，其总和即为计算用电负荷。

$$P_b = \sum P_i W_n \qquad\qquad (2-7)$$

式中：P_b——计算用电负荷(kW)；

　　　P_i——综合用电指标，见表2-19~表2-22；

　　　W_n——工程对象数量。

表2-19　隧道每端洞口参考指标

隧道长度/m	500 以下	500~1000	1001~2000	2001~4000	4000 以上
用电指标/kW	100~200	250~350	400~450	600~800	850~1100

注：①用电指标包括劳动力、生活照明及洞口修配所用电；

　　②3000 m 及以上隧道，已考虑了平行导坑施工用电量；

　　③采用全断面开挖，钻孔台车综合机械化施工的隧道，不分长短需按850~1100 kW 配备，或单独计算确定。

表 2 - 20　桥梁用电参考指标

名称	单位	桥梁长度/m			
		特大桥 500 以上	大桥 100 ~ 500	中桥 20 ~ 100	小桥 20 以下
每座桥	kW/座	250 ~ 500	100 ~ 250	50 ~ 100	50 以下
每成桥米	kW/m		66 ~ 133		41

注：本表指标包括动力及照明用电，每成桥米指标未包括抽水用电，需抽水者应另行增加：大桥 70 kW/m；中桥 53 kW/m；小桥 26 kW/m。

表 2 - 21　土石方工程用电参考指标

名称	单位	用电量/kW
重点站场土石方（包括修理所）	kW/工点	150 ~ 300

表 2 - 22　辅助企业用电参考指标

名称	生产能力	用电量/kW
机修厂	年修 100 个标准台	150 ~ 250
成品厂	年产 200 ~ 250 孔钢筋混凝土梁	240
材料厂	年加工木材 1.0×10^4 ~ 1.5×10^4 m^3	80 ~ 150
轨节厂	每班 8 h 生产轨排 1 ~ 2 km	250
砂石场	年产 100000 m^3 以内	80 ~ 150

2. 综合系数法

根据施工单位所有完好合格的电动机械或同期工程对象所配备的电动机械设备总容量乘以相应的综合性同期用电量系数，所得总和即为计算用电负荷。

$$P_b = k_c \sum P_d \qquad (2 - 8)$$

式中：P_b——计算用电负荷(kW)；

　　　k_c——综合性同期用电量，简称综合系数(见表 2 - 23)；

　　　$\sum P_d$——单项工程或施工单位的设备容量总和(kW)。

表 2 - 23　综合性同期用电量系数

名称	综合系数 k_c	名称	综合系数 k_c
工程处	0.5 ~ 0.7	隧道	0.65 ~ 0.7
项目部	0.6 ~ 0.8	附属企业（工厂）	0.6 ~ 0.8
桥梁、路基	0.6 ~ 0.65		

注：①综合系数均已考虑生活照明及线路损失用电量；

　　②综合系数的大小根据电动机械设备总容量而定，设备容量越大，k_c 越小。

【例 2 – 3】　某施工单位担负施工任务如下：1 座 2000 m 隧道，采用 3 个口同时施工；4 座 800 m 隧道，采用 8 个口同时施工；2 座 100 m 中桥，6 座 20 m 小桥，5 处重点土石方工程，所有工程同时施工。采用地方电源，计算其用电量。

【解】　按综合用电指标计算其用电负荷。

由公式(2 – 7)，查表 2 – 19 ~ 表 2 – 21，得：

$P_1 = 450$ kW　　　　　　　$W_1 = 3$　　　（2000 m 隧道）

$P_2 = 310$ kW（内插）　　　$W_2 = 8$　　　（800 m 隧道）

$P_3 = 100$ kW　　　　　　　$W_3 = 2$　　　（100 m 中桥）

$P_4 = 50$ kW　　　　　　　　$W_4 = 6$　　　（20 m 小桥）

$P_5 = 225$ kW　　　　　　　$W_5 = 5$　　　（重点土石方工程、取平均值）

因此总用电量：$P_b = 450 \times 3 + 310 \times 8 + 100 \times 2 + 50 \times 6 + 225 \times 5 = 5455$（kW）

（二）电源种类

（1）国家区域电网或地方工矿企业电源（简称地方电源或高压电源）。对这种电源铁路施工应尽可能利用。

（2）自建电站（简称自发电）。当地方电源不能满足施工用电需要或无法利用地方电源时，需自建电站，以满足施工需要。自建电站有以下几种形式：

①提前修建永久性的发电厂。

②修建临时性的发电厂。

③采用移动式的发电设备。

××工程临时供水、供电计算案例（网址及二维码）：

http：//www. worlduc. com/SpaceShow/Blog/More. aspx？ cid = 489300&sid = 2654310&uid = 177251

临时工程计算习题（网址及二维码）：

http：//www. worlduc. com/SpaceShow/Blog/More. aspx？ cid = 489315&sid = 2654316&uid = 177251

任务 2.3　熟悉附属企业

为满足施工的需要，在施工前修建一些附属企业［如轨排组装基地、材料厂（库）、混凝土成品厂、砂（石）道砟场、砖瓦厂、材料加工厂以及机械修配厂等］，以供工程所需的原材料、成品和机械维修服务，保证施工的顺利进行。

附属企业的设置应慎重，充分考虑利用当地企业的积极性，从经济、技术的角度能满足施工的需要，尽量不设附属企业，这样既可减少施工的投资，又可推动地方的经济发展。

一、材料厂（库）

为满足铁路各项工程材料的需要，必须在适当地点设立材料厂（库），用以储存和供应工程所需材料。材料厂（库）应设在运输方便、不受季节影响和运送材料时不产生迂回及反向运输的地点。

材料厂（库）按其使用范围可分为材料总厂、材料分厂和转运站。材料厂（库）中应设置库房、料棚、存料场、公共及生活用房，以及厂内运输道路和装卸设备等设施。

材料厂（库）的用地面积，应通过设计计算确定，计算方法见上一节。材料厂（库）的平面布置应注意以下几点。

（1）库房、料棚的布置。布置库房、料棚位置时，应考虑各种材料都能出入方便，互不干扰。库房、料棚相互间的距离不应小于6 m；距站台边缘不小于3 m；距公路边缘不小于2 m。两站台间的公路宽度不小于10 m。爆破材料和易燃品仓库应符合防爆、防火规定。

（2）厂内运输。为避免材料进出厂时的倒运，应将标准轨距铁路引入厂内，同时在每一幢仓库房屋附近修建运输道路，其宽度不小于4 m，必要时也可修轻便轨铁路。如用轨行吊车装卸材料，应在装卸工作繁忙地点附近修建侧线，以便吊车停放或通过。

修建运输道路时，应尽量减少与铁路的交叉，不得已时，需在交叉地点设平交道。

二、混凝土成品厂

混凝土成品厂供应施工中所需的部分钢筋混凝土成品。它应设置在靠近砂、石料产地，原料及成品进出运输方便，出岔短，不受洪水影响并有生产和储放场地的地点。

厂内布置各建筑物及场地时，应考虑各工序间的衔接，互不干扰。水泥、砂、石靠近搅拌机时，搅拌机和工作台的距离应取最短。

厂内建筑物和场地一般包括：水泥、钢材、沥青仓库，砂、石堆放地，骨料、材料加工车间（木工、钢筋加工、钢丝束制造、混凝土搅拌、沥青熬制），制品成形车间（工作台），成品堆放场地，辅助车间（机械修理、热处理、运输、试验、电力、给水、蒸汽设备），运输道路，移吊场及装车场，办公及生活用房等。

三、机械修配厂

为确保各种施工机械的正常运转，应对机械进行定期检修和经常维修。机械修理厂可分为中心机械修理厂、工程处（段）机械修理厂（所）、工程队机械修理班等。

1. 定期检修的内容

（1）小修：目的在于更换磨耗较快的机械零件，并消除机械的隐蔽故障。基本上不拆卸机械的主要部件。它可直接在机械作业基地进行，由施工基层单位设立的工程队机械修理班进行检修、保养和更换。

（2）中修：目的是恢复已消失或降低的机械性能的工作能力。需要拆卸机械的局部或主要构成部分，以更换或修复磨耗的机件。它由各保管使用单位（处、段）附设的工程处（段）机械修理厂（所）进行。

（3）大修：对机械进行彻底翻新，以恢复机械的工作性能。大修后的机械质量水平应达到出厂机械的90%以上，它由工程处附设的修配厂进行。如遇复杂的大修则由工程局附设的中心机械修理厂（永久设施）承修。

2. 机械的经常维修

一般视现场条件及实际需要而定，由工程队机械修理班负责。加强机械的修理工作是提高机械出勤率的有效办法。

3. 修配厂厂区面积

修配厂应尽量靠近主要工地，设在交通运输方便，有电力、水源供应的地点。厂区面积，一般根据厂区的房屋建筑面积进行估算。

四、砂、石、道砟场

砂、石、道砟场应选择贮量丰富、开采方便，质量符合规范要求，便于修建临时岔线，以及有适当场地堆料和弃土的地点。

砂、石、道砟场平面布置时应考虑下列因素：

（1）装车线长度应以能容纳设计装车的列车长度为准；如离车站较远需要调车时，应配设调车股道；装车线应与开采面平行；如果用松动爆破时，与开采面距离不小于 50 m。

（2）装车站台应根据砟场地质、地形、使用期长短等因素来选择站台类型，一般以滑坡式站台较好。站台长度按储量大小考虑，如装车线在曲线上，则站台以设在曲线内侧为宜。

（3）场内运输一般采用翻斗车及皮带运输机等。

（4）采石场内除生产需要房屋及设备外，其余都应建在爆破危险区范围以外，安全距离为 200 m，200 m 以内的房屋及设备应采取防护措施。炸药房、雷管库应离开采区 1 km 以外。

任务 2.4　相关案例

案例：石武客专湖北段××标段 CRTSII 型板式无砟道床施工准备及临时工程

编制范围为石武客专湖北段××标（DK1041 + 550.14 ~ DK1104 + 578.99）正线无砟道床施工（不含岔区道床板、含岔区支承层），包括 CPIII 测设、路基支承层及桥梁底座板（含底座板下两布一膜及硬泡沫塑料板铺设）施工、轨道板粗铺、轨道板精调、沥青水泥砂浆灌注、轨道板连接、侧向挡块及剪切、路基封闭等。

（一）工程概况

1. 主要工程数量

无砟道床共计双线 62.3 km，包括路基段无砟道床 23.332 km（68 段）、桥梁段无砟道床 19.227 km（54 座）、隧道内无砟道床 19.816 km（13 座）。

2. 工程施工条件

（1）交通情况。

本标段全线施工便道基本拉通，无砟道床施工时作为主要施工通道。无砟道床施工前，对施工便道吊装位置、会车位置加以拓宽，对急弯、陡坡、路窄位置加以整修，无法拓宽和整修的，充分利用当地公路和地方乡村道路，从施工便道另一个方向进入，当线路正线具备条件时，优先考虑利用线路本身的通行条件。

根据调查情况，地方公路发达，施工中可充分利用，如 107 国道、京珠高速公路、省道S304、县道大界线、大东线、悟宜线等。但地方乡村道路应谨慎使用，不得已使用时，必须提前达成协议，避免出现不必要的纠纷。

（2）施工用混凝土。

本工程支承层、底座板及纵向博格板的连接所用混凝土均由沿线的混凝土拌合站统一供应。黄龙寺隧道内混凝土由 2 号混凝土拌合站（DK1045 + 760 左侧）供应，黄龙寺隧道出口至刘家湾特大桥进口段混凝土由 5 号混凝土拌合站（DK1054 + 200 右侧）供应，2009 年 12 月开始施工的试验段（DK1062 + 220. 07 ~ DK1069 + 851. 04 段）混凝土由 6 号混凝土拌合站（DK1061 + 330 右侧付家垱制梁场）和 7 号混凝土拌合站（DK1074 右侧）共同供应，蒋家湾大桥出口至胡家咀特大桥出口段混凝土由 8 号混凝土拌合站（DK1086 + 200 左侧 50 m）供应，胡家咀特大桥出口至佐家河大桥出口段混凝土有由 9 号混凝土拌合站（DK1096 + 100 右侧）供应，佐家河大桥出口至 TJ1 标结束段由 11 号混凝土拌合站（DK1098 + 500 左侧）供应。

（3）施工用电。

大型施工设备自带发电设备。小型施工设备及施工机具用电，优先考虑利用线下工程施工时采用的电力线路，困难时自备便携式发电设备（柴油发电机及汽油发电机）。

（4）施工用水。

优先考虑利用线下工程施工时采用的用水管路，困难时自备水车。

（5）施工用线间填料。

由各路基施工单位统一提供。

（二）施工任务划分及队伍配置

根据工程量和进度要求，项目部下设三个施工队，施工队长由项目副经理和总工程师分别兼任，各施工队施工任务划分详见表 2 - 24。

表 2 - 24　施工队伍配置表

队别	任务划分	高峰期劳动力
施工一队	负责 DK1041 + 550. 14（TJ1 标起点）~ DK1045 + 760（黄龙寺隧道斜井位置）、DK1050 + 305（黄龙寺隧道出口）~ DK1062 + 220. 07（刘家湾大桥郑州台尾）、DK1069 + 851. 04（蒋家湾大桥武汉台）~ DK1073 + 999. 40（李家河 2 号特大桥武汉台）段无砟道床施工	385 人
施工二队	负责 DK1045 + 760（黄龙寺隧道斜井位置）~ DK1050 + 305（黄龙寺隧道出口）和 DK1073 + 999. 40（李家河 2 号特大桥武汉台）~ DK1083 + 971. 22（红场冲大桥武汉台）段无砟道床施工	385 人
施工三队	负责试验段工程 DK1062 + 220. 07（刘家湾大桥郑州台尾）~ DK1069 + 851. 04（蒋家湾大桥武汉台）段和 DK1083 + 971. 22（红场冲大桥武汉台）~ DK1104 + 578. 99（TJI 标终点）段无砟道床施工	385 人

（三）主要大型临时工程

1. 汽车运输便道

汽车运输便道充分利用线下工程施工时形成的施工便道，并对吊装位置、会车位置加以拓宽，对急弯、陡坡、路窄位置加以整修。

2. 汽车运输便道与线路交叉口

在正线路基本成型后，在桥头和隧道进出口位置，将施工便道和正线线路联通形成交叉口，交叉口宽度一般为 12 ~ 14 m。

3. 钢筋加工场

利用线下施工单位修建的钢筋加工场加工底座钢筋，并绑扎成型。

4. 临时存板场及桥下临时存放地

在路基铺板工地附近修建临时存板场。存板场内地基硬化处理,设置排水沟,修筑长 3 m×宽 0.5 m×厚 0.3 m 的钢筋混凝土存放台座。临时存放场内存放轨道板最多不超过 8 层,层与层轨道板间采用硬杂木支垫,支垫硬杂木按"四点支承、三点平衡"置于轨道板两端第二至第三承轨槽之间。

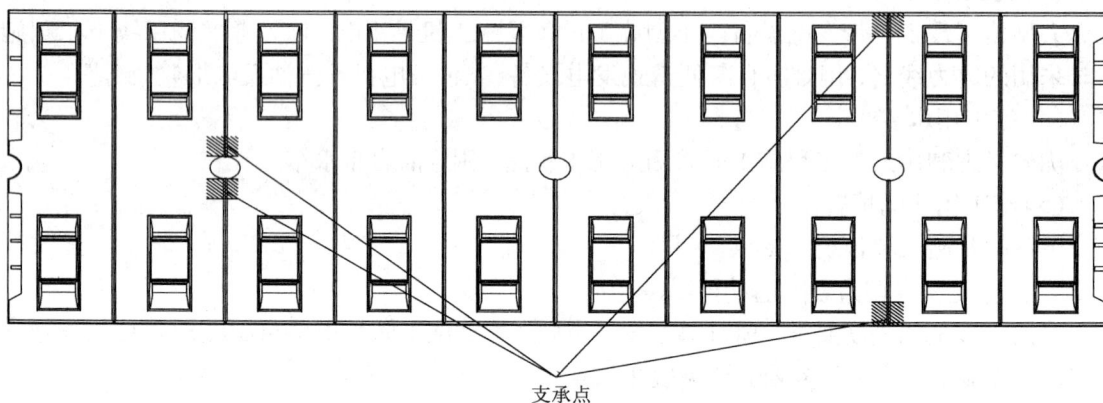

支承点

图 2-2 临时存板场布置图

在桥梁下轨道板可以采用沿线分组存放、分散吊装上桥的办法施工。轨道板沿桥下存放时,对桥下地面进行平整,碾压密实,铺设枕木与轨道板两端承轨台下侧,下铺一层碎石,轨道板采用三点支撑的方式进行存放,每一摞不得超过 5 块板,以保证轨道板存放期间轨道板不致变形。

5. 沥青水泥砂浆原材料供应站

根据需要沿线布设 CA 砂浆原材料供应站,沥青水泥砂浆原材料供应站利用线下工程施工时的级配碎石、改良土集中拌合站场地,在级配碎石拌合结束后,安装沥青水泥砂浆原材料供应站所需设备。计划设沥青水泥砂浆原材料供应站共 6 个,平均每双线 10 km 左右设置一座沥青水泥砂浆原材料供应站,无砟轨道试验段计划在 DK1065 线右位置处 2 号集拌站设置供应站;其余 5 个供应站分别布置于沿线的集拌站旁边。

CA 砂浆原材料供应站占地面积 40 m×38 m,站内设置办公区、生活区、上料区和清洗区。上料区设置乳化沥青储料及泵送装置、水泥储料及上料装置、砂储料及上料装置、水储存及泵送装置及其他添加剂的储料及上料装置。清洗区设置沉淀池和高压冲洗装置,详见"CA 砂浆原材料供应站场地布置图"。

6. 临时通信

项目部安装有线网络和传真机,项目部和施工队人员配备移动电话,噪声较大的工作环境配置对讲机,确保通信畅通。

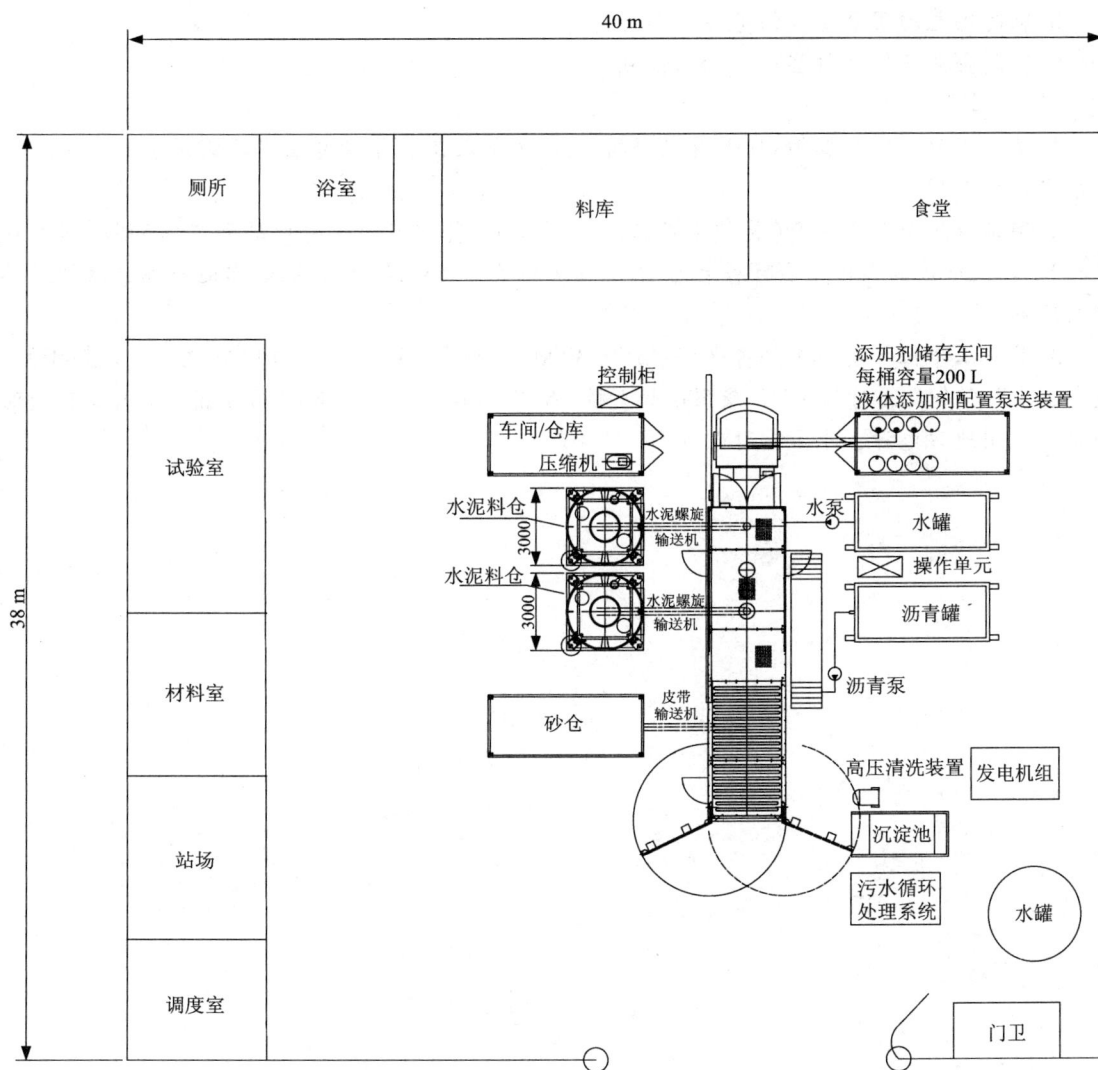

图 2 - 3 CA 砂浆原材料供应站场地布置图

思考与练习

一、简答题

1. 简述施工准备工作的分类。

2. 简述施工准备工作内容。

3. 为什么要进行施工调查？主要调查哪些项目？

4. 铁路工程施工前应做哪些技术准备工作？

5. 怎样计算临时房屋需要修建的面积？修建临时房屋应遵循哪些原则？

6. 临时道路在选定时应考虑哪些原则？

7.临时给水的用水量如何考虑？怎样计算？

8.临时供电的用电量如何考虑？怎样计算？

9.附属企业一般有哪些？应如何设置？

二、计算题

1.某桥下部工程工期为80 d，根据材料消耗定额及工程量计算出水泥需用量为280 t，计算水泥库的需用面积。

2.某工程队全员300人(其中生产工人占80%)，负责某隧道进口端施工(单线隧道机械开挖)，每天进度为6 m。临时房屋为1500 m²(砖墙、油毡屋面)，拟设水池一座，试计算其水池容积。

3.某施工单位担负施工任务如下：1座3000 m隧道，采用3个口同时施工；3座600 m隧道，采用6个口同时施工；2座500 m大桥，6座20 m小桥，5座10 m小桥，所有工程同时施工。采用地方电源，计算其用电量。

项目 3

流水施工作业技术

拟实现的教学目标

1. 能力目标

通过本项目的学习,能够编制中、小型单位工程的施工进度计划,组织流水作业并确定最佳的施工顺序,能够绘制横道图确定总工期。

2. 知识目标

了解三种作业方式的适用范围和优缺点;掌握流水施工的组织原理和基本方法;掌握横道图的绘制方法及总工期的计算;掌握无节拍流水作业施工顺序的确定。

3. 素质目标

培养学生的逻辑思考能力,提高其组织能力和绘图能力。

任务 3.1　熟悉流水施工的基本概念

流水作业法,于 20 世纪 20 年代被采用到大工业生产的领域中,由于抓住产品、零件标准化、机械设备专门化、工作场所专业化等三条技术路线,取得了工业生产高效率、低成本的良好效果。随着科学技术的迅猛发展,规划理论、控制方法的不断完善以及电子计算机的普及应用,流水作业法日渐成为广为推崇的组织产品生产的理想方法。

在铁路工程施工中,其产品是工程结构物。从其功能属性的差异性、技术上的多样性、工种上的复杂性、施工作业条件的极端异常困难等特点而言,铁路工程流水作业法一定会具有铁路工程的特色。

在大工业生活领域中,流水作业法是组织产品生产的理想方法。流水作业施工方法也是铁路工程施工的有效科学组织方法。流水施工方法是建立在分工协作基础上的最佳作业方式,由于铁路工程施工的产品是线路工程结构物,所以铁路线路流水施工的概念、组织方式和效果与其他工业产品的流水作业亦有所不同。

铁路工程施工作业的组织方式与其他土木工程一样,有顺序作业法(依次作业法)、平行作业法和流水作业法等方式。

一、顺序作业法(依次作业法)

顺序作业法是指施工班组完成一个工程对象后,再接着下一个工程对象的施工作业,依次下去直至所有工程对象全部施工完毕的施工作业组织方法。

【例3-1】　某工程队承担 DK108 +120 至 DK109 +000 区段内 3 座工程量近似的石砌拱涵，其施工过程有挖土方、砌基础、砌边墙、砌拱圈等工作，每个施工过程的施工天数均为 4 d，其中挖土方由 6 人组成，砌基础由 10 人组成，砌边墙由 16 人组成，砌拱圈由 16 人组成。按照顺序作业法组织施工建造完工。

【解】　总工期

$$T = mnt_i = 3 \times 4 \times 4 = 48(\text{d})$$

式中：m——m 工程对象数(3 座砌拱涵)；

　　　n——每个工程的施工过程数(4 个过程)；

　　　t_i——每个施工过程的持续时间(每个施工过程施工均为 4 d)。

顺序作业法施工进度计划图及劳动力动态曲线图如图 3-1 所示。

从图 3-1 看出，顺序作业方法施工具有以下特点：

(1)由于没有充分地利用工作面去争取时间，所以工期长。

(2)工作队不能实现专业化施工，不利于改进工人的操作方法和施工机具，不利于提高工程质量和劳动生产率。

(3)工作队工人不能连续作业。

(4)单位时间内投入的资源量比较少，有利于资源供应的组织工作。

(5)施工现场的组织、管理比较简单。

二、平行作业法

平行作业法是指所有工程对象同时开工，齐头并进直至全部完成的施工作业组织方式。平行作业法一般只在工程量大而施工期限短促的情况下才采用。上例中若采用平行作业法，则总工期

$$T = nt_i = 4 \times 4 = 16(\text{d})$$

平行作业法施工进度计划及劳动力动态曲线见图 3-1。

从图 3-1 看出，平行施工组织方式具有以下特点：

(1)充分地利用了工作面，争取了时间，可以缩短工期。

(2)工作队不能实现专业化生产，不利于改进工人的操作方法和施工机具，不利于提高工程质量和劳动生产率。

(3)工作队工人不能连续作业。

(4)单位时间内投入施工的资源量成倍增长，现场临时设施也相应增加。

(5)施工现场的组织、管理复杂。

三、流水作业法

流水作业法是将所有工程对象按一定的时间间隔依次投入施工，各个专业班组的施工是连续不断地依次从一个工程对象转移到下一个工程对象完成相同的工作，直至所有工程对象全部完工。上例中，用流水作业法，则总工期：

$$T = (m-1)t_i + nt_i = (3-1) \times 4 + 4 \times 4 = 24(\text{d})$$

流水作业法施工进度计划及劳动力动态曲线参见图 3-1。

工程编号	分项工程名称	工作队人数	施工天数	施工进度/d																						
				48												16				24						
				4	8	12	16	20	24	28	32	36	40	44	48	4	8	12	16	4	8	12	16	20	24
1	挖土方	6	4																						
	砌基础	10	4																						
	砌边墙	16	4																						
	砌拱顶	16	4																						
2	挖土方	6	4																						
	砌基础	10	4																						
	砌边墙	16	4																						
	砌拱顶	16	4																						
3	挖土方	6	4																						
	砌基础	10	4																						
	砌边墙	16	4																						
	砌拱顶	16	4																						
劳动力动态图				依次施工													平行施工				流水施工						
施工组织方式																										

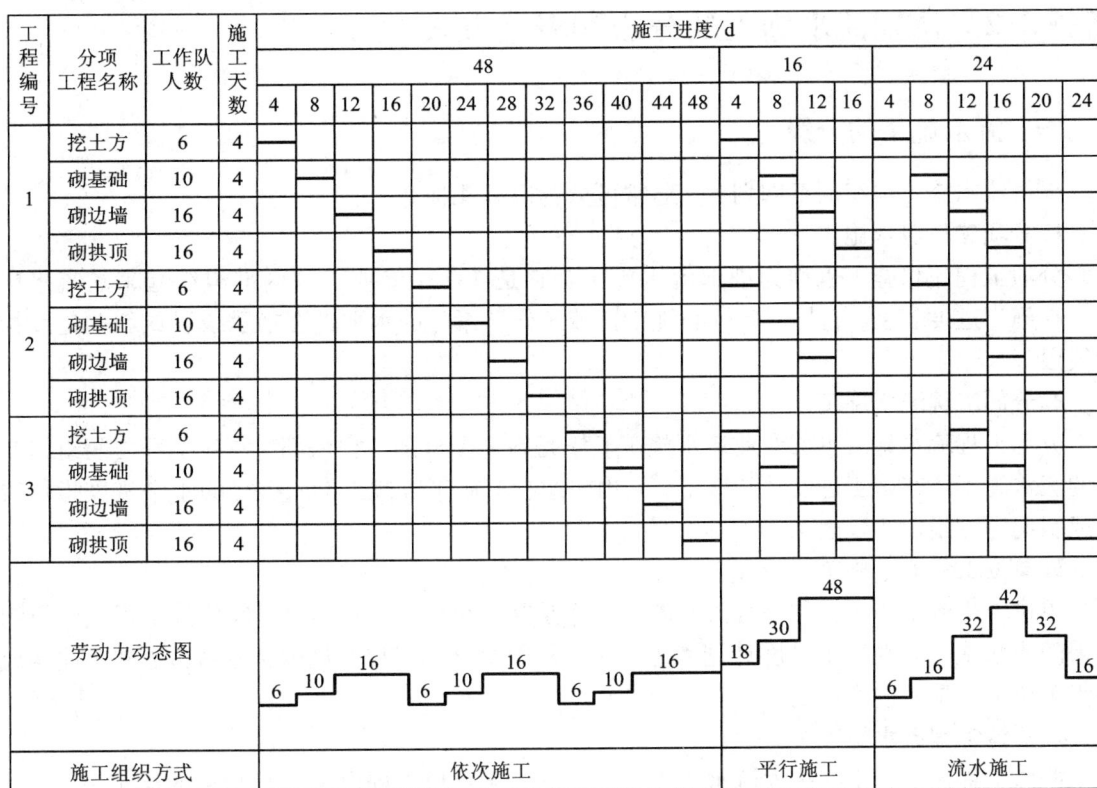

图 3 - 1　三种不同施工作业组织方式示意图

从图 3 - 1 看出，流水施工组织方式具有以下特点：

（1）科学地利用了工作面，争取了时间，工期比较合理。

（2）工作队工人能够实现专业化施工，可使工人的操作技术熟练，更好地保证工程质量，提高劳动生产率。

（3）专业工作队工人能够连续作业，使相邻的专业工作队之间实现了最大限度的合理搭接。

（4）单位时间内投入施工的资源量较为均衡，有利于资源供应的组织工作。

（5）为施工现场的科学管理创造了有利条件。

四、平行流水作业法

平行流水作业法是流水作业法和平行作业法的一种组合形式。它综合了平行作业法和流水作业法的优点，在铁路工程和其他土木工程中更具普遍性。当所有工程对象按一组进行流水作业，其总工期比规定工期要长时，可将全部工程对象根据工程类型、工程数量分为几组进行施工，每个组内的工程对象采用流水作业法施工，而组与组之间则采用平行作业法施工。

这种组合形式已在不同的工程建设中得以推广，如在土建工程中的流水法、平行交叉作业法，在电力工程建设中的集中平行作业法等。

任务 3.2　认知流水施工的分级和表述方式

一、流水施工的分级

根据流水施工组织的范围划分，通常可分为以下几种。

1. 分项工程流水施工

分项工程流水施工也称为细部流水施工。它是在一个专业工种内部组织起来的流水施工。在施工进度表上，它是一条标有施工段或工作队编号的水平进度指示线段或斜向进度指示线段。

2. 分部工程流水施工

分部工程流水施工也称专业流水施工。它是在一个分部工程内部、各项工程之间组织起来的流水施工。在施工进度计划表上，它由一组标有施工段或工作队编号的水平进度指示线段或斜向进度指示线段表示。

3. 单位工程流水施工

单位工程流水施工也称综合流水施工。它是在一个单位工程内部、各分部工程之间组织起来的流水施工。在施工进度计划表上，它是若干组分部工程的进度指示线段，并由此构成一张单位工程施工进度计划。

4. 群体工程流水施工

群体工程流水施工亦称大流水施工。它是在若干单位工程之间组织起来的流水施工，反映在施工进度计划表上，是一张施工总进度计划。

流水施工的分级和它们之间的相互关系如图 3-2 所示。

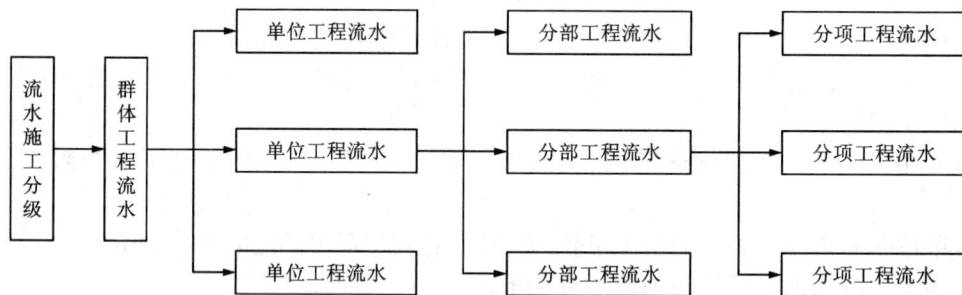

图 3-2　流水施工分级示意图

二、流水施工的表达方式

流水施工的表达方式主要有横道图和网络图两种表达方式，如图 3-3 所示。

（一）水平指示图表

在流水施工水平指示图表中，横坐标表示流水施工的持续时间；纵坐标表示开展流水施工的施工过程、专业工作队的名称、编号和数目；呈梯形分布的水平线段表示流水施工的开

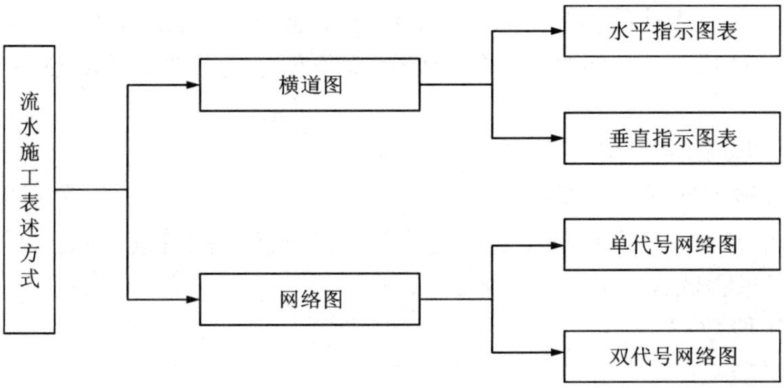

图 3 - 3 流水施工表达方式示意图

展情况。如图 3 - 4 所示，我们通常称这种水平指示图表为横道图，即甘特图，其优缺点如下。

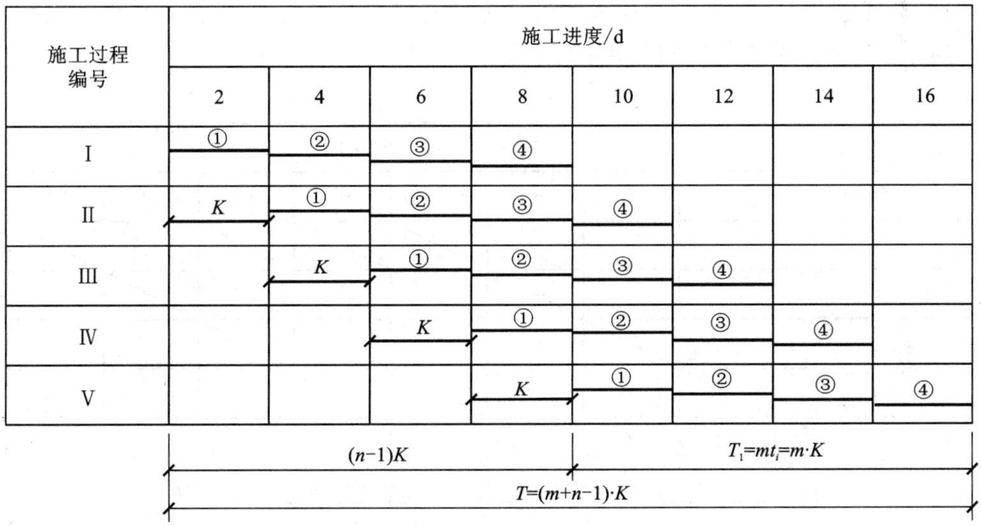

图 3 - 4 水平指示图表

1. 优点

(1)形象直观，能够清楚地表达活动的开始时间、结束时间和持续时间，一目了然，易于理解，并能够为各层次的人员(上至战略决策者，下至基层的操作工人)所掌握和运用。

(2)使用方便，制作简单。

(3)不仅能够安排工期，而且可以与劳动力计划、资源计划、资金计划相结合。

2. 缺点

(1)很难表达工程活动之间的逻辑关系，即工程活动之间的前后顺序及搭接关系不能确定。

(2)不能显示活动的重要性，如哪些活动是关键的，哪些活动有推迟或延迟的余地，及余地的大小。

（3）横道图上所能表达的信息量较少，无法方便地表达出活动的最迟开始和结束时间。

（4）不便用计算机处理，即对一个复杂的工程不能进行工期计算，更不能进行工期方案的优化。

本章主要介绍使用横道图表达流水作业。

图中：T——流水施工计划总工期；

T_1——一个专业工作队或施工过程完成其全部施工段的持续时间；

n——施工过程数或专业工作队数；

m——施工段数；

K——流水步距；

t_i——流水节拍（本图中 $t_i = K$）；

①、②、③、④——施工段编号；

Ⅰ、Ⅱ、Ⅲ、Ⅳ、Ⅴ——施工过程或专业工作队编号。

（二）垂直指示图表

在流水施工垂直指示图表中，横坐标表示流水施工的持续时间；纵坐标表示展开流水施工所划分的施工段编号；n 条斜线段表示各专业工作队或施工过程开展流水施工的情况。如图 3 – 5 所示（图中符号的含义同图 3 –4）。

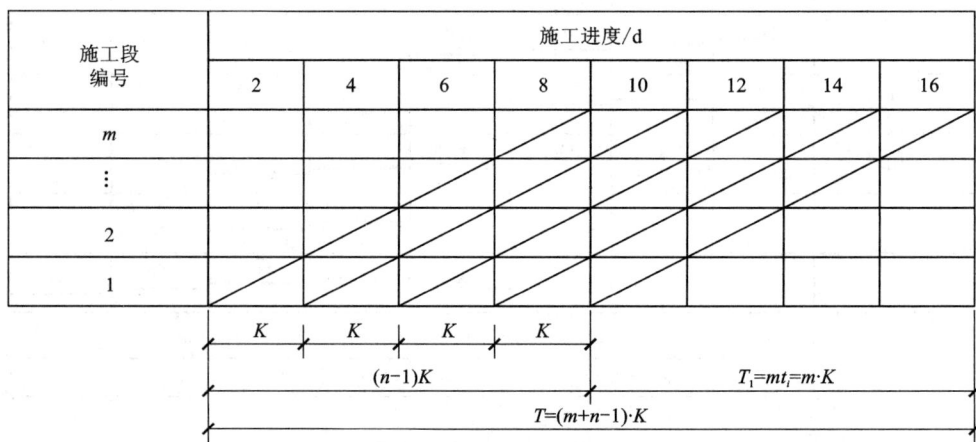

图 3 – 5　垂直指示图表

（三）网络图

有关网络图表达方式的流水施工，详见项目 4。

任务 3.3　掌握流水施工的主要参数

工艺参数主要是指在组织流水施工时，各施工过程在时间和空间上的开展情况及相互依存关系，这里引入一些描述工艺流程、空间布置和时间安排等方面的状态参数——流水施工参数，包括工艺参数、空间参数和时间参数。

一、工艺参数

工艺参数是指在组织流水施工时，用以表达流水施工在施工工艺方面进展状态的参数，通常包括施工过程和流水强度。

1. 施工过程

施工过程属于工艺参数。在组织流水时，用以表达流水施工在工艺上开展层次的有关过程，统称为施工过程。施工过程的数目以 n 表示。

在流水施工中，务必使各专业施工队组连续施工。所以各施工过程应分别由一个固定的施工专业队组来承担。专业队组数等于施工过程数。

2. 流水强度

流水强度是指流水施工的某施工过程（专业工作队）在单位时间内所完成的工程量，也称为流水能力或生产能力。例如，浇注混凝土施工过程的流水强度是指每工作班浇注的立方数。

流水强度可用下式计算求得：

$$V = \sum_{i=1}^{X} R_i C_i \tag{3-1}$$

式中：V——某施工过程（队）的流水强度；

　　　R_i——投入该施工过程中的第 i 种资源量（施工机械台班或工人数）；

　　　C_i——投入该施工过程中第 i 种资源产量定额；

　　　X——投入该施工过程中的资源种类数。

二、空间参数

空间参数是指在组织流水施工时，用以表达流水施工在空间布置上开展状态的参数，通常包括工作面和施工段。

（一）工作面

工作面是指供某专业工种的工人或某种施工机械进行施工的活动空间。工作面的大小，表明能安排施工人数或机械台数的多少。每个作业的工人或每台施工机械所需工作面的大小取决于单位时间内其完成的工程量和安全施工的要求。工作面确定得合理与否，直接影响专业工作队的生产效率，因此必须合理确定工作面。

（二）施工段

施工段属于空间参数。为了有效地组织流水施工，通常把拟建工程在平面上划分若干个劳动量大致相等的施工段落，这些施工段落称施工段，其数目用 m 来表示。

1. 划分施工段的目的

一般情况下，一个施工段内只安排一个施工过程的专业工作队进行施工。在一个施工段上，只有前一个施工过程的工作队提供足够的工作面，后一个施工过程的专业工作队才能进入该段从事下一个施工过程的施工。

划分施工段是组织流水施工的基础。其目的是：

（1）由于铁路工程与其他土木工程一样，具有建筑产品的单件性，它不适于组织流水施工。

（2）铁路工程与其他土木工程一样，具有建筑产品形体的庞大固有特性，为组织流水施工提供了空间条件。可把一个形体庞大的"单件产品"划分成具有若干个施工段的"批量产品"，使其满足流水施工的基本要求。

（3）在保证工程质量的前提下，为专业工作队确定合理的空间范围，使其按流水施工的原理，集中人力、物力，迅速地、依次地、连续地完成各段施工任务，为相邻专业工作队尽早地提供工作面，达到缩短工期的目的。

2. 施工段划分原则

施工段数划分要适当，若划分过多，则势必要减少工人数而延长工期；若过少，则会造成资源供应过分集中，不利于组织流水施工。因此，为使施工段划分得更科学、更合理，通常应遵循以下原则：

（1）专业工作队在各个施工段上的劳动量要大致相等，其相差的幅度不宜超过15%。

（2）为了充分发挥工人、主导机械的效率，每个施工段要有足够的工作面，使其所容纳的劳动力人数或机械台数，能满足合理劳动组织的要求。

（3）施工段的数目，要满足合理流水施工组织的要求，即 $m \geqslant n$。

（4）施工段的分界线应尽可能与自然界限相一致。

3. 施工段数 m 与施工过程数 n 的关系

（1）当 $m > n$ 时，由于施工段数多于施工过程数目，各专业工作队能够连续作业，而且工作面尚有空闲。这种空闲，可用于弥补由于技术间隙、组织管理间歇和备料等要求所必需的时间。

（2）当 $m = n$ 时，由于施工段数等于施工过程数目，各专业工作队能够连续作业，但工作面已无空闲。这虽是最理想的流水施工方案，但对管理者来说，应提高管理水平，只能进取，不能回旋、后退。

（3）当 $m < n$ 时，由于施工段数少于施工过程数目，各专业工作队不能连续施工，施工段无空闲，这样，超过施工段数的工作队，因无工作面而停工。

从上述 3 种情况可以知道，施工段的数量直接影响工期，要想保证专业工作队能够连续施工，必须满足以下要求：

$$m \geqslant n \qquad\qquad (3-2)$$

三、时间参数

时间参数是指在组织流水施工时，用以表达流水施工在时间安排上所处状态的参数，通常包括流水节拍、流水步距等。

（一）流水节拍

流水节拍属于时间参数。在组织流水施工时，每个专业工作从在各个施工段上所必需的持续时间，称为流水节拍，以 t_i 表示，可由式（3-3）计算：

$$t_i = \frac{Q_i}{C_i R_i N_i} = \frac{P_i}{R_i N_i} \qquad\qquad (3-3)$$

式中：t_i——某专业工作队在第 i 施工段的流水节拍；

Q_i——某专业工作队在第 i 施工段要完成的工程量；

C_i——某专业工作队的计划产量定额；

P_i——某专业工作队在第 i 施工段需要的劳动量或机械台班数；

R_i——某专业工作队投入的工作人数或机械台数；

N_i——某专业工作队的工作班次。

流水节拍的大小，可以反映出流水施工速度的快慢、节奏感的强弱和资源消耗量的多少。影响流水节拍数值大小的因素主要有：施工时所采取的施工方案、各施工段投入的劳动力人数或机械台数、工作班次以及该施工段工程量的多少。

在实际施工中，往往采用新工艺、新方法和新材料等尚无定额可循的工程，此时可用经验估算法来求出流水节拍，其计算式为：

$$t_i = \frac{a + 4c + b}{6} \qquad (3-4)$$

式中：t_i——某施工过程在某施工段上的流水节拍；

a——某施工过程在某施工段上的最短估算时间；

b——某施工过程在某施工段上的最长估算时间；

c——某施工过程在某施工段上的正常估算时间。

（二）流水步距

1. 流水步距的意义

流水步距属于时间参数。在组织流水施工时，将相邻两个专业工作队先后在同一施工段开始施工的时间间隔，称为流水步距，用 K 表示。

流水步距的大小，反映着流水作业的紧凑程度，对工期起较大影响。当施工段确定后，流水步距的大小就直接影响着工期的长短。如果施工段不变，流水步距越大，则工期越长；反之，流水步距越小，则工期就越短。此外，流水步距在施工段不变的情况下，它随流水节拍的增大而增大；随流水节拍的减小而减小。

2. 流水步距的确定原则

（1）流水步距要满足相邻两个专业工作队在施工顺序上的相互制约关系。

（2）流水步距要保证各专业队都能连续作业。

（3）流水步距要保证相邻两个专业工作队，在开工时间上最大限度地、合理地搭接。

（4）流水步距的确定要保证工程质量、满足安全生产要求。

四、流水作业法施工组织要点

根据以上流水参数的概念，可以把流水施工的组织要点归纳如下：

（1）将拟建工程的全部施工活动，划分组合为若干个施工过程，每一施工过程交给按专业分工组成的施工队组或混合队组来完成。施工队组组成的人数应考虑每个工人所需的最小工作面和流水施工组织的需要。

（2）将拟建工程在平面上划分为若干个施工段，每一施工段在同一时间内，只供一个施工队组开展作业。

（3）确定各施工队组在每段的作业时间，并使其连续均衡作业。

（4）按照各施工过程的先后顺序排列，确定相邻施工过程（或施工队组）之间的流水步距，并使其在连续作业的条件下，最大限度地搭接起来，形成分部工程施工的专业流水组。

（5）搭接各分部工程的流水组，组成单位工程流水施工。

（6）绘制流水施工指示图表。

任务3.4　组织流水施工

在工程施工中，为完成一个工程项目，需要组织许多施工过程的活动。当这些施工过程都是有节奏的专业流水（指每一施工过程本身在各施工段上的作业时间相等的流水作业）时，将这些施工过程所组成的整个流水作业称为"有节拍流水作业"；当这些施工过程都是无节奏的专业流水（指每一施工过程本身在各施工段上的作业时间不尽相同的流水作业）时，将这些施工过程所组成的整个流水作业称为"无节拍流水作业"。其中有节拍流水作业又分为：全等节拍专业流水、成倍节拍专业流水、分别流水。流水作业的分类如图3－6所示。

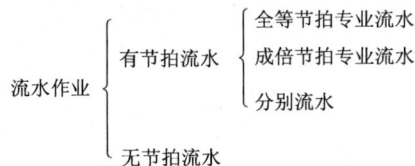

图3－6　流水作业分类

一、全等节拍专业流水

全等节拍专业流水是指在组织流水施工时，如果所有的施工过程在各个施工段上的流水节拍彼此相等，这种流水施工组织方式称为全等节拍专业流水，也称为固定节拍流水或等节拍流水、同步距流水。

（一）基本特点

（1）流水节拍彼此相等。如有 n 个施工过程，流水节拍为 t_i，则

$$t_1 = t_2 = \cdots = t_{n-1} = t_n = t（常数）$$

（2）流水步距彼此相等，而且等于流水节拍，即

$$K_{1,2} = K_{2,3} = \cdots = K_{n-1,n} = K = t（常数）$$

（3）每个专业工作队都能够连续工作，施工段没有空闲。

（4）专业工作队数（n_1）等于施工过程数（n）。

（二）组织步骤

（1）确定工程施工起点流向，分解施工过程。

（2）确定施工顺序，划分施工段。划分施工段时，其数目 m 的确定方法如下：

①无层间关系或无施工层时，取 $m = n$。

②有层间关系或有施工层时，施工段数目 m 分两种情况确定：无技术和组织间隙时，取 $m = n$；有技术和组织间隙时，为保证多专业能连续施工，应取 $m > n$。此时，每层施工段空闲数为 $m - n$，一个空闲施工段的时间为 t，则每层的空闲时间为

$$(m - n)t = (m - n)K \tag{3-5}$$

若一个楼层内各施工过程间的技术、组织间隙时间之和为 $\sum z_1$，楼层间技术、组织间隙

时间为 z_2，如果每层的 $\sum z_1$ 均相等，z_2 也相等，且为了保证连续施工，施工段上除 $\sum z_1$ 和 z_2 外无空闲，则：

$$(m - n)K = \sum z_1 + z_2 \qquad\qquad (3 - 6)$$

所以，每层的施工段数 m 可按式(3 - 7)确定：

$$m = n + \frac{\sum z_1}{K} + \frac{z_2}{K} \qquad\qquad (3 - 7)$$

如果每层的 $\sum z_1$ 不完全相等，z_2 也不完全相等，应取各层中最大的 $\sum z_1$ 和 z_2，并按式(3 - 8)确定施工段数：

$$m = n + \frac{\max \sum z_1}{K} + \frac{\max z_2}{K} \qquad\qquad (3 - 8)$$

注：①技术间隙时间：指组织流水施工时，除考虑相邻专业工作队之间的流水步距外，有时根据建筑材料或现浇构件等的工艺性质(例如混凝土浇注后要养护)，还要考虑合理的工艺等待间隙时间，这个等待时间称为技术间隙时间。②组织间隙时间：指流水施工中，由于施工技术或施工组织的原因，造成在流水步距以外增加的间隙时间(例如钢筋等隐蔽工程记录、施工人员或机械的转移)，称为组织间隙时间。③层间停歇时间：指有层间施工时，在一层所有段结束施工而不能立即进入上一层施工，需要技术上或组织上停歇，这种时间称为层间停歇时间。

(3)根据全等节拍流水要求，按公式计算流水节拍数值。

(4)确定流水步距 $K = t$。

(5)计算流水施工的工期：

①无层间关系或无施工层时，可按式(3 - 9)进行计算：

$$T = (m + n - 1)K + \sum z_1 - \sum c_i \qquad\qquad (3 - 9)$$

式中：T—— 流水施工总工期；

　　　c_i—— 两施工过程间的平行搭接时间。

其他符号同前。

② 有层间关系或有施工层时，可按式(3 - 10)进行计算：

$$T = (mj + n - 1)K + \sum z_1 - \sum c_i \qquad\qquad (3 - 10)$$

式中：j—— 施工层数，其他符号同前。

(6)绘制流水施工指示图表。

(三)应用举例

【例 3 - 2】　某分部工程由 4 个分项工程组成，划分成 5 个施工段，流水节拍均为 3 d，无技术、组织间隙，试确定流水步距、计算工期，并绘制流水施工进度表。

解由已知条件 $t_i = t = 3$ d，本分部工程宜组织全等节拍专业流水。

(1)确定流水步距：由全等节拍专业流水的特点得知 $K = t = 3$ d。

(2)计算工期：由公式(3 - 9)求得 $m = 5$，$n = 4$

$$T = (m + n - 1)K = (5 + 4 - 1) \times 3 = 24(\text{d})$$

(3)绘制流水施工进度表，如图 3 - 7 所示。

分项工程编号	施工进度/d							
	3	6	9	12	15	18	21	24
A	①	②	③	④	⑤			
B	K	①	②	③	④	⑤		
C		K	①	②	③	④	⑤	
D			K	①	②	③	④	⑤

$$T=(m+n-1)\cdot K=(5+4-1)\cdot 3=24$$

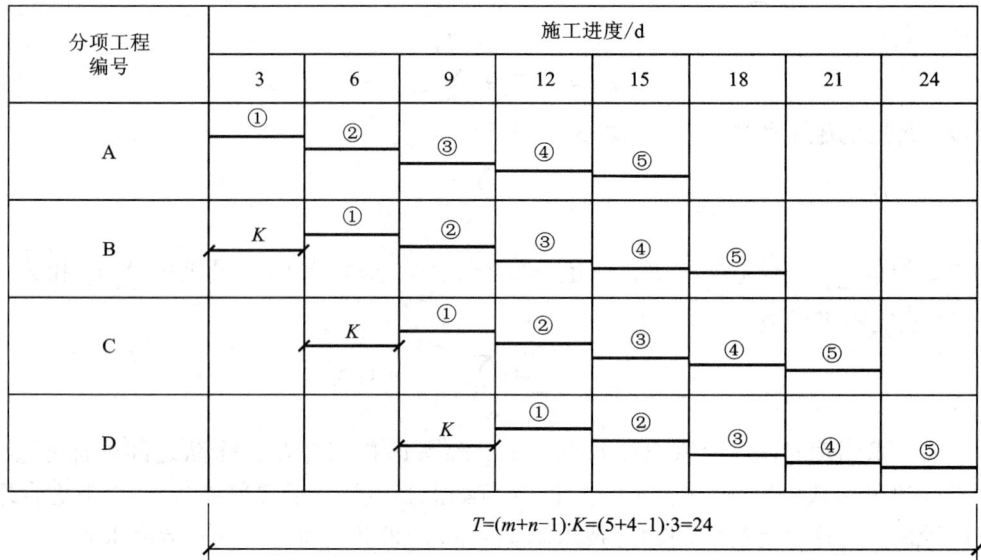

图 3-7 全等节拍专业流水施工进度

【例 3-3】 某项目由Ⅰ、Ⅱ、Ⅲ、Ⅳ等 4 个施工过程组成，划分为两个施工层组织流水，施工过程Ⅱ完成后需养护 1 d，下一个施工过程才能开始施工，且层间技术间隙为 1 d，流水节拍均为 1 d，为了保证工作队连续施工，试确定施工段数，计算工期，绘制流水施工进度表。

【解】 已知条件 $n=4$，$j=2$，$z_2=1$，$z_1=1$，$t=1$，$c_i=0$。

(1)确定流水步距：由于 $t_i=t=1$ d，可知 $K=t=1$ d(全等节拍专业流水)。

(2)确定施工段数：因施工时分划两个施工层，其施工段数按公式(3-7)计算

$$m = n + \frac{\sum z_1}{K} + \frac{z_2}{K} = 4 + \frac{1}{1} + \frac{1}{1} = 6(段)$$

(3)计算工期：由式(3-10)得

$$T = (mj + n - 1)K + \sum z_1 - \sum c_i = (6 \times 2 + 4 - 1) \times 1 + 1 - 0 = 16(d)$$

(4)绘制流水施工进度表，如图 3-8 所示。

二、成倍节拍专业流水

成倍节拍专业流水是指在组织流水施工时，如果同一施工过程在各施工段上的流水节拍彼此相等，不同施工过程在同一施工段上的流水节拍全部或部分不相等，但各施工过程的流水节拍均为其中最小流水节拍的整数倍(或节拍之间存在最大公约数，且不等于1)的流水施工方式，这种组织方式称为成倍节拍专业流水。

(一)基本特点

(1)同一施工过程在各施工段上的流水节拍彼此相等，不同的施工过程在同一施工段上的流水节拍彼此不相等，但互为倍数关系；

施工层	施工过程编号	施工进度/d															
		1	2	3	4	5	6	7	8	9	10	11	12	13	14	15	16
1	I	①	②	③	④	⑤	⑥										
	II		①	②	③	④	⑤	⑥									
	III				①	②	③	④	⑤	⑥							
	IV					①	②	③	④	⑤	⑥						
2	I							①	②	③	④	⑤	⑥				
	II								①	②	③	④	⑤	⑥			
	III										①	②	③	④	⑤	⑥	
	IV											①	②	③	④	⑤	⑥

$$(n-1)K+z_1 \qquad\qquad m\times j\times t$$

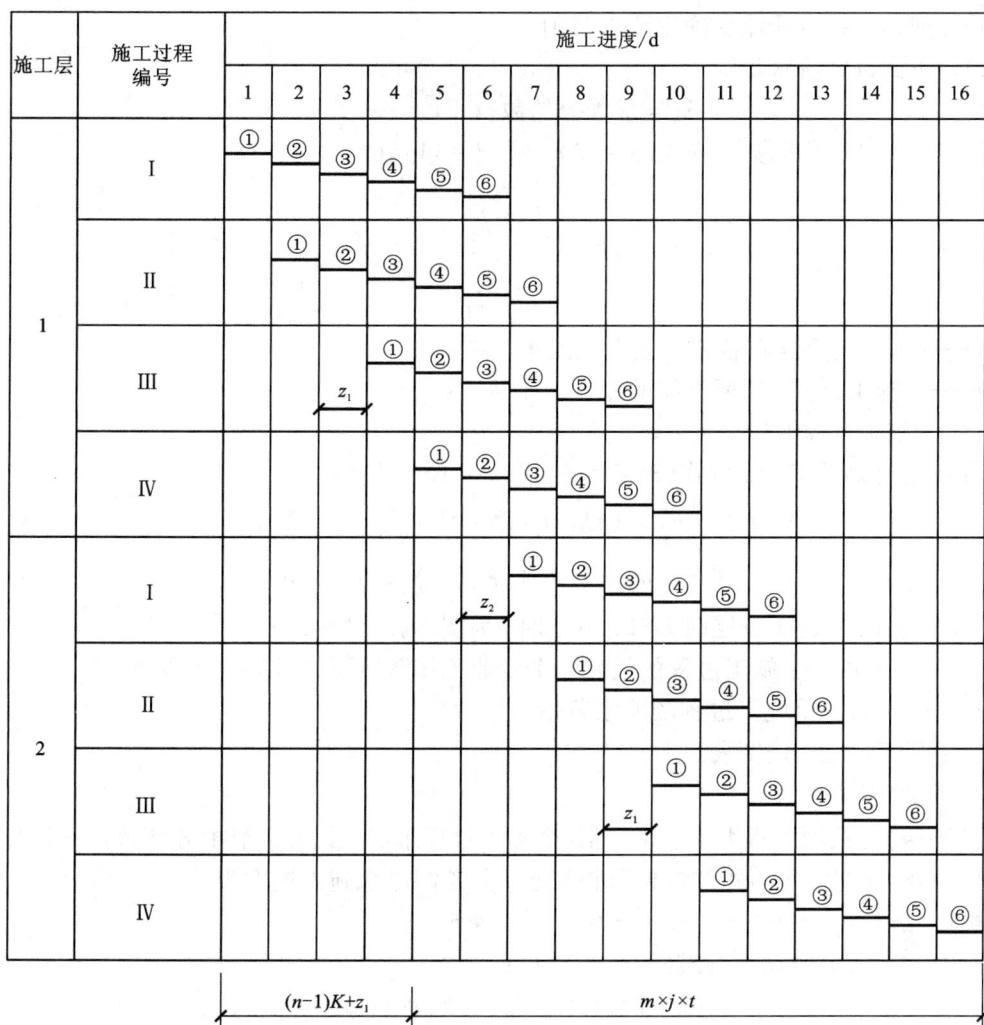

图 3-8　分层并有技术、组织间隙时的全等节拍专业流水施工进度表

（2）流水步距彼此相等，且等于流水节拍的最大公约数；

（3）各专业队工作都能保证连续施工，施工段没有空闲；

（4）各专业工作队队数大于施工过程数，即 $n_1 > n$。

（二）组织步骤

（1）确定施工起点流向，分解施工过程。

（2）确定施工顺序，划分施工段，

①不分施工层时，可按划分施工段原则确定施工段数，$m = n_1$。

②分施工层时，每层的段数可按下式确定：

$$m = n_1 + \frac{\max\sum z_1}{K_b} + \frac{\max z_2}{K_b} \qquad\qquad (3-11)$$

式中：n_1——专业工作队总数；

K_b——等步距的成倍节拍专业流水的流水步距。

(3)按成倍节拍专业流水确定流水节拍。

(4)按下式确定流水步距：

$$K_b = 最大公约数\{t^1, t^2, \cdots, t^n\} \qquad (3-12)$$

(5)确定专业工作队数,按式(3-13)、式(3-14)计算

$$b_i = \frac{t^i}{K_b} \qquad (3-13)$$

$$n_1 = \sum_{i=1}^{n} b_i \qquad (3-14)$$

式中:t^i——施工过程i在各施工段上的流水节拍;

b_i——施工过程i所要组织的专业工作队数;

i——施工过程编号$1 \leqslant i \leqslant n$。

(6)确定计划总工期,按式(3-15)、式(3-16)计算:

$$T = (n_{ij} - 1)K_b + m^{zh} \cdot t^{zh} + \sum z_1 - \sum c_i \qquad (3-15)$$

或

$$T = (mj + n_1 - 1)K_b + \sum z_1 - \sum c_i \qquad (3-16)$$

式中:j——施工层数(不分层时$j=1$,分层时j为实际施工层数);

m^{zh}——最后一个施工过程的最后一个专业工作队所要通过的施工段数;

t^{zh}——最后一个施工过程的流水节拍。

(7)绘制流水施工进度表。

(三)应用举例

【例3-4】 某项工程由Ⅰ、Ⅱ、Ⅲ3个施工过程组成,其流水节拍分别为$t^Ⅰ=2$ d,$t^Ⅱ=6$ d,$t^Ⅲ=4$ d,试组织等步距的成倍节拍流水,并绘制流水施工进度表。

【解】 已知$n=3$,$t^Ⅰ=2$ d,$t^Ⅱ=6$ d,$t^Ⅲ=4$ d。

(1)确定流水步距K_b,按式(3-12)计算:

$$K_b = 最大公约数\{2, 6, 4\} = 2(d)$$

(2)求专业工作队数,由式(3-13),式(3-14)求得

$$b_Ⅰ = \frac{t^Ⅰ}{K_b} = \frac{2}{2} = 1(队)$$

$$b_Ⅱ = \frac{t^Ⅱ}{K_b} = \frac{6}{2} = 3(队)$$

$$b_Ⅲ = \frac{t^Ⅲ}{K_b} = \frac{4}{2} = 2(队)$$

所以

$$n_1 = \sum_{i=1}^{n} b_i = 1 + 3 + 2 = 6(队)$$

(3)求施工段数:为使各专业工作队都能连续工作,取

$$m = n_1 = 6(段)$$

(4)计算工期:按式(3-16)求得

$$T = (mj + n_1 - 1)K_b + \sum Z_1 - \sum c = (6 \times 1 + 6 - 1) \times 2 + 0 - 0 = 22(d)$$

(5)绘制流水施工进度表如图3-9所示。

施工过程编号	工作队	施工进度/d										
		2	4	6	8	10	12	14	16	18	20	22
I	I	①	②	③	④	⑤	⑥					
II	IIₐ			①			④					
	II_b				②			⑤				
	II_c					③			⑥			
III	IIIₐ						①		③		⑤	
	III_b							②		④		⑥

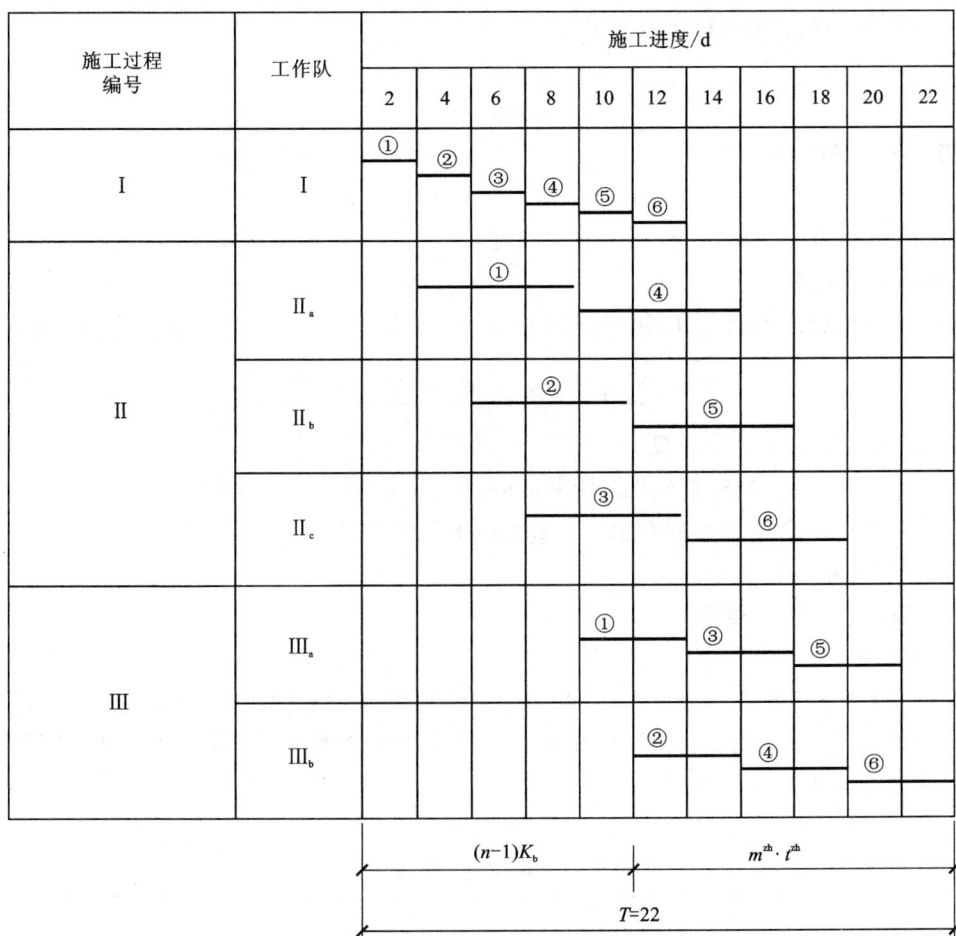

图 3 - 9　成倍节拍专业流水施工进度表

下部标注：$(n-1)K_b$　　$m^{zh}\cdot t^{zh}$　　$T=22$

三、分别流水

分别流水是指同一施工过程在各个施工段的流水节拍相等，不同施工过程之间的流水节拍不相等也不成整倍数关系的流水施工方式。

1. 分别流水施工的特点

(1)同一施工过程流水节拍相等，不同施工过程之间的流水节拍不一定相等。

(2)各个施工过程之间的流水步距不一定相等。

(3)各施工班组能够在施工段上连续作业，但有的施工段之间可能有空闲。

(4)施工班组数(n_1)等于施工过程数(n)。

2. 组织步骤

(1)确定施工起点流向，分解施工过程。

(2)确定施工顺序，划分施工段。

(3)按相应的公式计算各施工过程在各个施工段上的流水节拍。

（4）按一定的方法确定相邻两个专业工作队之间的流水步距。

流水步距的确定，可用以下计算式：

①当 $t_前 \leq t_后$ 时，取

$$K_b = t_前 + z_1 \qquad (3-17)$$

②当 $t_前 > t_后$ 时，取

$$K_b = mt_前 - (m-1)t_后 + z_1 \qquad (3-18)$$

式中：$t_前$、$t_后$——分别为施工过程的前、后节拍；

　　　m——施工段数。

（5）计算流水施工的计划工期，按式（3-19）计算：

$$T = \sum_{i=1}^{n-1} K_{i,\,i+1} + \sum_{i=1}^{m} t_i^{zh} + \sum z_1 - \sum c_i \qquad (3-19)$$

式中：T——流水施工的计划工期；

　　　$K_{i,\,i+1}$——i 与 $i+1$ 两个专业工作队之间的流水步距；

　　　t_i^{zh}——最后一个施工过程在第 i 个施工段上的流水节拍。

其他符号同前。

（6）绘制流水施工进度表。

3. 应用举例

【例 3-5】 某工程由 A、B、C、D 4 个施工过程组成，施工顺序 A→B→C→D，各施工过程的流水节拍如表 3-1 所示，该工程在平面上划分为 4 个施工段，要求在劳动力相对固定的条件下，试确定流水施工方案。

表 3-1 施工过程流水节拍

施工段 流水节拍 施工过程	①	②	③	④
A	3	3	3	3
B	4	4	4	4
C	2	2	2	2
D	5	5	5	5

【解】 已知 $n=4$、$m=4$。

根据题意，该工程只能组织分别流水。由于施工过程在各施工段上的流水节拍相等，故计算流水步距可采用公式（3-17）、（3-18）求得。

（1）确定流水步距：

K_{AB} 由 $t_A < t_B$，得 $K_{AB} = t_A = 3$（d）

K_{BC} 由 $t_B > t_C$，得 $K_{BC} = 4 \times 4 - (4-1) \times 2 = 16 - 6 = 10$（d）

K_{CD} 由 $t_C < t_D$，得 $K_{CD} = t_c = 2$（d）

（2）确定计划工期，按公式（3-19）求得

$$T = (3 + 10 + 2) + 4 \times 5 = 15 + 20 = 35(\text{d})$$

(3)绘制流水施工进度,如图 3 - 10 所示。

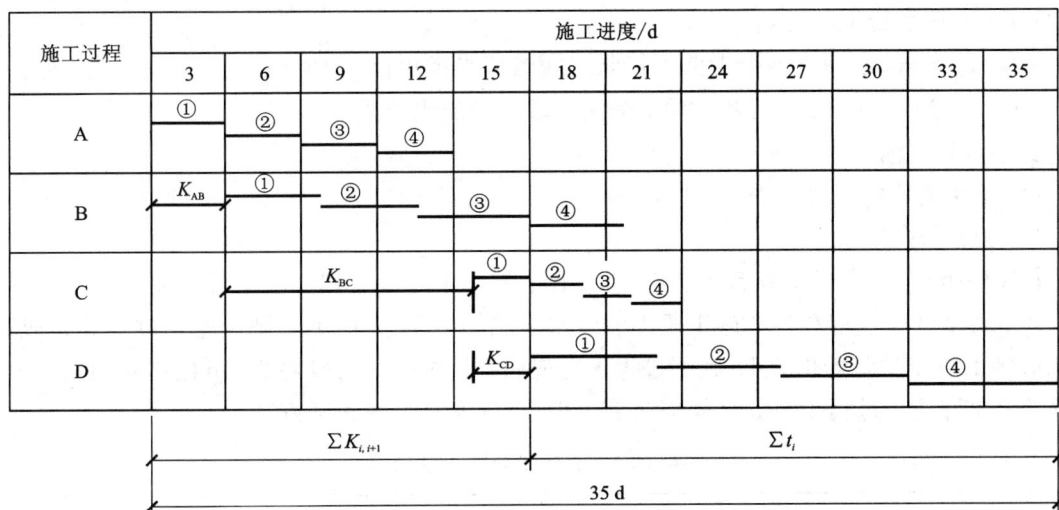

施工过程	施工进度/d											
	3	6	9	12	15	18	21	24	27	30	33	35
A	①	②	③	④								
B	K_{AB} ①		②		③	④						
C			K_{BC}			① ②	③	④				
D					K_{CD}		①		②		③	④

图 3 - 10　流水施工进度图

四、无节拍流水作业

非节奏性专业流水是指在组织流水施工时,同一施工过程在各施工段上的流水节拍彼此不相等,不同施工过程在同一施工段上的流水节拍彼此不相等且不成整倍数,这样的流水施工方式称无节拍流水,也称非节奏性专业流水。

(一)基本特点

(1)每个施工过程在各个施工段上的流水节拍不尽相等。

(2)在多数情况下,流水步距彼此不相等,但 K 与 t 之间存在着某种函数关系。

(3)各专业工作队都能连续工作,个别施工段可能有空闲。

(4)专业工作队数等于施工过程数,即 $n_1 = n$。

(二)组织步骤

(1)确定施工起点流向,分解施工过程。

(2)确定施工顺序,划分施工段。

(3)按相应的公式计算各施工过程在各个施工段上的流水节拍。

(4)按一定的方法确定相邻两个专业工作队之间的流水步距。

流水步距的确定,可用"累加数列错位相减最大差法"简称累加数列法,其计算口诀为"节拍累加,错行相减,取大差",其计算步骤为:

①根据专业工作队在各施工段上的流水节拍,求累加数列。

②根据施工顺序,对所求相邻的两累加数列,错行相减。

③根据错行相减的结果,确定相邻专业工作队之间的流水步距,即相减结果中取最大者。

（5）计算流水施工的计划工期，按下式计算：

$$T = \sum_{i=1}^{n-1} K_{i,\,i+1} + \sum_{i=1}^{m} t_i^{zh} + \sum z_1 - \sum c_i \qquad (3-20)$$

式中：T——流水施工的计划工期；

　　$K_{i,\,i+1}$——i 与 $i+1$ 两个专业工作队之间的流水步距；

　　t_i^{zh}——最后一个施工过程在第 i 个施工段上的流水节拍。

其他符号同前。

（6）绘制流水施工进度表。

（三）应用举例

【例3-6】　某项目工程有Ⅰ、Ⅱ、Ⅲ、Ⅳ、Ⅴ 5 个施工过程。施工时平面上划分为 4 个施工段，每个施工过程在各个施工段上的流水节拍如表3-2所示。规定施工过程Ⅱ完成后，其相应施工段至少要养护 2 d，施工过程Ⅳ完成后，其相应施工段要留 1 d 的准备时间，为尽早完工，允许施工过程Ⅰ与Ⅱ之间搭接施工 1 d，试编制流水施工方案。

表3-2　各施工段流水节拍

n ＼ m	①	②	③	④
Ⅰ	3	2	2	4
Ⅱ	1	3	5	3
Ⅲ	2	1	3	5
Ⅳ	4	2	3	3
Ⅴ	3	4	2	1

【解】　已知 $n=5$，$m=4$。

$$\sum z_1 = 2 + 1 = 3\,(\mathrm{d})$$

$$\sum c_i = 1\,(\mathrm{d})$$

根据题设条件，该工程只能组织非节奏专业流水。

（1）求流水节拍的累加数列：

流水节拍的累加数列由表3-2推出，如表3-3所示。

表3-3　流水节拍的累加数列

Ⅰ	3	3+2=5	3+2+2=7	3+2+2+4=11
Ⅱ	1	1+3=4	1+3+5=9	1+3+5+3=12
Ⅲ	2	2+1=3	2+1+3=6	2+1+3+5=11
Ⅳ	4	4+2=6	4+2+3=9	4+2+3+3=12
Ⅴ	3	3+4=7	3+4+2=9	3+4+2+1=10

（2）确定流水步距：

$$K_{IV, V} = \max\{4, 3, 2, 3, -10\} = 4(d)$$

（3）确定计划工期：由式（3-20）求得

$$T = \sum_{i=1}^{n-1} k_{i, i+1} + \sum_{i=1}^{m} t_i^{zh} + \sum z_1 - \sum c_i$$
$$= (4+6+2+4) + (3+4+2+1) + 3 - 1 = 16 + 10 + 3 - 1 = 28(d)$$

（4）绘制流水施工进度，如图 3-11 所示。

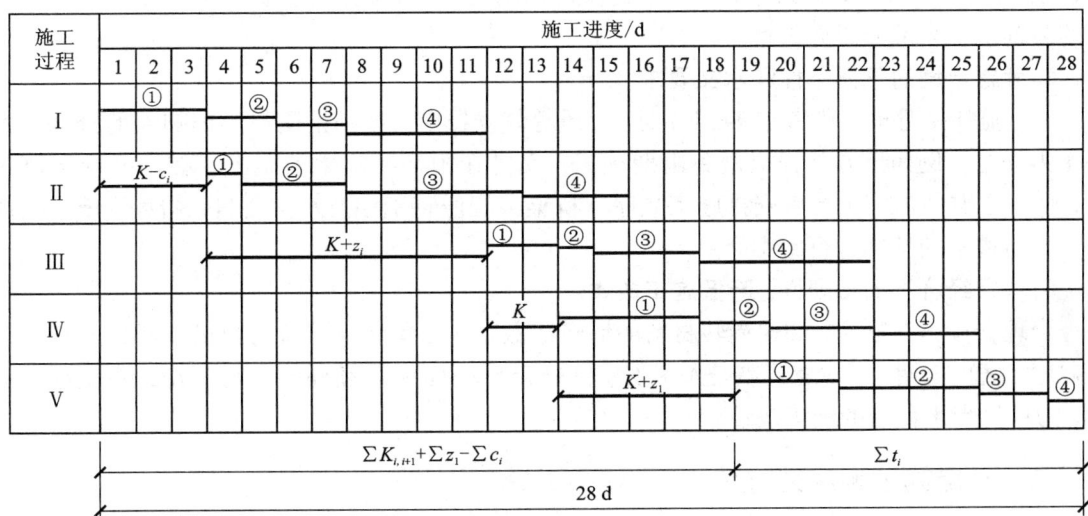

图 3-11 流水施工进度

任务 3.5 确定无节拍流水作业施工顺序

一、安排施工顺序应考虑的因素

1. 统筹考虑各施工过程之间的关系

在工程施工过程中，任何相邻的施工过程之间总是有先有后，有些是由于施工工艺的要求而固定不变的，也有些不受工艺的限制，有一定的灵活性。如一个项目的各单位工程就存在合理安排施工顺序的问题，路基土方采用机械化施工，首先要安排小桥涵工程在施工机械到达之前完工，并达到承载强度，为机械化施工创造条件，否则就要预留缺口。若有人工施工土方工程，小桥涵可与土方工程搭接作业。所有这些都有统筹安排的问题。

2. 考虑施工方法和施工机械的要求

如桥梁工程的基础足钻孔灌注桩施工方法采用钻孔机钻孔，在安排每个基础每根桩的施工顺序时，相邻桩不能顺序施工，否则会发生坍孔现象，所以必须要间隔施工。采用间隔施工时，钻孔机移动的次数会增多，而钻孔机移动需要拆卸和重新安装，很费时间。此时必须采取措施合理安排桩基的施工顺序，既要保证钻孔机移动得最少，又要保证钻孔安全，还能加快施工进度。

3.考虑施工工期与施工组织的要求。

合理的施工顺序与施工工期有较密切的关系，施工工期影响施工顺序的安排。例如由于工期紧迫，有些建筑物采用逆作法施工，施工顺序将发生较大变化。此外，还应考虑施工组织的要求，优先选择能为后续施工过程创造良好施工条件的施工顺序。

4.考虑施工质量与安全的要求

安排施工顺序时，应以充分保证工程质量和施工过程的安全为前提。例如在站房工程中，外装修工程一般安排在屋面工程（三毡四油防水层）之后施工；楼梯抹面安排在上一结构层的装饰工程全部完成后进行。

5.考虑当地的气候条件和水文要求

安排施工顺序时，应考虑冬（雨）期、台风等气候影响，特别是受气候影响大的分部工程应尤为注意。例如土方工程应避免雨期施工，安排在雨期来临之前施工。在严寒地区施工时，则应考虑冬期施工特点安排施工顺序。桥梁工程应特别注意水文资料，枯水季节宜先对位于主河槽中的基础进行施工。

6.考虑经济上的合理性，降低施工成本

合理安排施工顺序，加速周转材料的周转次数，并尽量减少配备的数量。通过合理的施工顺序，缩短工期，减少管理费、人工费、机械台班费而无需额外的附加资源，降低施工成本，为项目带来良好的经济效益。

二、确定施工顺序的方法

确定同类工程之间的最优施工顺序时，通常采用约翰逊－贝尔曼法则。

（一）多项工程两个施工过程的施工顺序安排

约翰逊－贝尔曼法则的基本思想是，现行工作施工工期短的要排在前面施工，而后续工作施工工期短的应排在后面施工。即首先列出 m 个施工段的"流水节拍表"，然后在表中依次选取最小时间，而且每列只选一次，若此最小时间属于先行工作，则前排，反之则从后排。

现结合例题来说明工程排序的方法和步骤。

【例3－4】 有 A、B、C、D、E 5 段地下管道工程，均需由挖沟和埋管两个施工队来完成，挖沟是埋管的紧前工作，作业持续时间见表3－4。试确定这5段地下管道工程的最优施工顺序。

【解】

（1）计算每段管道工程挖沟、埋管的工作持续时间并填表，见表3－4。

表3－4   工作持续时间表（周）

工作名称 \ 管道工程	A	B	C	D	E
挖沟	8	2	10	4	10
埋管	9	4	8	6	12

（2）绘制施工次序排列表，如表 3 - 5 所示。

（3）填表排序，即按法则填表 3 - 5，从而可将 5 段管道工程的施工次序排列出来。

表 3 - 5　施工次序排序表

施工次序 填表次序	1	2	3	4	5
Ⅰ	B				
Ⅱ		D			
Ⅲ			A		C
Ⅳ				E	
表中最小数	2	4	8	10	8
工程号	B	D	A	E	C

根据表 3 - 4，各项任务的施工次序排列如下：

第一个最小时间为 2，属于先行工作，对应的工程为 B，故 B 段管道工程应最先施工，删除该工程。

第二个最小时间为 4，属于先行工作，对应的工程为 D，故 D 段管道工程应先施工，删除该工程。

第三个最小时间为 8，对应的工程为 A、C，将 A 段工程排第三位施工，则 C 段工程为最后施工。

最终得到 5 段管道工程的最优施工顺序为：B - D - A - E - C。

（4）绘制施工进度图，确定总工期。本例按流水施工原理组织施工，绘制施工进度图（略），其总工期为 44 周。

如果不按约翰逊 - 贝尔曼法则确定的顺序施工，通常不能取得最短的总工期。例如本例 5 段管道工程，若按 A - B - C - D - E 的顺序组织施工，总工期为 47 周。

（二）多项工程三个施工过程的施工顺序安排

对于这种情况，如果满足以下两个条件之一者，则可把三个施工过程（A、B、C）简化为两个施工过程（A + B、B + C）后按前述两个施工过程寻优。

（1）第 1 个施工过程（A）中的最小施工持续时间≥第 2 个施工过程（B）中的最大施工持续时间。

（2）第 3 个施工过程（C）中的最小施工持续时间≥第 2 个施工过程（B）中的最大施工持续时间。

（3）寻优步骤如下：

①将各项工程中第 1 个施工过程（A）和第 2 个施工过程（B）的施工持续时间依次加在一起。

②将各项工程中第 2 个施工过程（B）和第 3 个施工过程（C）的施工持续时间依次加在一起。

③将上两步中得到的施工持续间序列，看作 2 个综合施工过程（A + B、B + C）的施工持

续时间。

④按上述多项工程两个施工过程的排序方法，求出最优施工次序。

⑤按所确定的施工次序绘制旅工进度图多确定总工期。

如果多项工程的三个施工过程不能满足上述特定条件，就不能采用上述简化方法，此时要采用一种叫作树枝图的方法，但其计算比较复杂。因此通常对不能满足特定条件的多项工程三个施工过程的施工顺序安排，也按三个施工过程简化为两个施工过程的方法作为其近似解。

（三）多项工程三个以上施工过程的施工顺序安排

当施工过程数多于三个时，求解最优次序的方法比较复杂，但仍可采用将施工过程持续时间按一定方式合并的办法，分别应用约翰逊 – 贝尔曼法则，求出相应的总工期，最后再从中选取总工期的最小值，即可确定施工次序的最优安排。

××工程施工进度横道图计划案例（网址及二维码）：

http：//www. worlduc. com/SpaceShow/Blog/More. aspx？cid = 489308&sid = 2654310&uid = 177251

流水作业综合训练习题库（网址及二维码）：

http：//www. worlduc. com/SpaceShow/Blog/More. aspx？cid = 489321&sid = 2654316&uid = 177251

思考与练习

一、单项选择题

1. 工程流水施工的实质内容是（　　　）。

A. 分工协作　　　　B. 大批量生产　　　　C. 连续作业　　　　D. 搭接适当

2. 某个专业队在一个施工段上的作业时间称为（　　　）。

A. 流水步距　　　　B. 施工段　　　　C. 流水节拍　　　　D. 工期

3. 某工程分三个施工段组织流水施工，若甲、乙施工过程在各施工段上的流水节拍分别为 5 d、4 d、1 d 和 3 d、2 d、3 d，则甲、乙两个施工过程的流水步距为（　　　）。

A. 3 d　　　　B. 4 d　　　　C. 5 d　　　　D. 6 d

4. 在流水施工中，流水节拍是指（　　　）。

A. 两相邻工作进入流水作业的最小时间间隔

B. 某个专业队在一个施工段上的施工作业时间

C. 某个工作队在施工段上作业时间的总和

D. 某个工作队在施工段上的技术间歇时间的总和

5. 某施工段的工程量为 200 m^3，施工队的人数为 25 人，日产量 0.8 m^3/人，则该队在该施工段的流水节拍为（　　　）。

A. 8 d　　　　B. 10 d　　　　C. 12 d　　　　D. 15 d

6. 组织全等节拍流水，首要的前提是（　　　）。

A. 使各施工段的工程量基本相等

B. 确定主导施工过程的流水节拍

C. 使各施工过程的流水节拍相等

D. 调节各施工队的人数

7. 某工程划分4个流水段，由两个施工班组进行等节奏流水施工，流水节拍为4 d，则工期为（　　）。

A. 16 d   B. 18 d   C. 20 d   D. 24 d

8. 有甲乙两个施工队，在三个施工段上施工，流水节拍如下表所示，则其流水步距为（　　）。

班组	一段	二段	三段
甲队	3 d	4 d	3 d
乙队	2 d	3 d	2 d

A. 2 d   B. 3 d   C. 4 d   D. 5 d

9. 现有甲、乙、丙三个独立基础，分A、B、C、D四个施工过程，流水节拍如下表所示。则该工程最短工期为（　　）。

施工过程	甲基础	乙基础	丙基础
A	4 d	2 d	3 d
B	3 d	3 d	4 d
C	3 d	3 d	2 d
D	4 d	2 d	3 d

A. 18 d   B. 19 d   C. 20 d   D. 21 d

10. 如果施工流水作业中的流水步距相等，则该流水作业是（　　）。

A. 必定是全等节拍专业流水   B. 必定是无节拍流水

C. 必定是有节拍流水   D. 以上都不对

11. 某工程有六个施工段，分为甲、乙、丙、丁四个施工过程。在没有技术组织间歇和平行搭接时间的情况下，组织等节奏流水施工，若计划工期不超过45 d，由各施工过程之间的最大流水步距为（　　）。

A. 4 d   B. 5 d   C. 6 d   D. 7 d

12. 在组织流水施工时，如果（　　），则不能保证专业施工队工作连续，造成窝工。

A. $m > n$ B. $m < n$ C. $m > t$ D. $m < t$

13. 在没有技术间歇和插入时间的情况下，如果全等节拍专业流水的流水节拍为2 d，则各施工过程之间的流水步距为（　　）。

A. 2 d   B. 4 d   C. 6 d   D. 10 d

14. 两个相邻的工作队进入流水作业的最小时间间隔称为（　　）。

A. 流水节拍   B. 施工过程   C. 流水步距   D. 施工段

15. 某分部工程组织无节奏流水施工，如果甲和乙、乙和丙施工过程之间流水步距分别为5 d和3 d，丙施工过程的作业时间为12 d，则该分部工程工期为（　　）。

A. 8 d   B. 12 d   C. 14 d   D. 20 d

二、判断题

1.流水步距是相邻的施工队，先后进入流水施工的时间间歇，含技术间歇。（　　）

2.成倍节拍专业流水即在有节拍流水中，各个施工过程之间的流水节拍互成倍数关系。（　　）

3.流水节拍是施工班组完成某分项工程的持续工作时间。（　　）

4.流水参数一般分为工艺参数和时间参数。（　　）

5.在工作班次（N）的选择上，只要可能，尽量选择一班制。（　　）

6.流水节拍一般取整数。（　　）

7.有 n 个施工过程，就有 n 个流水步距。（　　）

8.有节拍流水作业的三种方式分别为全等节拍专业流水、成倍节拍专业流水和分别流水。（　　）

9.确定施工项目每班工作人数，应满足最小劳动组合和最小工作面的要求。（　　）

10.无节拍流水施工的最小流水步距计算采用累加数列错位相减取大差的方法。（　　）

三、绘图题

1.有甲、乙、丙、丁四座相同的小桥扩大基础，每座小桥基础有三道工序：基础开挖（6人），基础砌筑（10人），基础回填（4人），假设每道工序在四个施工段上的流水节拍都等于2天，分别绘制顺序作业、平行作业、流水作业三种作业方式的横道图及劳动力动态图。

2.某分部工程划分为 A、B、C、D 四个施工过程，分三个施工段组织流水施工，流水节拍均为 4 d。试组织全等节拍专业流水施工，计算流水步距和工期，并绘制施工进度计划表。

3.某工程施工（不分层），分三个施工段即 $m = 3$，有三个施工过程即 $n = 3$，施工顺序依次为 A、B、C，每个工序的流水节拍为 $t_A = 2$ d，$t_B = 4$ d，$t_C = 2$ d，试组织成倍节拍专业流水施工并绘制横道图。

4.某分部工程划分为 A、B、C 三个施工过程，分五个施工段组织流水施工，流水节拍分别为 $t_A = 1$ d，$t_B = 3$ d，$t_C = 2$ d，A、B 间有 2 d 技术组织间隙，B、C 间有 1 d 搭接。试组织不等节拍专业流水施工，计算流水步距和工期，并绘制施工进度计划表。

5.某工程项目由挖基槽、做垫层、砌砖基和回填土 4 个施工过程组成，该工程在平面上划分 4 个施工段。各施工过程的流水节拍如下表所示。垫层施工完成后应养护 2 d，试绘制该工程的流水施工方案并绘制横道图。

流水节拍表（单位：d）

施工过程	流水节拍			
	Ⅰ	Ⅱ	Ⅲ	Ⅳ
挖土方	3	4	3	4
做垫层	2	1	2	1
砌基础	3	2	2	3
回填土	2	2	1	2

6.现有某工程分Ⅰ、Ⅱ、Ⅲ、Ⅳ、Ⅴ、Ⅵ六个施工段，每个施工段又分为 A、B 两道工序、

各工序工作时间如下表所示。确定最优施工次序，计算总工期，绘制其施工进度横道图。

流水节拍表（单位：d）

施工段 工序	I	II	III	IV	V	VI
A	6	5	4	7	2	3
B	5	3	1	6	3	4

四、简答题

1. 顺序作业法、平行作业法、流水作业法各自具有哪些特点？应用范围是什么？

2. 简述流水施工的分级和它的表达方式。

3. 流水施工有哪些主要参数？简述各参数的意义。

4. 流水施工为什么要划分施工段？划分施工段的原则有哪些？

5. 为什么说施工段数 m 必须大于或等于施工过程数 n？

6. 为什么说流水步距的大小，对工期起较大影响，流水步距确定有哪些原则？

7. 流水施工的组织形式有哪些？各自有哪些基本特点？

项目 4

网络计划技术

拟实现的教学目标

1. 能力目标

通过本项目的学习,能够编制中、小型单位工程的施工进度计划;能够绘制各种网络图,计算时间参数和总工期,找到关键工作;能够根据要求对初始进度计划进行调整和优化。

2. 知识目标

掌握各种网络图的绘制方法及时间参数的计算;掌握施工进度计划的工期、资源优化方法。

3. 素质目标

培养学生的逻辑思考能力,提高其组织能力和绘图能力。

任务 4.1　认知网络计划技术

网络计划技术是随着现代科学技术和工业生产的发展所产生的,是运筹学的一个分支,是系统工程的基础理论之一,是 20 世纪 50 年代中期,美国开始采用的关键线路法(CPM)、计划评审技术(PERT)和其他以网络图表表达的计划管理新方法。网络计划技术(Network planning techniques)是用网络计划对任务的工作进度进行安排,以保证实现预定目标的科学的计划管理技术。

1965 年著名数学家华罗庚教授在《人民日报》发表了第一篇介绍网络计划方法(统筹法)的文章。从此我国也开始在生产管理中推行网络方法。凡是推广应用的单位,很快为广大群众所掌握,成绩显著,取得了加快进度、降低成本的效果。从 1986 年开始中国建筑学会建筑统筹管理研究会就着手网络计划的标准化工作,经过几年的工作,研制出我国第一部行业标准《工程网络计划技术规程》以"建标(1992)40 号"文发布执行。同年又与中国标准化与信息分类编码研究所等单位合作编制出《网络计划技术》国家标准,它标志着我国网络计划技术的应用水平达到了国际水准,1999 年建设部又以"建标(1999)198 号"文对《工程网络计划技术规程》进行了修订,自 2000 年 2 月 1 日开始施行。

一、网络计划技术的含义

网络计划就是用网络图表达的进度计划。所谓网络图(Network diagram)就是由箭线和节点组成的,用来表示工作流程的有向、有序的网状图形。通常有双代号和单代号两种表示方法。我们用一个箭线表示一项工作,工作的名称写在箭杆上,完成工作所需的时间写在箭杆下。箭尾表示工作的开始,箭头表示工作的结束,箭头和箭尾衔接的地方绘上圆圈,编上号码成为节点,两个号码表示一项工作,这种表示方法称为双代号表示法;用圆圈代表工作的表示方法称单代号表示法。

以箭线及其两端节点的编号表示工作的网状图,称双代号网络图(Activity on arrow network),它由工作、节点和线路三部分组成(见图 4 - 1);以节点及其编号表示工作,以箭线表示工作之间逻辑关系的网状图,称单代号网络图(Activity on node network),它由工作和线路两部分组成(见图 4 - 2)。

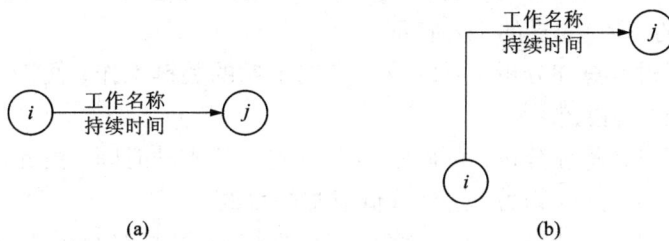

图 4 - 1　双代号网络图中工作的表示方法

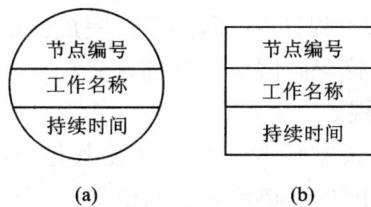

图 4 - 2　单代号网络图中工作的表示方法

把所有施工过程,根据施工顺序和相应关系,用上述符号从左到右绘制而成的图形即为网络图,如图 4 - 3 所示。

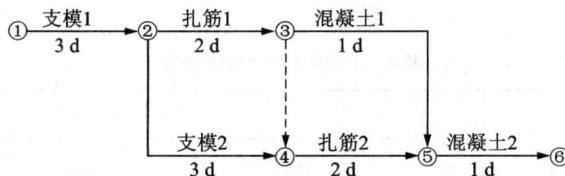

图 4 - 3　某混凝土工程双代号网络计划

二、逻辑关系

逻辑关系包括工艺关系和组织关系,是工作之间先后顺序关系。

1. 工艺关系

生产性工作之间由工艺过程决定的、非生产性工作之间由工作程序决定的先后顺序关系称为工艺关系。如图 4 - 3 所示，支模 1—扎筋 1—混凝土 1 为工艺关系。

2. 组织关系

工作之间由于组织安排需要或资源(劳动力、原材料、施工机具等)调配需要而规定的先后顺序关系称为组织关系。如图 4 - 3 所示，支模 1—支模 2，扎筋 1—扎筋 2 等为组织关系。

三、网络计划的特点

应用网络计划对工程项目进行相关控制，具有以下特点：

(1)网络计划能明确表达各项工作之间的逻辑关系，这是网络计划比横道计划(即用横道线表示进度计划的图形)先进的主要特征。

(2)网络计划通过计算和分析，可以找出影响工期的关键工作，便于管理人员抓住主要矛盾，从而提高进度控制的效果。

(3)网络计划通过计算和分析，可以求出可以利用的机动时间，由此可以更好地运用和调配人力和设备，节约人力、物力，达到降低成本的目的。

(4)网络计划可以通过计算，得到许多用于计划控制的时间信息，极大地提高计划的可控性。

(5)网络计划可以用电子计算机进行计算、调整和优化。计划的优化和调整，是进度控制中的一项重要内容。对于大型工程计划，若用手工完成似乎非常困难，而网络计划模型完全可由计算机进行计算、调整和优化。网络计划的这一特点，使其在现代化管理中成为最重要、最有效的方法，得到普遍重视。

由于网络计划的上述特点，使它成为工程控制尤其是进度控制的最有效工具，在国际上，它经常是合同中承诺进行进度控制必须采用的模型；在国内，也是工程投标文件的必备内容之一，同时也是进行施工管理的必备工具。

四、网络计划的分类

1. 按逻辑关系和持续时间分类

按照网络图中逻辑关系和工作持续时间的不同，网络计划分类如表 4 - 1 所示。

表 4 - 1　网络计划的类型

类型		持续时间	
		肯定型	非肯定型
逻辑关系	肯定型	关键线路网络(CPM) 搭接网络计划	计划评审技术(PERT)
	非肯定型	决策树型网络 决策关键线路网络(DCPM)	图示评审技术(GERT) 随机网络计划(QGERT) 风险型随机网络(VERT)

在众多的类型中,关键线路网络(CPM)是建设施工中常见的网络计划。

2.按表达方式分类

按工作的表达方式不同又可分为:单代号网络计划、双代号网络计划及时标网络计划。

任务 4.2　编制双代号网络计划

一、双代号网络图的构成和基本符号

双代号网络图是以箭线及其两端节点的编号表示工作的网络图,由箭线、节点、线路三个基本要素组成。

(一)双代号网络图的构成

任何一项工程都需要进行许多工作(或称活动、过程、工序)。如果用一条箭线表示一项工作,将工作名称写在箭线上方,完成该工作的时间写在箭线下方,箭尾用圆圈表示工作的开始,箭头用圆圈表示工作的结束,圆圈内均有不同的编号,两个圆圈的号码就代表这项工作,这种表示方法就称为双代号表示法,如图 4 - 4 所示。

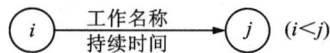

图 4 - 4　双代号表示法(工作计算法)

如果把工程计划的许多工作按先后顺序用双代号表示方法,从左到右绘制成一个网状图,则该网状图就叫双代号网络图,如图 4 - 5 所示。

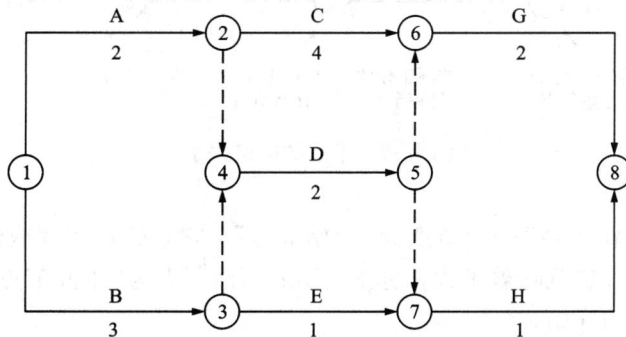

图 4 - 5　双代号网络图

从图 4 - 5 可以看出,双代号网络图是由箭线、虚箭线、节点(圆圈)、节点编号和线路等元素所组成。

(二)基本符号

1.箭线(又称箭杆)

箭线在网络图中的含义:

(1)一条箭线表示一道工序(或一项活动,一项工作,一个施工过程),包括内容可大可小。

（2）一道工序都要占有一定的时间，消耗一定的资源（劳力、材料、机具）；由于组织、技术上需要留有一定的间隙时间，但不消耗资源，在网络图上也应作为一道工序来对待。

（3）在无时标的网络图中，箭线的长短不表示该工序延续时间的长短；箭线形状可画成直线、折线、斜线或曲线等形式，但不得中断。

（4）箭线所指方向表示工序进行方向，按施工顺序自左至右顺序排列。

（5）在双代号网络图中，就某一工序而言，紧靠其前面的工序，称紧前工序，紧靠其后的工序称紧后工序，与之平行的称平行工序。如图 4-6 所示：支模 1 是支模 2 和绑筋两项工作的紧前工作；支模 2 和绑筋则是支模 1 的紧后工作；支模 2 与绑筋属于平行工作。

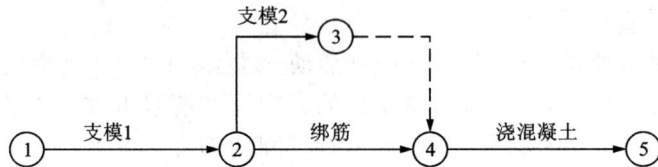

图 4-6　网络图各工作间相互关系

2. 节点（又称事件）

节点是网络图中前后两个相邻工序的交接接点，用圆圈表示。

在双代号网络图中，它表示一项工作的开始与结束，节点只表示一个"瞬间"，它既不消耗时间也不消耗资源，只是起前后工作衔接的作用，如图 4-7 所示。

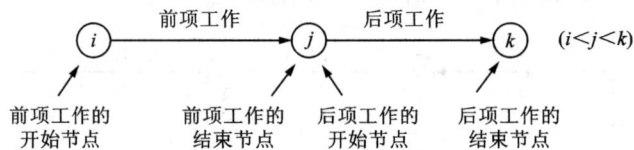

图 4-7　节点的衔接关系

网络图中有 3 种节点，第一个节点为"起始节点"，它意味着工程或任务的开始；最后一个节点为"终点节点"，它意味着工程任务的完成；其他节点为"中间节点"，它意味着前面工作的结束和后面工作的开始。

3. 节点编号

节点编号用以表示工序名称，便于对网络图进行检查计算（如图上不注名称，编号数字代表工序）。编号的要求自小到大，自左至右，在一根箭线上箭头的号码大于箭尾号码，编号的数字可连接，也可隔号不连接，但不得重复。

4. 虚箭线

虚箭线表示一个工程中实际不存在的虚工序，其画法为虚线加箭头（- - - -→）。虚箭线没有工序名称，也不占时间，不消耗资源。它的引入是网络图中画法的需要，便于确切地表示工序间相互关系，避免发生逻辑错误。

5. 线路及关键线路

（1）线路。网络图中从起始节点开始，沿箭线方向连续通过一系列箭线和中间节点，最后到达终点节点的通路称为线路。每一条线路都有自己确定完成的时间，它等于该线路上各项工作持续时间的总和，也是完成这条线路上所有工作的计划工期。图 4-3 所示共有 6 条线路。

（2）关键线路。在网络图上众多线路中，各项工作持续时间之和最长的线路，称为关键线路。关键线路上的工作称为关键工作。在一个网络图中，至少有一条关键线路。关键线路可用双线箭线、粗箭线或其他颜色的箭线与非关键线路相区分。仅短于关键线路的线路，称为次关键线路。

位于非关键线路上的非关键工作，都有若干机动时间，叫作时差，它意味着这些工作可适当推迟而不影响总计划工期。

关键线路并不是一成不变的，在一定条件下，关键线路和非关键线路可以互相转化。当采用了一定的技术组织措施，缩短了关键线路上各工序的持续时间，就有可能使关键线路发生转移，使原来的关键线路变成非关键线路，而原来的次关键线路却变成关键线路。

二、双代号网络图的绘制

（一）绘制基本原则

1. 正确表达逻辑关系

网络图是由各式各样的逻辑关系组合而成的。所谓逻辑关系是指工作之间客观上存在的一种先后顺序关系。为正确反映各工作之间的逻辑关系，首先要解决 3 个问题：该工作有哪些紧前工作，该工作必须在哪些工作之前进行，以及该工作与哪些工作可以平行进行，而后绘出网络图形。

常见的逻辑关系的表示方法见表 4-2。

表 4-2　网络图中各工作逻辑关系表示方法表

序号	工作之间的逻辑关系	网络图中表示方法	说明
1	有 A、B 两项工作，按照依次施工方式进行	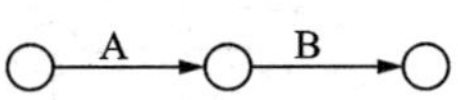	B 工作依赖于 A 工作，A 工作约束 B 工作开始
2	有 A、B、C 三项工作同时开始工作	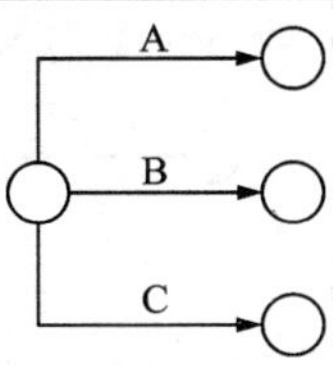	A、B、C 三项工作称为平行工作
3	有 A、B、C 三项工作同时结束	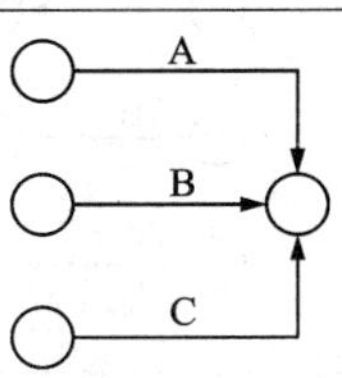	A、B、C 三项工作称为平行工作

续表 4 – 2

序号	工作之间的逻辑关系	网络图中表示方法	说明
4	有 A、B、C 三项工作,只有在 A 完成后,B、C 才能开始	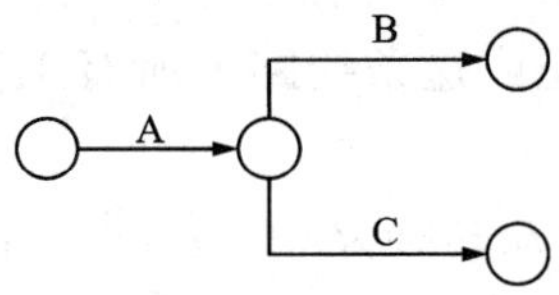	A 工作制约着 B、C 工作的开始,B、C 为平行工作
5	有 A、B、C 三项工作,C 工作只有在 A、B 均完成后才能开始	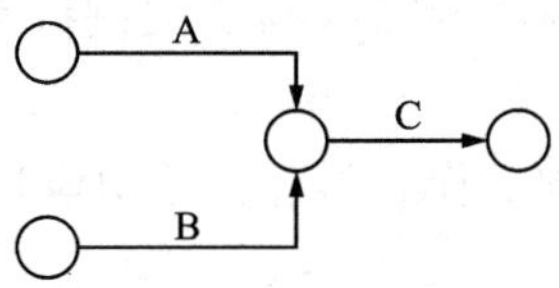	C 受 A、B 两项工作约束,A、B 为平行工作
6	有 A、B、C、D 四项工作,A、B 均完成后 C、D 才能开始	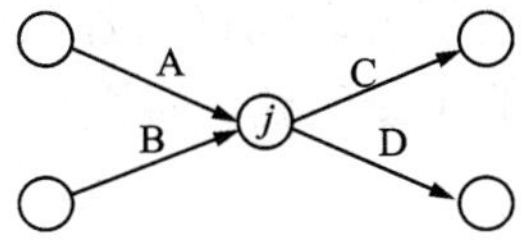	C、D 同时受 A、B 两项工作约束通过中间节点 j,表达出来
7	有 A、B、C、D 四项工作.A 完成后进行 C,A、B 均完成后进行 D	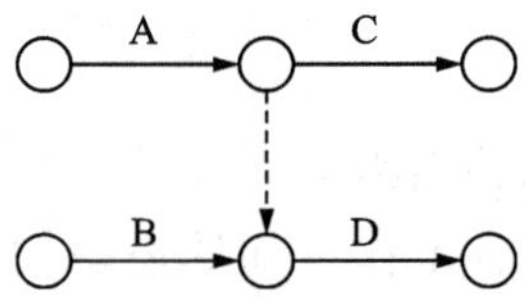	D 与 A 之间引入了逻辑连接(虚工作),只有这样才能正确表达它们之间的约束关系
8	有 A、B、C、D、E 五项工作,A、B 均完成后进行 D,B、C 均完成后进行 E	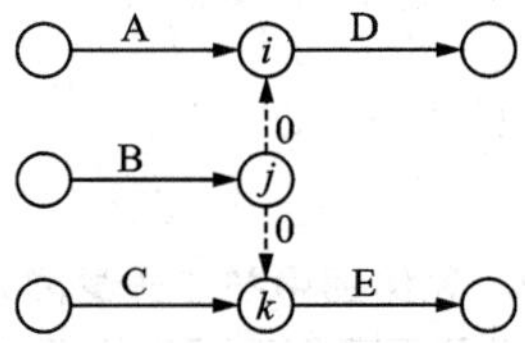	虚工作 $j-i$ 建立了 B、D 的约束关系,虚工作 $j-k$ 建立了 B、E 的约束关系
9	有 A、B、C、D、E 五项工作,A 完成后进行 C、D,B 完成后进行 D、E	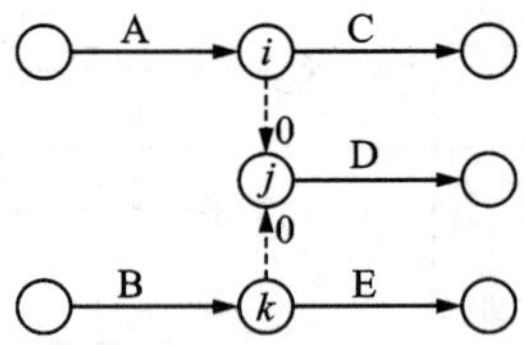	$i-j$ 反映出 A 对 D 的约束,$j-k$ 反映出 B 对 D 的约束
10	有 A、B、C、D、E 五项工作,A、B、C 完成后 D 才能开始,B、C 完成后 E 才能开始	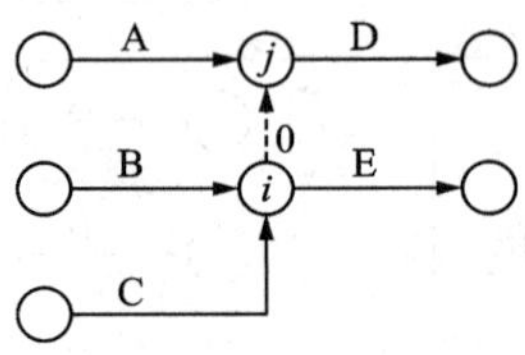	这是前面序号 1、5 情况通过虚工作联结起来,虚工作表示 D 受到 B、C 工作的约束

续表 4－2

序号	工作之间的逻辑关系	网络图中表示方法	说明
11	有 A、B、C、D、E、G 六项工作，A 完成后进行 C，A、B、D 均完成后进行 E，D 完成后进行 G		两项虚工作分别表示 A、D 对 E 工作的约束
12	A、B 两项工作分 3 段组织流水施工：A1 完成后进行 B1、A2，A2 完成后进行 B2、A3，B2 又应在 B1 完成后进行，A3 完成后进行 B3，B3 还必须等 B2 完成后才能进行		每个施工过程建立一个专业工作队，每个专业队依次进入各施工段完成相应施工任务，不同工种之间用逻辑搭接关系表示

2. 避免网络图的不确定性

(1)在双代号网络图中，只允许有一个起始节点，一个终点节点。

除了整个网络计划的起点节点外，不允许出现没有紧前工作的"尾部节点"，即没有箭线进入的尾部节点。

如图 4－8(a)所示的网络图中，出现了两个没有紧前的节点 1 和 3，这两个节点同时存在造成了逻辑关系的混乱，即其工作时间不能确定。在网络图中这是不允许的，所以在不改变原有逻辑关系的条件下改成图 4－8(b)所示的绘法才是正确的。

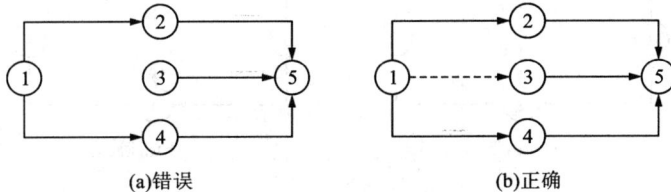

(a)错误　　　　　(b)正确

图 4－8　尾部节点

网络图中，除了整个网络图的终点节点外，不允许出现没有紧后工作的"尽头节点"，即没有箭线引出的节点。如图 4－9(a)所示的网络图中，出现了两个没有箭线引出的节点 5 和 7，同样造成了网络图逻辑关系的混乱，即该工作对后续工作的约束条件表达不清楚。这在网络图中是不允许的，所以改变成图 4－9(b)所示的才是正确的。

当网络图的起点节点有多条外向箭线或终点节点有多条内向箭线时，为使图形简洁，可采用母线法绘制。使多条箭线经一条共用的母线线段从起点节点引出，如图 4－10(a)所示；或使多条箭线经一条共用的母线线段引入终点节点，如图 4－10(b)所示。当箭线线型不同（如粗线、细线、虚线、点画线或其他线型等）时，可在母线引出的支线上标出。

(2)网络图中不允许出现循环回路。图 4－11(a)所示的①→②→③为一条循环回路，它

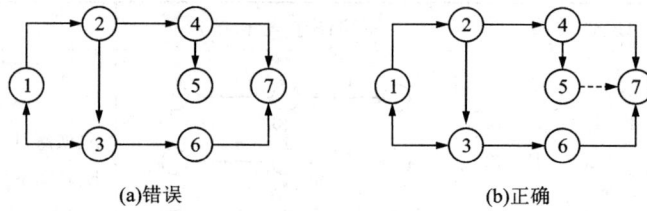

(a)错误　　　　　　　　　　　　(b)正确

图4-9　尽头节点

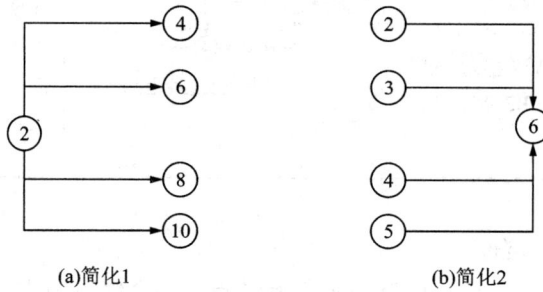

(a)简化1　　　　　　　　　　　　(b)简化2

图4-10　母线法简化图形

表明网络图在逻辑关系上是错误的,在工艺顺序上是相互矛盾的,所以应改为4-11(b)所示的正确形式。

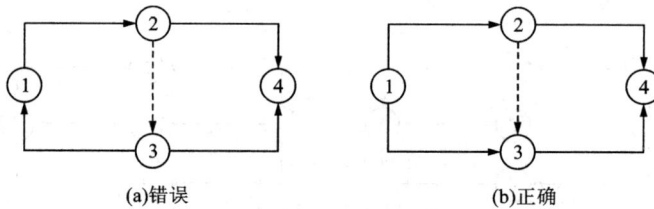

(a)错误　　　　　　　　　　　　(b)正确

图4-11　循环回路

(3)在网络图中不允许出现同样编号的工作。如图4-12(a)所示,A、B两项工作,编号均为1~2,它不能确定究竟指A还是指B。遇到这种情况,增加一个节点和一条虚箭线即可解决。如图4-12(b)、(c)所示都是正确的。

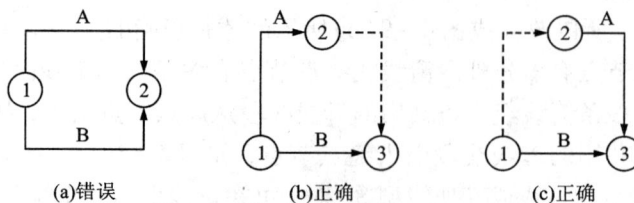

(a)错误　　　　　　(b)正确　　　　　　(c)正确

图4-12　相同编号

(4)在网络图中不允许出现没有起始节点的工作，或没有终点节点的工作，如图 4-13(a)中，它表示当 A 工作进行到一定程度时，B 工作才开始，但没有反映出 B 工作准确的开始时间，这是错误的，正确画法如图 4-13(b)所示。

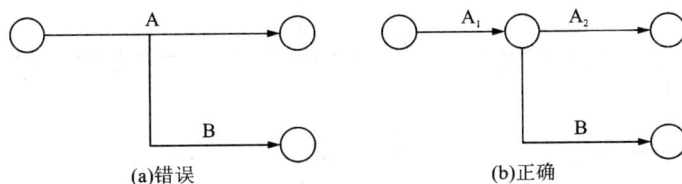

(a)错误　　　　　　　　　　(b)正确

图 4-13　无起始节点

(5)网络图中尽量避免交叉箭线，如无法避免时，可用"过桥法"或"指向法"表示，如图 4-14 所示。

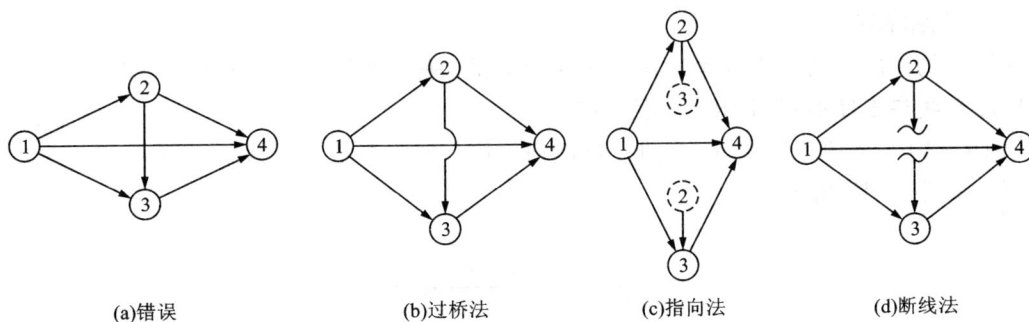

(a)错误　　　　(b)过桥法　　　　(c)指向法　　　　(d)断线法

图 4-14　箭线交叉

(6)在网络图中，不允许出现"双向箭头"或"无箭头"的线段。绘图中应避免使用反向箭线。

(7)网络图的绘制应尽量做到箭线和图形的工整，如图 4-15 和图 4-16 所示。

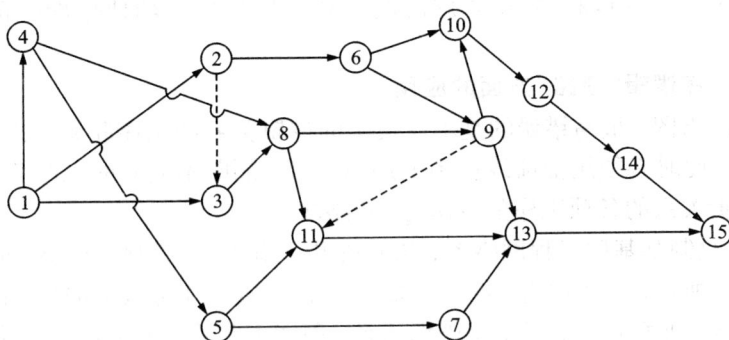

图 4-15　布置零乱的网络图

（三）双代号网络图绘制方法及步骤

（1）将项目分解成若干项工作，计算工作的持续时间。

（2）分析工作之间的逻辑关系，编制逻辑关系表。表4-3为某工程的工作逻辑关系表。

表4-3　某工程的工作逻辑关系表

工作名称	A	B	C	D	E	F	G	H	I
紧前工作	—	A	A	B	B	C	DEF	D	HG
紧后工作	BC	DE	F	HG	G	G	I	I	—
持续时间/d	1	3	2	3	5	3	3	2	6

（3）判断虚工作。

①虚工作的数量：设某工程项目分解为$1, 2, \cdots, n$项工作，对任意两项工作I、J（工作I、J互不为平行工作）的紧后工作的集合X_i、X_j取交集$(1, 2, \cdots, n)$，可能出现三种情形：

a. $X_i \cap X_j = X_i = X_j$，即工作I、J的紧后工作完全相同；

b. $X_i \cap X_j = \varnothing$即工作$I$、$J$的紧后工作完全不同；

c. $X_i \cap X_j = K_{i,j}$，即工作I、J的紧后工作既有相同（集合$K_{i,j}$中的工作），又有不同（集合$X_i - K_{i,j}$与$X_j - K_{i,j}$中的工作）。

当两项工作的紧后工作属于情形a或b时，此两项工作的紧后均不存在虚工作；当两项工作的紧后工作属于情形c时，此两项工作当中的一项或两项的紧后必定存在虚工作。

②虚工作的位置（虚工作的起始节点）：虚工作由有不同紧后工作的那项工作发出，即虚工作的起始节点为有不同紧后工作的那项工作的终点节点。

当$X_i \cap X_j = K_{i,j} = X_i$，$X_i \subset X_j$时，虚工作由$J$工作发出，即虚工作的起始节点为$J$工作的终点节点；当$X_i \cap X_j = K_{i,j} = X_j$，$X_j \subset X_i$时，虚工作由$I$工作发出，即虚工作的起始节点为$I$工作的终点节点；当$X_i \cap X_j = K_{i,j}$时，$I$、$J$工作的终点节点各自发出一个虚工作。

③虚工作的指向（虚工作的终点节点）：虚工作指向相同的紧后工作（集合$K_{i,j}$中的工作），即虚工作的终点节点为集合$K_{i,j}$中的工作的起始节点。

或者虚工作的判断技巧也可以概括为：

a. 如果任意两项工作A、B的紧后工作完全相同或者是完全不同，则A、B的紧后没有虚工作。

b. 如果任意两项工作A、B的紧后工作部分相同或者是部分不同，则A、B的紧后可能存在虚工作。

c. 虚工作存在于有不相同紧后的那个工作之后，指向它们共同的紧后工作。

例如，根据表4-3中工作的逻辑关系，用上述判断虚工作的方法，可以得出结论：该工程的双代号网络图中存在一个虚工作，其起始节点为D工作的终点节点；终点节点为G工作的起始节点。

（4）绘制双代号网络草图。某工程的双代号网络草图如图4-21所示。

（5）修改网络草图。

节点水平成行，竖向成列，布局合理；尽量避免交叉箭线和反向箭线。修改后某工程的

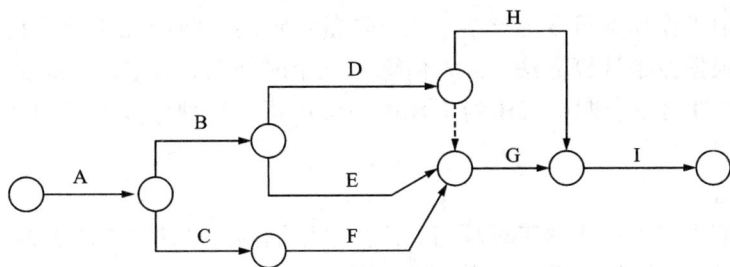

图 4 – 21　某工程的双代号网络草图

双代号网络图如图 4 – 22 所示。

（6）核对各工作之间的逻辑关系，标出工作的持续时间和节点编号，如图 4 – 22 所示。

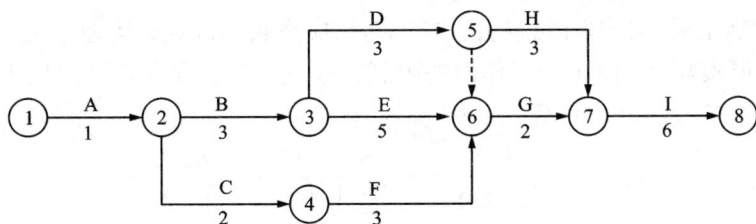

图 4 – 22　某工程的双代号网络图

双代号网络图的绘制微课（网址及二维码）：
http：//218.76.27.74/course/show/8852

三、双代号网络图时间参数的计算

为计算网络图的时间参数，必须在网络图上填写好各项工作持续时间。网络图形绘制后，即可进行时间参数的计算，为网络计划的优化、调整和执行提供明确的时间概念。

网络图的时间参数的计算内容主要包括：各节点的最早时间和最迟时间；各项工作的最早开始时间、最早结束时间、最迟开始时间、最迟完成时间；各项工作的总时差、自由时差以及关键线路的持续时间，计算工期。

网络图时间参数的计算有许多方法，一般常用的有分析计算法、图上计算法、表上计算法、矩阵计算法和电算法等。本节主要结合计算公式介绍图上计算法，即图上分析计算法，其他方法与其原理相同，不再重复。

（一）工作持续时间的计算

工作持续时间的计算方法有单一时间计算法、三时估算法、工期计算法等。

1. 单一时间计算法

当网络图中各项工作可变因素较少，具有一定的时间、消耗统计资料时，即可定出时间消耗值。单一时间计算法主要根据劳动定额、预算定额、施工方法、投入劳动力、机具和资源等资料进行确定，故又称"定额计算法"。

2. 三时估算法

网络图中各项工作如果可变因素多,又不具备一定的时间消耗统计资料,就不能确定单一时间值。只有根据概率计算方法,首先估算出三个时间值,即最短、最长和最可能持续时间,再加权平均计算出一个期望值作为工作的持续时间,这种计算方法叫作"三时估算法",又称"经验计算法"。

3. 工期计算法

对于规定工期内必须完成的工程项目,往往采用倒排进度法,具体步骤如下:

①根据规定的项目工期,确定单位工程工期 T;

②由单位工程工期,确定各分部工程、分项工程工期 T_1;

③由分项工程工期,确定某施工过程的工作时间 T_2;

④确定某施工过程在某施工段上的工作时间,即 $T_i = \dfrac{T_2}{m}$(m 为施工段数);

⑤复核每班人数或机械台数,满足施工工作面的要求即可。

当施工段数确定后,工作时间越大,则工期相应愈长。因此,从理论上讲,总希望工作时间越短越好,但实际上,由于受工作面的限制,每一施工过程在各施工段上都有最短的工作时间,其数值可按式(4-1)计算:

$$t_{ij} = \frac{Q_i}{C \cdot R_{max} \cdot N_{max}} = \frac{A_{min} \cdot Q_i}{C \cdot A_i \cdot N_{max}} = \frac{A_{min}\mu}{C \cdot N_{max}} \qquad (4-1)$$

式中:Q_i——第 i 施工段的工程量;

A_i——第 i 施工段的总工作面;

A_{min}——每个工人所需要的最小工作面;

μ——单位工作面上工程量含量,即 $\mu = \dfrac{Q_i}{A_i}$;

C——产量定额;

t_{ij}——某工作在第 i 施工段的最短工作时间;

R_{max}——每班投入的最多人数或机械台数;

N_{max}——某工作队(专业)的最多工作班组。

(1)按工作计算法计算时间参数。

按工作计算法计算时间参数,其计算结果应标注在箭线上,如图 4-23 所示。

①工作 $i.j$ 的最早开始时间 $ES_{i.j}$ 应从网络计划的起点节点开始顺着箭线方向依次逐项计算;

②以起点节点 i 为箭尾节点的工作 $i.j$ 即开始工作,当未规定其最早开始时间 $ES_{i.j}$ 时,其值应为零,即

$$ES_{i.j} = 0 \quad (i=1) \qquad (4-2)$$

③当工作 $i.j$ 只有一项紧前工作 $h.i$ 时,其最早开始时间 $ES_{i.j}$ 应为:

$$ES_{i.j} = ES_{h.i} + D_{h.i} \qquad (4-3)$$

④当工作 $i.j$ 有多项紧前工作时,则 $ES_{i.j}$ 应为:

$$ES_{i.j} = \max\{ES_{h.i} + D_{h.i}\} \qquad (4-4)$$

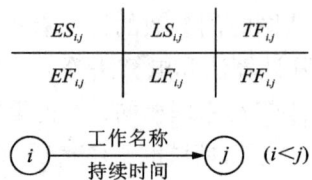

ES_{ij}	LS_{ij}	TF_{ij}
EF_{ij}	LF_{ij}	FF_{ij}

i —工作名称 持续时间→ j $(i<j)$

图 4-23 双代号表示法(工作计算法)

式中：$ES_{h.i}$——工作 $i.j$ 的各项紧前工作 $h.i$ 的最早开始时间；

$\quad\quad D_{h.i}$——工作 $i.j$ 的各项紧前工作 $h.i$ 的持续时间。

⑤工作 $i.j$ 的最早完成时间 $EF_{i.j}$ 应按下式计算：

$$EF_{i.j} = ES_{i.j} + D_{i.j} \qquad\qquad (4-5)$$

⑥网络计划的计算工期 T_c 应按下式计算：

$$T_c = \max\{EF_{i.n}\} \qquad\qquad (4-6)$$

式中：$EF_{i.n}$——以终点节点 $(j=n)$ 为箭头节点的工作 $i.n$ 的最早完成时间。

⑦网络计划的计划工期 T_p 的计算应按下列情况分别确定：

a. 当有工期 T_r 要求时，$\qquad\qquad T_p \leqslant T_r \qquad\qquad (4-7)$

b. 当无工期 T_r 要求时，$\qquad\qquad T_p = T_c \qquad\qquad (4-8)$

⑧工作最迟结束时间。

a. 以终点节点 $(j=n)$ 为箭头节点的工作，即结束工作最迟结束时间

$$LF_{i.n} = T_p \qquad\qquad (4-9)$$

b. 其他工作 $i.j$ 的最迟完成时间

$$LF_{i.j} = \min\{LF_{j.k} - D_{j.k}\} \qquad\qquad (4-10)$$

式中：$LF_{j.k}$——工作 $i.j$ 的各项紧后工作 $j.k$ 的最迟完成时间；

$\quad\quad D_{j.k}$——工作 $i.j$ 的各项紧后工作 $j.k$ 的持续时间。

⑨工作 $i.j$ 的最迟开始时间应为：

$$LS_{i.j} = LF_{i.j} - D_{i.j} \qquad\qquad (4-11)$$

⑩工作 $i.j$ 的总时差 $TF_{i.j}$：

$$TF_{i.j} = LS_{i.j} - ES_{i.j} \qquad\qquad (4-12)$$

或

$$TF_{i.j} = LF_{i.j} - EF_{i.j} \qquad\qquad (4-13)$$

⑪工作 $i.j$ 的自由时差 $FF_{i.j}$ 应为：

a. 工作 $i.j$ 有紧后工作时，则

$$FF_{i.j} = \min\{ES_{j.k} - ES_{i.j} - D_{i.j}\} = \min\{ES_{j.k} - EF_{i.j}\} \qquad (4-14)$$

b. 以终点节点 $(j=n)$ 为箭头节点的工作（结束工作），其自由时差 $FF_{i.j}$ 应按计划工期 T_p 确定时，则

$$FF_{i.n} = T_p - ES_{i.n} - D_{i.n} = T_p - (ES_{i.n} + D_{i.n}) = T_p - EF_{i.n} \qquad (4-15)$$

或

$$FF_{i.n} = T_p - EF_{i.n} \qquad\qquad (4-16)$$

（2）按节点计算法计算时间参数。

按节点计算法计算时间参数，其结果应标注在节点之上，如图 4-24 所示。

①节点最早时间 ET_i，如未规定时，则

$$ET_i = 0 \quad (i=1) \qquad\qquad (4-17)$$

②当节点 j 只有一条内向箭线时，最早开始时间 ET_j 应为：

$$ET_j = ET_i + D_{i,j} \qquad\qquad (4-18)$$

③当节点 j 有多条内向箭线时，最早开始时间 ET_j 应为：

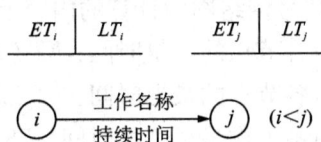

图 4-24　双代号表示法（节点计算法）

$$ET_j = \max\{ET_i + D_{i,j}\} \qquad\qquad (4-19)$$

④计算工期：

$$T_c = ET_n \qquad (4-20)$$

⑤计划工期应按式(4-7)和式(4-8)确定。

⑥终点节点 n 的最迟时间 LT_n 应为

$$LT_n = T_p \qquad (4-21)$$

⑦其他节点的最迟时间 LT_i 应为：

$$LT_i = \min\{LT_j - D_{i,j}\} \qquad (4-22)$$

因此，计算节点时间参数时，应遵循从起点节点到终点节点。对 ET_i 沿箭线相加，逢圈取大；对 LT_i 沿箭线相减，逢圈取小。

（3）按不同计算法结果的内在关系计算。

至此，工作 i,j 的时间参数可用节点时间参数表达如下：

①工作 i,j 的最早开始时间 $ES_{i,j}$ 可按下式计算：

$$ES_{i,j} = ET_i \qquad (4-23)$$

②工作 i,j 的最早完成时间 $EF_{i,j}$ 可按下式计算：

$$EF_{i,j} = ET_i + D_{i,j} \qquad (4-24)$$

③工作 i,j 的最迟完成时间 $LF_{i,j}$ 可按下式计算：

$$LF_{i,j} = LT_j \qquad (4-25)$$

④工作 i,j 的最迟开始时间 $LS_{i,j}$ 可按下式计算：

$$LS_{i,j} = ET_j - D_{i,j} \qquad (4-26)$$

⑤工作 i,j 的总时差 $TF_{i,j}$ 可按下式计算：

$$TF_{i,j} = LT_j - ET_i - D_{i,j} \qquad (4-27)$$

⑥工作 i,j 的自由时差 $FF_{i,j}$ 可按下式计算：

$$FF_{i,j} = ET_j - ET_i - D_{i,j} \qquad (4-28)$$

（二）时间参数的图上分析计算法

网络计划的各种时间参数必须有一个统一的计量标准才便于计算。为此规定无论是工作开始时间还是完成时间，都一律以时间单位的终了时刻为准。如某工作完成时间是第 8 天，指的是第 8 天终了(下班)时刻完成；某工作开始时间为第 8 天，是指第 8 天终了时有可能开始，实际上是在次一天，即第 9 天上班时开始。以后的计算均规定网络计划的起始工作从第 0 天开始。

图上分析计算法，有按节点法计算时间参数和按工作计算法计算时间参数两种方法，本章主要介绍"按节点法计算时间参数"。

1. 时间参数的符号

双代号网络图中计算的内容及代表符号(括号内为行业标准中规定的符号)如下。

（1）各节点的最早时间：$ET_i(T_i^E)$；

（2）各节点的最迟时间：$LT_i(T_i^L)$；

（3）各工作最早开始时间：$ES_{i,j}(T_{i,j}^{ES})$；

（4）各工作最早结束时间：$EF_{i,j}(T_{i,j}^{EF})$；

（5）各工作最迟开始时间：$LS_{i,j}(T_{i,j}^{LS})$；

（6）各工作最迟完成时间：$LF_{i,j}(T_{i,j}^{LF})$；

（7）各工作总时差：$TF_{i,j}(F_{i,j}^T)$；

（8）各工作自由时差：$FF_{i,j}(F_{i,j}^F)$；

（9）计算工期：T_c。

2. 时间参数的计算

为便于表述各时间参数的计算方法，现以图 4 – 25 为例说明计算方法和步骤。

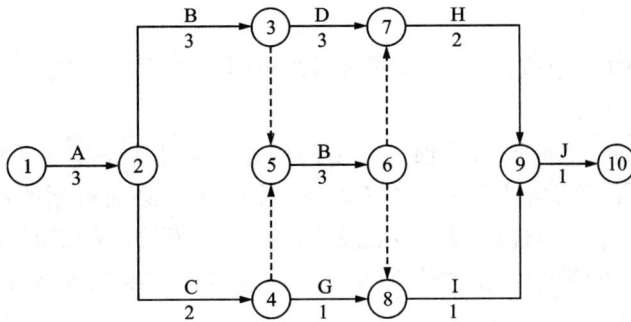

图 4 – 25　网络计划图

（1）节点最早时间 ET_i 的计算。它是指该节点后各工作的最早开始时间，其计算方法如下：

① 按网络图中的编号从左向右递增顺序进行计算；

② 假定网络图第一个节点（起始节点）的最早时间为零，即 $ET_1 = 0$；

③ 其他各节点，按式（4 – 19）计算：

例如图 4 – 25 所示网络图，按式（4 – 17）确定 $ET_1 = 0$，则：

$$ET_2 = ET_1 + D_{1-2} = 0 + 3 = 3(d)$$

$$ET_3 = ET_2 + D_{2-3} = 3 + 3 = 6(d)$$

$$ET_4 = ET_2 + D_{2-4} = 3 + 2 = 5(d)$$

$$ET_5 = \max\{ET_3 + D_{3-5}, ET_4 + D_{4-5}\} = \max\{6 + 0, 5 + 0\} = 6(d)$$

同理计算其他各节点，计算结果如图 4 – 26 所示。

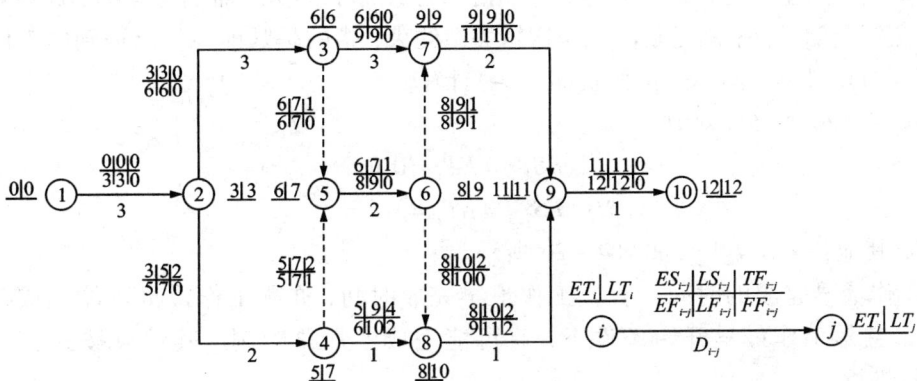

图 4 – 26　网络计划参数计算

（2）网络计划的计算工期和计划工期。

①计算工期。

网络计划的终点节点最早时间为计划的"计算工期 T_c"，可按式（4-20）确定。

②计划工期。

网络计划的"计划工期" T_p 须按不同情况确定。

当事先未对施工计划提出要求时，计划工期 T_p 可按计算工期 T_c 确定，即按式（4-8）计算。

当上级主管部门的指令或业主的合同条款中提出了"要求工期 T_r"时，计划工期应按式（4-7）确定。

由此可见，编出的计划应该满足预定的工期目标。当计算工期小于或等于要求工期时，工期目标自然得到满足；而当计算工期大于要求工期时，就必须对原计划方案做出调整。必须指出，在实际工作中，也可能出现经多次反复调整计划而均不能满足工期要求；或虽满足了工期要求，但可采取的措施代价过高等情况。这时就有必要对要求工期本身重新加以审定，再慎重确定对策。

（3）节点最迟时间 LT_i 的计算。节点最迟时间是指节点前各工作在保证计划工期条件下的最迟完成时间。其计算方法如下：

①从网络计划的终点开始，按节点编号从大到小的顺序逐个节点进行。

②假定 $T_c = T_p = T_r$，则 $LT_n = T_p = ET_n$（n——终点节点编号）。

③其他各节点的最迟时间可按式（4-22）计算。

例如图4-26所示的网络计划中，假定 $T_c = T_p = T_r = 12$ d，所以 $LT_{10} = ET_{10} = 12$ d。

$$LT_9 = LT_{10} - D_{9.10} = 12 - 1 = 11 \text{ d}$$

$$LT_8 = LT_9 - D_{8.9} = 11 - 1 = 10 (\text{d})$$

$$LT_7 = LT_9 - D_{7.9} = 11 - 2 = 9 (\text{d})$$

$$LT_6 = \min\{LT_7 - D_{6.7}, \ LT_8 - D_{6.8}\} = \min\{9 - 0, \ 10 - 0\} = 9 (\text{d})$$

同理，其他各点 LT_i 如图4-26所示。

（4）工作最早开始时间的计算。工作最早开始时间，又称工作最早可能开始时间，用 $ES_{i,j}$ 表示。它是指一项工作在满足紧前工作逻辑关系约束和计划的其他约束条件下，有可能开始最早时间。这里满足计划的其他约束，指的是具备了工作所需的劳动力，原材料、机械设备及资金等资源条件；满足紧前工作逻辑关系约束，指的是紧前工作已进到本工作开始必要的程度。节点最早时间 $ES_{i,j}$ 可按式（4-24）计算。

例如图4-26网络计划中：

$$ES_{1.2} = ET_1 = 0 \text{ d}$$

$$ES_{2.3} = ET_2 = 3 \text{ d}$$

同理，其他各工作 $ES_{i,j}$，如图4-26所示。

（5）工作最早完成的时间计算。工作最早完成时间，亦称工作最早可能完成时间，用 $EF_{i,j}$ 表示。它是工作最早开始条件下，有可能完成的最早时刻。其计算按式（4-23）和式（4-24）进行。

例如图4-26所示的网络计划中：

$$EF_{1.2} = ES_{1.2} + D_{1.2} = 0 + 3 = 3(\text{d})\text{；}$$

$$EF_{2.3} = ES_{2.3} + D_{2.3} = 3 + 3 = 6(\text{d})\text{；}$$

同理，其他工作的 $EF_{i.j}$，如图 4 - 26 所示。

由式(4 - 3)和式(4 - 4)计算。

（6）工作最迟完成时间的计算。工作最迟完成时间，亦称工作最迟必须完成时间，用 $LF_{i.j}$ 表示。它是指一项工作在不影响任务按期完成并满足计划的各种约束条件下，必须完成的最迟时刻。工作最迟完成时间可按计算式(4 - 25)计算。

如图 4 - 26 网络计划中：

$$LF_{1.2} = LT_2 = 3 \text{ d}$$

$$LF_{2.3} = LT_3 = 6 \text{ d}$$

同理求得其他的工作 $LF_{i.j}$，见图 4 - 26 所示。

（7）工作最迟开始时间的计算。工作最迟开始时间，亦称最迟必须开始时间，用 $LS_{i.j}$ 表示。它是工作按最迟完成的条件下必须开始的最迟时刻。其计算按式 4 - 26 进行：

如图 4 - 26 网络计划中：

$$LS_{1.2} = LF_{1.2} - D_{1.2} = 3 - 3 = 0(\text{d})$$

$$LS_{2.3} = LF_{2.3} - D_{2.3} = 6 - 3 = 3(\text{d})$$

同理其他工作的 $LS_{i.j}$ 见图 4 - 26 所示。

（8）工作总时差 $TF_{i.j}$ 的计算。工作总时差是指在不影响工期的前提下，工作所具有的机动时间。其值等于工作最早开始时间至最迟必须完成时间，在这段时间范围内扣除本身必需的持续时间所剩余的差值，可用式(4 - 27)表达：

公式稍加变换得

$$TF_{i.j} = LF_{i.j} - (ES_{i.j} + D_{i.j}) = LF_{i.j} - EF_{i.j}$$

或用节点时间表示

$$TF_{i.j} = LT_j - ET_i - D_{i.j}$$

如图 4 - 26 所示的网络计划中：

$$TF_{1.2} = LF_{1.2} - ES_{1.2} - D_{1.2} = 3 - 0 - 3 = 0(\text{d})$$

或

$$TF_{1.2} = LT_2 - ET_1 - D_{1.2} = 3 - 0 - 3 = 0(\text{d})$$

同理，其他工作的 $TF_{i.j}$，如图 4 - 26 所示。

（9）工作自由时差 $FF_{i.j}$ 的计算。工作自由时差是指在不影响其紧后工作最早开始时间的前提下，该工作所具有的机动时间。其值等于本工作最早开始时间到紧后工作最早开始时间这段极限活动范围内，扣除本身所必需的持续时间所剩余的差值。可用式 4 - 28 表达：

例如图 4 - 25 所示的网络计划中按式(4 - 28)可得：

$$FF_{1.2} = ES_{2.3} - EF_{1.2} = 3 - 3 = 0(\text{d})$$

或

$$FF_{1.2} = ET_2 - ET_1 - t_{1.2} = 3 - 3 = 0(\text{d})$$

同理，其他工作的 $FF_{i.j}$，如图 4 - 26 所示。

从自由时差的含义和性质可知，当 $T_c = T_p = T_r$ 时存在以下特点：

①工作自由时差小于或等于总时差；

②自由时差是独立的存在，利用了对其紧前、紧后工作无任何干扰；

③工作自由时差为本工作所独有，不能为下道工序储备，如本工作不能及时使用，后面工作不得再考虑。

(三)关键工作和关键线路的确定

1. 关键工作

网络计划中总时差为最小的工作称为关键工作。

(1)当 $T_c = T_p$ 时，总时差为零的工作为关键工作。

(2)当 $T_c < T_p$ 时，最长线路上的关键工作的最早时间小于按计划工期逆向算出的相应最迟时间。关键工作的总时差将大于零。但比非关键工作的总时差小。

(3)当 $T_c > T_p$ 时，最长线路上关键工作的最早时间大于按计划工期逆向算出的相应的最迟时间，使关键工作的总时差成为负值。这不合逻辑，是不能允许。必须采取措施缩短最长线路的长度，使关键工作的总时差为零。

因此，无论总时差是否等于零，都可以根据总时差最小来确定关键工作，进而确定关键线路。

2. 关键线路

自始至终全部由总时差最小的关键工作所连接的线路即为关键线路。关键线路上各项工作的总时差是相等的。关键线路上各项工作的自由时差为零。非关键线路上各项工作的自由时差可能为零，也可能不是零。如图 4-26 所示，2~4 工作自由时差为零，而 4~8 工作自由时差为 2，此两项工作均在非关键线路上，反之，自由时差为零的工作不一定在关键线路上。

3. 计划方案的调整

当计算工期大于要求工期时，对原计划方案的调整主要是压缩关键工作的持续时间，以缩短计算工期，从而满足要求工期。

任务 4.3 编制单代号网络计划

一、单代号网络图的构成与基本符号

在双代号网络计划中，为了正确地表达网络计划中各项工作(活动)间逻辑关系，而引入了虚工作这一概念，通过绘制和计算可以看到增加虚工作是相当麻烦的事，不仅增加了计算量，也使图形复杂。因此，人们在使用双代号网络的同时，又设想了第二种网络计划图即单代号网络图，从而解决了双代号网络图的上述缺点。

(一)单代号网络图的构成

单代号网络图是由许多节点和箭线组成的，但构成单代号网络图的基本符号所表达的含义与双代号是不相同的。单代号网络图的节点表示工作的内容和持续时间，而箭线仅表示各项工作之间的逻辑关系。由于用节点来表示工作，因此，单代号网络图又称节点网络图。

(二)单代号网络图的基本符号

1. 节点

节点是单代号网络图的主要符号，它可以用圆圈(○)或方框(□)表示。一个节点代表一项工作(工序、作业、活动等)。节点所表示的工作名称、持续时间和编号一般都标注在圆圈或方框内，有的甚至将时间参数也注在节点内，如图 4-27 (a)所示。

(a)单代号网络图节点标注方法

(b)时间参数的标注形式之一

(c)时间参数的标注形式之二

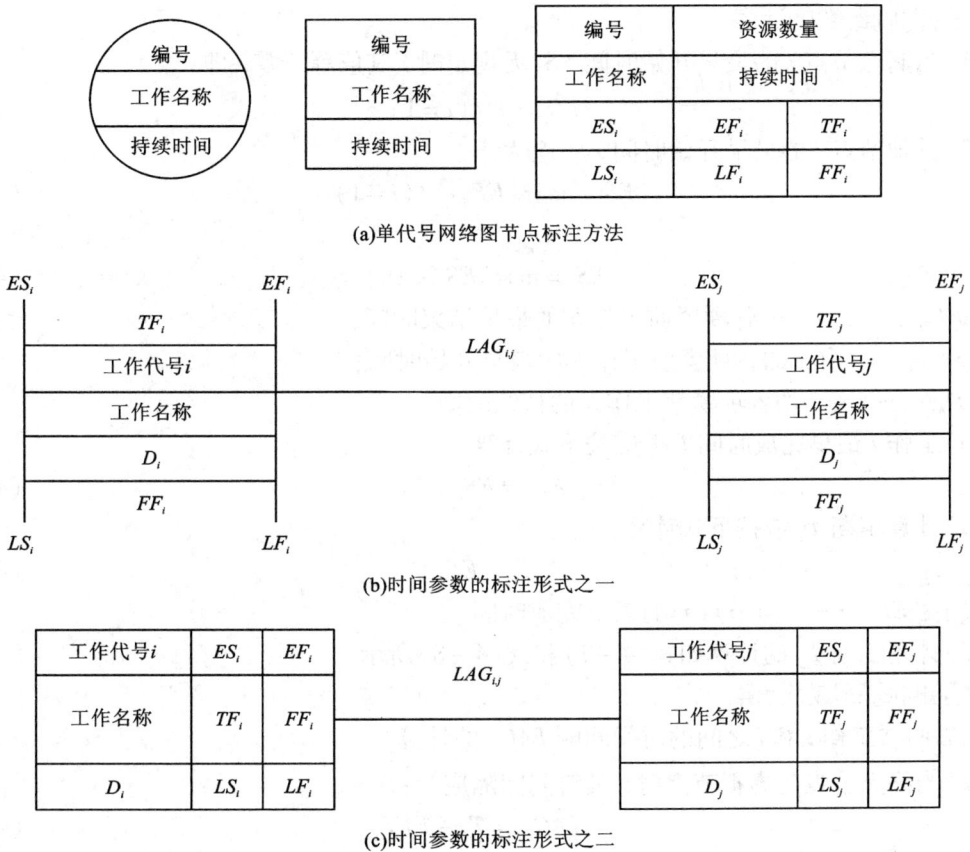

图 4－27 节点及时间参数标注

2. 箭线

箭线在单代号网络图中,既不占时间,也不消耗资源。箭线的箭头指向为工作进度方向,箭尾节点表示的工作为箭头节点工作的紧前工作。箭线前后节点可表达的逻辑关系如图 4－28 所示;在单代号网络图中无虚箭线。

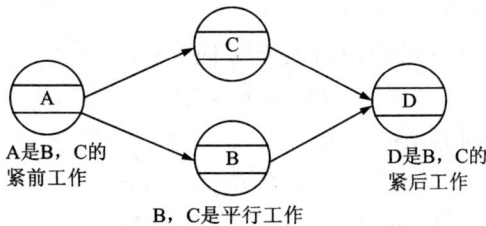

图 4－28 节点工作关系图

3. 编号

在单代号网络图中,节点仍需编号,一项工作只能有一个代号,不得重号。编号方法与双代号网络图的相同。

（三）时间参数的计算

（1）当起点节点 i 的最早开始时间 ES_i 无规定时，其值等于零，即：

$$ES_i = 0 \quad (i = 1) \tag{4-29}$$

（2）其他节点 i 的最早开始时间 ES_i 应为：

$$ES_i = \max\{EF_h\} \quad (i \neq 1) \tag{4-30}$$

或

$$ES_i = \max\{ES_h + D_h\} \tag{4-31}$$

式中：EF_h——工作 i 的各项紧前工作 h 的最早结束时间；

ES_h——工作 i 的各项紧前工作 h 的最早开始时间；

D_h——工作 i 的各项紧前工作 h 的持续时间。

（3）工作 i 最早完成时间 EF_i 应按下式计算：

$$EF_i = ES_i + D_i \tag{4-32}$$

（4）计算工期 T_c 应按下式计算：

$$T_c = EF_n \tag{4-33}$$

式中：EF_n——终点节点 n 的最早完成时间。

（5）计划工期 T_p 的计算如式（4-7）和式（4-8）所示。

（四）时间间隔的计算

相邻两项工作 i 和 j 之间的时间间隔 $LAG_{i,j}$ 的计算

（1）当终点节点为虚拟节点时，其时间间隔应为：

$$LAG_{i,j} = T_p - EF_i \tag{4-34}$$

（2）其他节点之间的时间间隔应为：

$$LAG_{i,j} = ES_j - EF_i \tag{4-35}$$

（五）工作总时差 TF_i 的计算

（1）终点节点所代表工作 n 的总时差 TF_n 应为：

$$TF_n = T_p - EF_n \tag{4-36}$$

（2）其他工作点 i 的总时差 TF_i 应为：

$$TF_i = \min\{TF_j + LAG_{i,j}\} \quad (i \neq n) \tag{4-37}$$

（六）自由时差 FF_i 的计算

（1）终点节点所代表工作 n 的自由时差 FF_n 应为：

$$FF_n = T_p - EF_n \tag{4-38}$$

（2）其他工作点 i 的总时差 TF_i 应为：

$$FF_i = \min\{LAG_{i,j}\} \quad (i \neq n) \tag{4-39}$$

（七）工作最迟完成时间 LF_i 的计算

（1）终点节点所代表工作 n 的最迟完成时间 LF_n 应按计划工期确定，即

$$LF_n = T_p \tag{4-40}$$

（2）其他工作点所代表工作 i 的最迟完成时间 LF_i 应为：

$$LF_i = \min\{LS_j\} \quad (i \neq n) \tag{4-41}$$

或 $$LF_i = EF_i + TF_i \qquad\qquad (4-42)$$

式中：LS_j——工作 i 的各项紧后工作 j 的最迟开始时间。

（八）工作 i 的最迟开始时间 LS_i 的计算

$$LS_i = LF_i - D_i \qquad\qquad (4-43)$$

或 $$LS_i = ES_i + TF_i \qquad\qquad (4-44)$$

二、单代号网络图绘制

（一）单代号网络图各种逻辑关系的表达方法

在单代号网络图中，各工作之间的逻辑关系，是根据工程中工艺上和组织上的客观顺序来确定的，逻辑关系的表示方法比双代号要简单。如表 4 - 4 所示的几种简单逻辑关系表示方法。

表 4 - 4　单代号逻辑关系的表示方法

序号	工作之间的逻辑关系	单代号网络图的表示方法
1	A 完成后进行 B 工作	
2	B、C 均完成后进行 D 工作	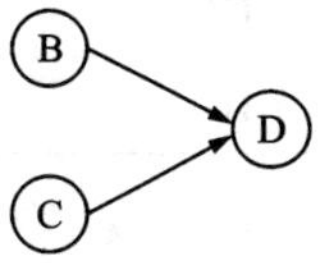
3	A 工作完成后进行 C、D 两项工作，B 完成后，进行 D 工作	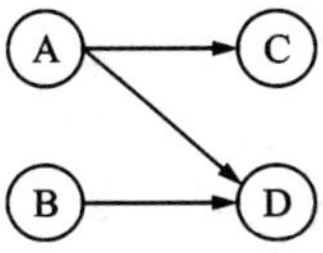
4	A 完成后进行 C、D，B 完成后进行 D、E	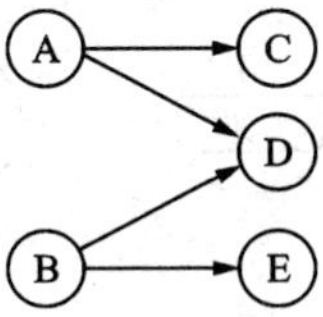

（二）绘制单代号网络图的基本规则

绘制单代号网络图的基本规则与双代号的基本规则相同。但当有几项工作同时开始为网络计划的开始工作时，单代号网络图应增加一项虚拟的开始节点，才能使网络图满足一个起始节点的要求；当有多项工作为计划的结束工作，则应增加虚拟的结束节点。

（三）单代号网络图的绘制方法

单代号网络图绘制步骤与双代号网络图的绘制基本相同，其主要方法和步骤为：

（1）无紧前工作首先画；

（2）紧后工作跟着画；

（3）正确使用虚拟开始，结束节点；

（4）检查工作顺序关系；

（5）调整整理再编号。

【例4－4】　根据表4－5给定的逻辑关系绘制单代号网络图。

（1）首先画出无紧前工作的工作A；

（2）按可给定的紧前、紧后工作关系，从左向右逐个绘出；

（3）增加虚拟的开始节点、结束节点（当开始或结束工作只有一项工作时，可不设虚拟节点）；

表4－5　逻辑关系

工作名称	紧前工作	紧后工作
A	—	B、E、C
B	A	D、E
C	A	H
D	B	G、H
E	A、B	G
G	D、E	H
H	D、G、C	—

（4）检查工作关系后，整理编号，如图4－29所示。

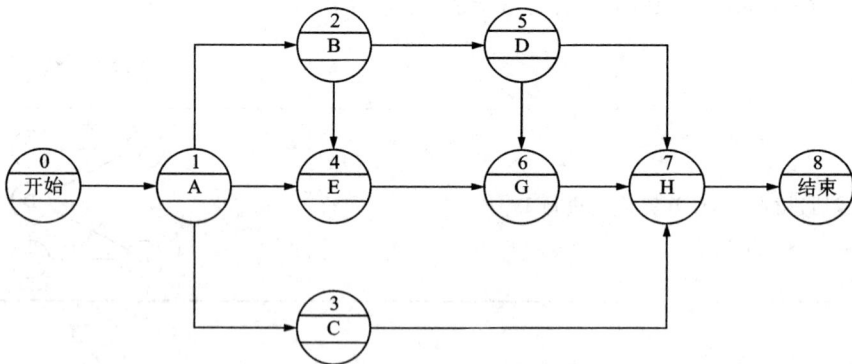

图4－29　单代号网络图绘制

三、单代号网络图时间参数的计算

单代号网络图时间参数的计算方法和原理，与双代号相似，只是表现形式和参数符号不相同。所以计算除时差外，只需将双代号计算式中的符号加以改变，即可适用。

（一）工作最早开始、最早完成时间计算和计算工期的确定

1. 工作最早开始时间

按式（4 - 29）得：

$$ES_0 = 0（起点节点）；$$

其他工作按式（4 - 30）或式（4 - 31）计算。

2. 工作最早完成时间

可按式（4 - 32）计算。

3. 网络计划的"计算工期" T_c

可按式（4 - 33）确定。

（二）工作之间的时间间隔与工作的时差计算

1. 工作之间时间间隔

工作之间的时间间隔是指相邻两项工作 i、j 之间，紧前工作 i 的最早完成时间 EF_i 与其紧后工作 j 最早开始时间 ES_j 之差，用 $LAG_{i,j}$ 表示，其计算按式（4 - 35）进行。

2. 工作的自由时差

工作的自由时差可按式（4 - 39）计算。

3. 工作的总时差

从网络计划的结束工作开始，逆箭线方向逐个计算，令结束工作 n 的总时差 $TF_n = 0$ 即（$T_c = T_p = T_r$ 或 $EF_n = T_p = T_r$），则其他工作的总时差按式（4 - 37）计算：

（三）工作最迟完成，最迟开始时间计算

1. 最迟开始时间，可按式（4 - 44）计算。

2. 最迟完成时间，可按式（4 - 42）计算。

【例 4 - 5】　将图 4 - 25 所示双代号网络图转化成单代号网络图，如图 4 - 30 所示，试用单代号网络图时间参数计算方法计算。

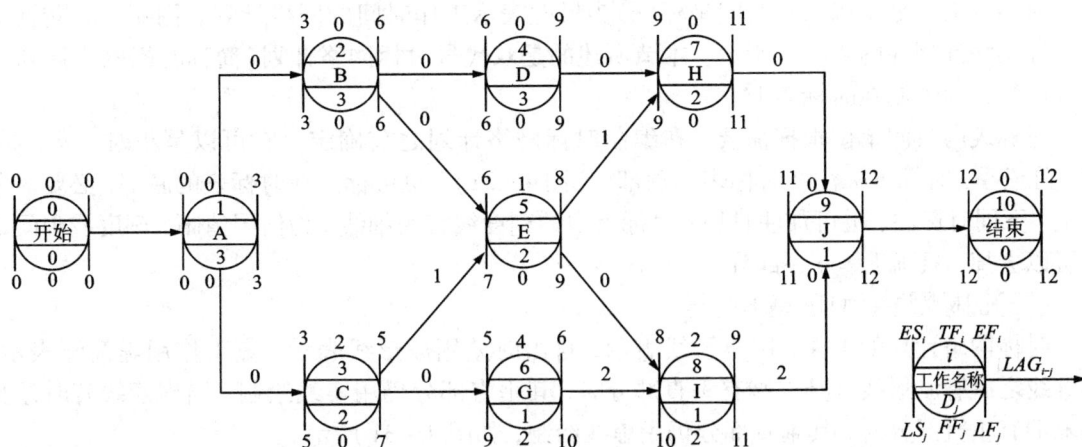

图 4 - 30　单代号网络图时间参数计算

为说明问题，每个参数只举一例说明其计算方法，其他参数如图 4 - 30 所示。

解

(1)最早开始时间：令 $ES_0 = 0$，则 $ES_1 = ES_0 + t_0 = 0(\text{d})$；

(2)最早结束时间：$EF_1 = ES_1 + t_1 = 0 + 3 = 3(\text{d})$；

(3)计算工期：$T_c = EF_n = 12(\text{d})$；

(4)计算时间间隔：$LAG_{1.2} = ES_2 - EF_1 = 3 - 3 = 0(\text{d})$；

(5)工作自由时差计算：$FF_1 = \min\{LAG_{1.2}, LAG_{1.3}\} = \min\{0, 0\} = 0(\text{d})$；

(6)工作总时差计算：令 $T_c = T_p$，则 $TF_9 = 0$；

$$TF_8 = \min\{LAG_{8.9} + TF_9\} = \min\{2 + 0\} = 2(\text{d})$$
$$TF_1 = \min\{LAG_{1.2} + TF_2, LAG_{1.3} + TF_3\} = \min\{0 + 0, 2 + 0\} = 0(\text{d})$$

(7)最迟开始，最迟完成时间计算：

最迟开始：$LS_1 = ES_1 + TF_1 = 0 + 0 = 0(\text{d})$

最迟完成：$LF_1 = EF_1 + TF_1 = 3 + 0 = 3(\text{d})$

或　　　　$LF_1 = LS_1 + t_1 = 0 + 3 = 3(\text{d})$

四、关键线路

在单代号网络图中，自始至终无时间间隔的线路称关键线路。

单代号网络图时间参数的其他计算方法如表上计算法，与双代号网络图表上计算法只是表达形式不同，其计算原理是相同的，故不另介绍。

任务4.4　编制双代号时标网络计划

一、时标网络计划的概念

(一)时标网络计划的含义

时标网络计划是以水平时间坐标(x)为尺度表示工作时间的网络计划。图4-25转换成的时标网络计划如图4-31所示。本节所述的是双代号时标网络计划(简称时标网络计划)。时标网络计划绘制在时标表上。

时标表的时间单位根据需要，在编制时标网络计划之前确定。它可以是小时、天、周、旬、月或季；时标可标注在时标表的顶部(见图4-31)，也可标注在时标表的底部，必要时还可上、下同时标注，也可加注日历；时标表中的刻度线宜为细线，为使图清晰，刻度线中间部分可以去掉，只画上、下一部分。

(二)时标网络计划的基本符号

时标网络计划的工作，用实箭线表示，自由时差用波形线表示，虚工作用虚箭线表示。当直线之后有波形线且其末端有垂直部分时，其垂直部分仍用实线绘制；当虚箭线有时差且其末端有垂直部分时，其垂直部分仍用虚线绘制，如图4-31所示。

(三)时标网络计划的特点

时标网络计划与无时标网络计划相比较，有以下特点：

(1)时间参数一目了然，兼有横道图计划和无时标网络计划的优点，故使用方便。

(2)由于箭线的长短受时标的制约，故绘图比较麻烦，修改网络计划的工作持续时间时，

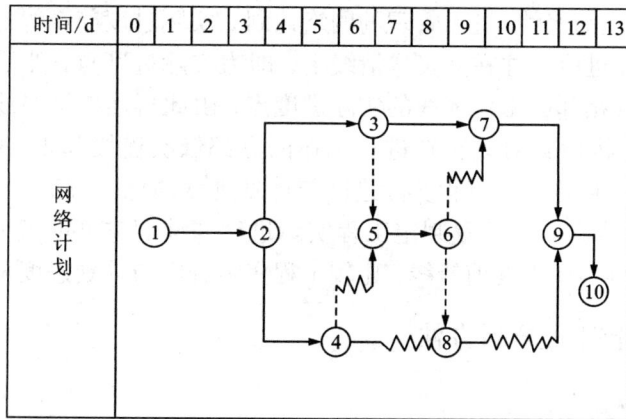

图 4 - 31 时标网络计划

需重新绘图。

(3)绘图时可以不进行计算。只有在图上没有直接表示出来的时间参数，如总时差、最迟开始时间和最迟结束时间，才需要进行计算。所以使用时标网络计划可减少计算量。

(四)时标网络参数计算

在时标网络计划中，工作的总时差计算，应自右向左进行。

(1)以终点节点$(j=n)$为箭头节点的工作总时差 $TF_{i.j}$ 应按计划工期 T_p 计算，即

$$TF_{i.n} = T_p - EF_{i.n} \tag{4-45}$$

(2)其他工作的总时差 $TF_{i.j}(j \neq n)$ 为：

$$TF_{i.j} = \min\{TF_{j.k} + FF_{i.j}\} \tag{4-46}$$

(3)最迟开始和最迟完成时间应为：

$$LS_{i.j} = ES_{i.j} + TF_{i.j} \tag{4-47}$$

或

$$LF_{i.j} = EF_{i.j} + TF_{i.j} \tag{4-48}$$

(五)时标网络计划的适用范围

由于时标网络图计划有上述优点，加之人们习惯使用横道计划，故时标网络计划容易被接受，在我国应用面较广。它主要适用于以下几种情况：

(1)工作项目较少，而且工艺过程较简单的施工计划，能迅速地边绘、边算、边调整。

(2)对于大型复杂工程，特别是不使用电子计算机时，可以先用时标网络图的形式绘制各分部、分项工程的网络计划，然后再综合起来绘制出较简明的总网络计划；也可以先编制一个总的施工网络计划，以后每隔一段时间，对下段时间应施工的工程区可绘制详细的时标网络计划。时间间隔的长短要根据工种的性质，所需的详细程度和工程的复杂性决定。计划在执行过程中，如果时间有变化，则不必改动整个网络计划，而只对这一阶段的时标网络进行修订。

(3)有时为了便于在图上直接表示每项工作的进程，可将已绘制并计算好的网络计划再复制成时标网络计划。这项工作可应用计算机来完成。

(4)待优化或执行中在图上直接调整的网络计划。

（5）年、季、月等周期性网络计划。

（6）使用"实际进度前锋线"进行管理的网络计划。实际进度前锋线是指在检查网络计划进度时，将检查工作的进度标注在其工作箭线上，即为实际进度点，然后从检查时刻的时标点出发，首先连接与其相邻的工作箭线的实际进度点，由此再连接该箭线相邻工作箭线的实际进度点，依此类推，将检查时刻正在进行工作的点都依次连接起来，可形成的一条折线，即为实际进度前锋线。它是一种工程实际进度与计划进度的比较方法（主要用于时标网络计划），即按前锋线的箭线交点的位置判定工程实际进度与计划进度的偏差。简而言之，前锋线法就是通过工程项目实际进度前锋线，比较工程实际进度与计划进度偏差的方法。

二、时标网络计划的绘制方法

（一）绘图的基本规定

（1）工作的持续时间是以箭线在时标表内的水平长度及水平投影长度表示的，与其所代表的时间值相对应。

（2）节点的中心必须对准时标的刻度线。

（3）虚工作必须以垂直虚箭线表示，有时差时用波形线表示。

（4）时标网络计划宜按最早开始时间绘制。

（5）时标网络计划编制前，必须先绘制无时标网络计划。

（6）绘制时标网络计划可以在以下两种方法中任选一种：

①直接绘制法——不计算时间参数直接根据无时标网络计划在时标表上进行绘制。

②间接绘制法——先计算无时标网络计划的部分时间参数，再将该计划绘制到时标表内。

（二）时标网络计划的绘制方法步骤

时标网络计划的绘制，有直接绘制法和间接绘制法等。现以图4-32为例，说明不同方法的绘制步骤。

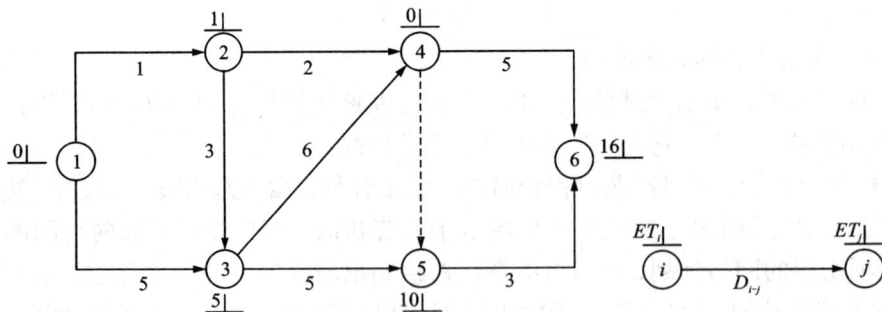

图4-32　无时标网络计划图例

1. 直接绘制法

如图4-33所示，其绘制步骤如下：

（1）绘制时标表。

（2）将起点节点定位在时标表内的起始刻度线上，见图4-33的节点①。

（3）按工作持续时间在时标表上绘制起始节点的外向箭线，如图 4 – 33 中的工作 1～2 和 1～3。

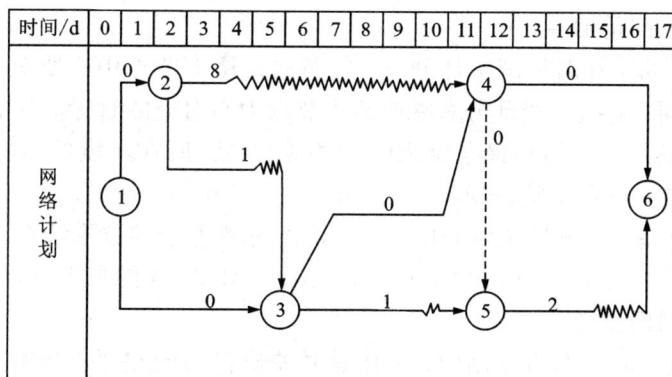

图 4 – 33 时标网络计划图例

（4）工作的箭头节点，必须在其内向箭线绘出之后，定位在这些内向箭线中最晚完成的实箭线的箭头处，如图 4 – 33 中的节点③、④、⑤、⑥。

（5）某些内向实箭线长度不足以到箭头节点时，用波形线补足，如图 4 – 33 中的工作 2～4，3～5；当虚箭线的开始节点和结束节点之间有水平距离时，也可以用波形线补足，如果没有水平距离，绘制垂直虚箭线，如图中的工作 4～5。

（6）用上述方法自左至右依次确定其他节点的位置，直至终点节点定位为止，绘图完成。注意确定节点位置时，尽量与无时标网络图的节点位置相似，保持布局基本不变。

（7）给每个节点编号，编号要求与无时标网络计划相同。

（8）找出关键线路。

2. 间接绘制法

先计算后绘制，具体步骤如下：

（1）绘制时标表。

（2）计算各节点最早开始时间 ET_i，如图 4 – 32 所示。

（3）将各项工作的各节点按 ET_i 定位在时标表上，其布局应与无时标网络计划基本相当，然后编号。

（4）用实线绘出工作持续时间，用虚线绘出虚工作（只垂直），用波形线补足实线、虚线未达到箭头节点的部分（即自由时差）。

（5）找出关键线路。

三、时标网络计划关键线路及各时间参数的确定

（一）时标网络计划关键线路的判定

自终点节点到起始节点逆箭线箭头方向观察，凡自始至终不出现波形线的通路，即为关键线路，如图 4 – 33 中的①→③→④→⑥，其表达方式同无时标网络计划相同。

（二）时间参数的判定和推算

1. 从时标网络计划中直接判定的时间参数

（1）计算工期。应是其终点节点与起始节点可在位置的时标值之差，图4-33所示的时标网络计划的计算工期是 $16-0=16(d)$。

（2）最早开始时间。在时标网络计划上，每条箭线尾部节点中心所对应的时标值，代表工作的最早开始时间，箭线实线部分右端或箭头节点中心对应的时标值代表工作的最早完成时间。虚箭线的最早开始时间和最早结束时间相等，均为所在刻度的时标值（尾节点），如图4-33中虚箭线④→⑤的 $ES_{4.5}=EF_{4.5}=11$ d。

（3）工作自由时差。时标网络计划中，工作自由时差等于其波形线在坐标轴上水平投影的长度，如图4-33中工作2~3的自由时差为1 d，工作2~4的自由时差为8 d。

2. 需要计算的时间参数

（1）工作总时差。时标网络计划中，工作总时差应自右向左逐项推算，其值等于其诸紧后工作总时差值的最小值与本工作自由时差之和。总时差计算按式（4-46）计算。

式中，$j.k$ 工作是 $i.j$ 工作的紧后工作；令 $T_c=T_p$，

结束工作（$TF_{m.n}=0+FF_{m.n}$，$m<n$，n 为最后节点编号；或 $TF_{m.n}=T_p-EF_{m.n}$）

例如图4-33所示的时标网络计划：

令 $$T_p=T_c=16(d)=ET_6$$

则 $$TF_{4.6}=0+FF_{4.6}=0+0=0(d)（关键工作）$$

或 $$TF_{4.6}=T_p-EF_{4.6}=16-16=0(d)$$

$$TF_{5.6}=T_p-EF_{5.6}=16-14=2(d)；或 TF_{5.6}=0+FF_{5.6}=0+2=2(d)$$

$$TF_{3.5}=TF_{5.6}+FF_{3.5}=2+1=3(d)$$

$$TF_{4.5}=2+0=2(d)$$

$$TF_{3.4}=\min\{TF_{4.5},TF_{4.6}\}+FF_{3.4}=\{2,0\}+0=0(d)$$

同理，其他各工作的时间参数，见图4-33实箭线上所示（在时标网络计划中，可将工作总时差标注在相应的波形线或实箭线之上）。

（2）工作最迟开始时间。由于已知最早开始时间和结束时间，又知道了总时差，故其工作最迟开始时间可用式（4-47）、式（4-48）进行计算：

如图4-33中：$$LS_{2.3}=ES_{2.3}+TF_{2.3}=1+1=2(d)$$

$$LF_{2.3}=EF_{2.3}+TF_{2.3}=4+1=5(d)$$

《某客运专线时标网络图》（网址及二维码）：

http：//www.worlduc.com/blog2012.aspx？bid=7117157

《10 s计算时标网络图的时差》（网址及二维码）：

http：//www.worlduc.com/blog2012.aspx？bid=5363444

任务4.5　网络计划的优化与调整

一、网络计划优化的含义

网络计划优化就是在满足既定的约束条件下（工期、成本或资源），按某一目标（缩短工

期、节约费用、平衡资源),通过不断调整初始网络计划,寻求最优网络计划方案的过程。

二、网络计划优化的方式

网络计划的优化方式分为工期优化、工期-成本优化和工期资源优化。

（一）工期优化

工期优化的作用在于当网络计划计算工期不能满足要求工期时,通过不断压缩关键线路上的关键工作的持续时间,达到缩短工期,满足要求工期的目的。

（二）工期-成本优化

工期-成本优化的作用是在完成一项工作的多种施工方法和组织方式中,确定一个最优或较优的方案(需要费用最低或较低)。因为不同的施工方法和组织方式,对完成同一工作就会有不同的持续时间与费用。由于一项工程是由很多工作组成,所以安排一项工程计划时就可能出现多种方案,它们的总工期和总成本也因此而有所不同。因此需要从多种方案中确定一种较适宜的方案,需要用工期-成本优化方法解决。

（三）工期资源优化

工期资源优化的作用是解决一个部门或单位在一定时间内所能供应的多种资源(劳动力、机械及材料等)有一定限度的情况,如何经济而有效地利用这些资源问题。在资源计划安排时有两种情况:一种情况是网络计划需要资源受到限制,如果不增加资源数量(例如劳动力)可能会迫使工程工期延长,或者不能进行(材料供应不及时);另一种情况是在一定时间内如何安排各工作活动时间,使可供应使用的资源均衡地消耗。

对于不同的优化方式,有不同优化理论和方法,但有些优化必须借助计算机来完成。

三、网络计划的工期优化

当网络计划的计算工期 T_c 大于上级规定的工期要求时,需要改变计划的施工方案和组织方式。但是在许多情况下,工期仍然不能达到要求。此时唯一的途径就是增加劳动力或机械设备,缩短工作的持续时间。缩短哪一项或哪几项工作才能缩短工期? 工期优化方法就是使编制者有目的地压缩关键工作的持续时间。解决此类问题的方法有顺序法、加权平均法、选择法等。顺序法是按关键工作开工时间来确定,先干的工作先压缩。"加权平均法"是按关键工作持续时间长度的百分比压缩。这两种方法没有考虑需要压缩的关键工作所需资源是否有保证及相应的费用增加幅度。选择法更接近于实际需要,故在此详细介绍。

（一）选择法工期优化选择因素

选择法工期优化,按下列因素选择应缩短持续时间的关键工作。

(1)缩短持续时间对质量影响不大的工作。

(2)有充足的工作面。

(3)有充足库存的材料和机械工作。

(4)缩短持续时间所需增加的人数或材料最少的工作。

(5)缩短持续时间所需增加的费用最少的工作。

（二）选择法工期优化的方法和步骤

(1)计算初始网络计划的时间参数,找出关键线路及计算工期。

(2)按要求工期按式(4-49)确定应缩短的工期目标 ΔT:

$$\Delta T = T_c - T_p \qquad\qquad (4-49)$$

（3）确定缩短的关键工作。每次同时缩短各关键线路上的一项关键工作，当考虑上述因素相同时，尽量先缩短中间工作，而后缩短最前工作，最后缩短最后工作，确保缩短后的计划能实现目标。

（4）确定缩短工作的持续时间。为保证缩短关键工作的持续时间就是缩短工期的时间，所以要求每次缩短工作的时间按式（4-50）确定：

$$\Delta t_{i.j} = \min\{t_{i.j}^N - t_{i.j}^c,\ TF_{i.j}^p\} \qquad\qquad (4-50)$$

式中：$\Delta t_{i.j}$——被缩短工作 $i.j$ 的缩短时间（$i.j$ 是一项，也可能是几项）；

$\qquad t_{i.j}^N$——$i.j$ 工作的正常工作时间；

$\qquad t_{i.j}^c$——$i.j$ 工作的极限工作时间；

$\qquad TF_{i.j}^p$——与 $i.j$ 工作平行工作的总时差。

（5）绘出调整关键工作持续时间后的网络计划，并重新计算时间参数。

（6）重复（3）～（5）步工作，直到计算工期满足要求工期为止。

（三）结合示例说明优化步骤

【例 4-6】　某网络计划如图 4-34 所示，图中括号内数据为工作最短持续时间，括号外为正常持续时间，确定上级指令性工期为 120 d，试问应如何调整？

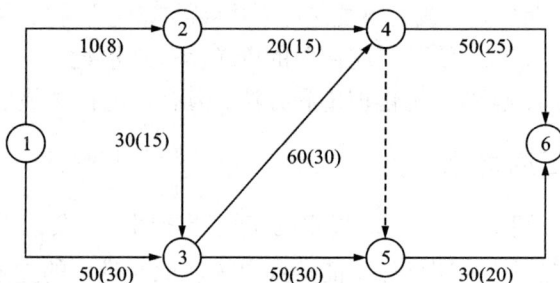

图 4-34　示例

解

（1）计算各工作为正常时间情况下的时间参数，如图 4-35 所示，关键线路为：①→③→④→⑥，计算工期为 160 d。

因 $T_c > T_r$，故需进行优化调整。

（2）确定调整目标：$\Delta T = T_c - T_p = 160 - 120 = 40（d）$。

（3）确定缩短工作：可缩短的工作有 1～3、3～4、4～6。在考虑了上述确定因素后，再进行下列分析：工作 1～3 作为开始工作，属于适应现场阶段的工作；工作 3～4 为中间阶段工作，施工管理、施工技术都已适应了现场情况，为生产率较高的阶段，即使被缩短工作有失误，还有后续工作可以找回；工作 4～6 为最后结束，若被缩短工作到极限时间状态，一旦有一点失误，就无后续工作进行弥补，所以尽量少缩，综合考虑后，先缩短工作 3～4。

（4）确定缩短工作的持续时间。

$$\Delta t_{3.4} = \min\{t_{3.4}^N - t_{3.4}^c,\ TF_{3.4}^p\} = \min\{60-30;\ TF_{2.4};\ TF_{3.5}\} = \{30;\ 80;\ 30\} = 30（d）$$

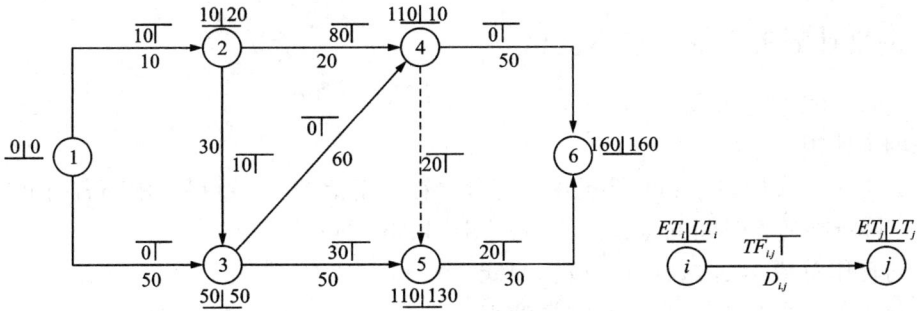

图 4 - 35 优化调整过程

（5）绘制缩短工作 3~4 后的网络图，并重新计算时间参数，如图 4-36 所示。

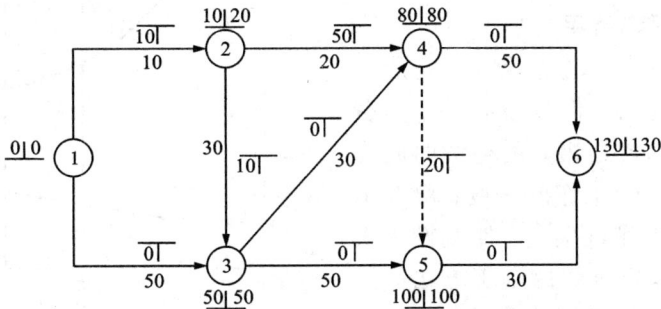

图 4 - 36 优化调整过程

从图 4-36 可知，尚未达到目标，需要进行第二次调整：此时关键线路有两条：即①→③→④→⑥和①→③→⑤→⑥；可缩短的工作有 1~3，3~5，4~6，5~6。

①经同第一次一样分析后，选定工作 1~3 为需缩短的工作；

②$\Delta t_{1.3} = \min\{t_{1.3}^N - t_{1.3}^c, TF_{1.2}, TF_{2.3}\} = \min\{50 - 30; 10, 10\} = 10(\text{d})$

③绘出第二次调整后的网络图，并计算时间参数，如图 4-37 所示。

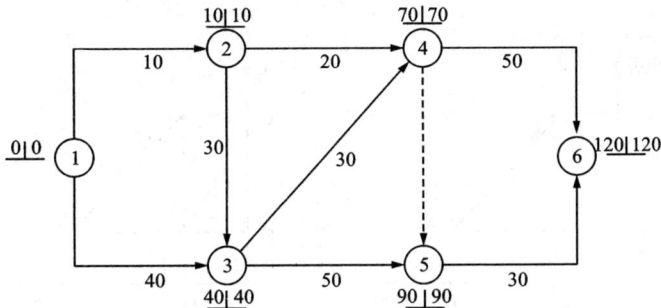

图 4 - 37 调整后的网络计划

从图中可知,计算工期已达 120 d,则此网络计划即为调整后的网络计划。

四、网络计划的工期 – 成本优化

(一)时间与费用的关系

1. 工期与费用

工程成本包括直接费用和间接费用两部分。在一定范围内,直接费用随着时间的延长而减少,而间接费则随着时间的延长而增加,如图 4 – 38 所示。

图中的工作总成本曲线是由直接费曲线和间接费曲线叠加而成的。曲线上的最低点就是工程计划的最优方案之一。此方案工程成本最低(P_1 点)相对应的工程持续时间称为最优工期 t_1。如果知道了要求工期 t_2,也可以很容易地找到与之相应的总成本 P_2。

2. 工作持续时间与费用

就工作而言,只存在直接费用,完成一项工作的施工方法很多,但是总有一个是费用最低的,我们就称与之相应的持续时间为正常时间;如果要加快工作的进度,就要采取加班加点、增加工作班次、增加或换用大功率机械设备、采取更有效的施工方法等措施。采用这些措施一般都要增加费用,但工作持续时间在一定条件下也只能缩短到一定的限度,这个时间称为“极限时间”。

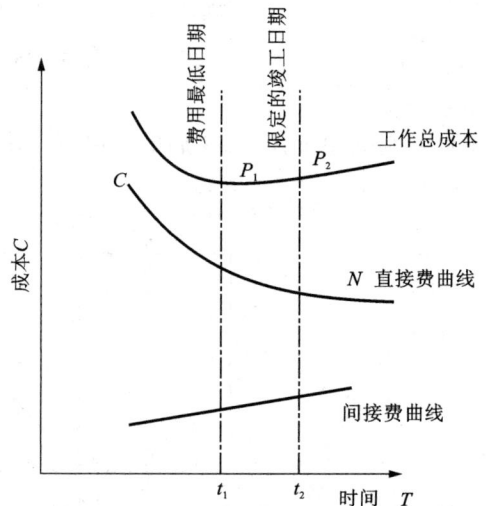

图 4 – 38　工程费用关系示意图

工作时间 – 费用曲线主要有两种:连续型和非连续型,如图 4 – 39 所示。

(1)连续型[图 4 – 39(a)]。它是把正常点 N 与极限时间点 C 直接连接而成一条直线。介于正常时间与极限时间之间的任意持续时间的费用可根据其费用斜率,用数学公式推算出来。

即

$$\Delta C_{i.j} = \frac{C_{i.j}^{c} - C_{i.j}^{N}}{D_{i.j}^{N} - D_{i.j}^{c}} \qquad (4-51)$$

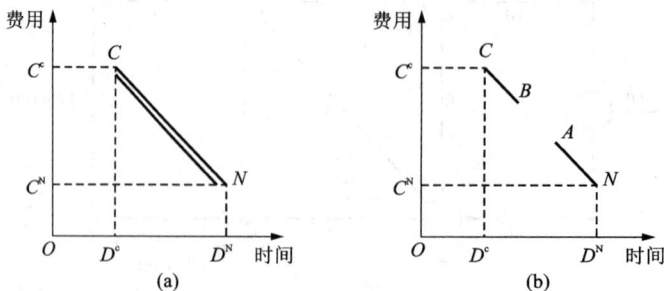

图 4 – 39　工作时间 – 费用曲线

这种时间与费用的关系是连续变化的，称为连续型曲线。

（2）非连续型[图 4-39（b）]。它介于正常持续时间 D^N 与极限持续时间 D^e 之间的关系不能用线性关系来表示。这些工作的直接费用与持续时间之间的关系是根据不同施工方案分别估算的（如机械设备完成的工作，只能有几种情况，供选择使用）。

（二）工期-成本优化方式

从成本的观点来分析问题，目的就是使整个工程的总成本最低，具体的问题有下列几种：

（1）在规定工期的条件下，求出工程的最低成本；

（2）若有希望进一步缩短工期，则应考虑如何使所增加的成本最小；

（3）要求以最低成本完成整个工程计划时，如何确定它的最优工期？

（4）如准备增加一定的数量费用，以缩短工程的工期，它可以比原计划缩短多少天？

以上 4 种情况的优化方法是相同的，只是目标不一样。

五、网络计划的检查与调整

网络计划在执行过程中根据现场实际情况不断进行检查，将检查的结果进行分析，而后确定后续计划的调整方案，这样才能发挥出网络计划的作用。

（一）进度偏差的分析

当检查发现实际进度与计划进度相比出现偏差时，首先分析该偏差对后续工作和工期的影响，其分析步骤如下。

1. 进度偏差与关键工作

若出现偏差的工作为关键工作，则无论偏差大小，都将对后续工作及总工期产生影响，因此必须采取相应的调整措施；若出现的偏差工作不是关键工作，则根据偏差值与总时差和自由时差的大小关系，确定对后续工作及总工期的影响程度。

2. 进度偏差与总时差

若工作的进度偏差大于工作的总时差，说明此偏差必将影响后续工作及总工期，因此必须采取相应的调整措施；若工作的进度偏差小于或等于工作的总时差，说明此偏差对总工期无影响，但对后续工作的影响程度，需要根据比较偏差与自由时差的情况来确定。

3. 进度偏差与自由时差

当工作的进度偏差大于该工作的自由时差时，说明对后续工作产生了影响，应该如何调整，要根据后续工作允许影响的程度而定（有无自由时差）；若工作的进度小于或等于该工作的自由时差，则说明对后续工作无影响，原计划不需调整。

经过以上分析，进度控制管理人员可以确定应该调整产生进度偏差的工作和调整偏差值的大小，以便推断确定新的调整措施。

（二）网络计划的调整

1. 网络计划的调整内容

（1）关键线路长度的调整。

（2）非关键线路时差的调整。

（3）工作项目的增减。

（4）逻辑关系的调整。

（5）工作持续时间的重估。

（6）资源投入的相应调整。

2. 网络计划的调整方法

在对实施的网络计划分析的基础上，主要可通过下述两种方法对原计划进行调整：

（1）改变某些工作之间的逻辑关系。若检查的实际施工进度产生的偏差影响了总工期，在工作之间的逻辑关系允许改变的条件下，改变关键线路或超过计划工期的非关键线路上的有关工作之间的逻辑关系，达到缩短工期的目的。例如，可以把依次进行的有关工作改为平行的或互相搭接的，以及分成几个施工段的流水施工等都可以达到缩短工期的目的。这种方法调整的效果是很显著的。

（2）缩短某些工作的持续时间。这种方法是不改变工作之间的逻辑关系，而是缩短某些关键工作的持续时间。实际上就是采用工期优化或工期－成本优化的方法，来达到缩短网络计划的工期，实现原计划工期的目的。

技术标准

1.《工程网络计划技术规程》（JGJ/T 121—99）。

2.《网络计技术常用术语》（GB/T 13400.1—92）。

3.《网络计技术网络画法的一般规定》（GB/T 13400.2—92）。

4.《网络计技术在项目计划管理中应用的一般程序》（GB/T 13400.3—92）。

××工程施工进度网络图计划案例（网址及二维码）：

http：//www.worlduc.com/SpaceShow/Blog/More.aspx？cid=489309&sid=2654310&uid=177251

施工进度网络图计划的编制习题库（网址及二维码）：

http：//www.worlduc.com/SpaceShow/Blog/More.aspx？cid=489322&sid=2654316&uid=177251

思考与练习

一、单项选择题

1. 双代号网络图的三要素是指（ ）。

A. 节点、箭杆、工作作业时间 B. 紧前工作、紧后工作、关键线路

C. 工作、节点、线路 D. 工期、关键线路、非关键线路

2. 利用工作的自由时差，其结果是（ ）。

A. 不会影响紧后工作，也不会影响工期 B. 不会影响紧后工作，但会影响工期

C. 会影响紧后工作，但不会影响工期 D. 会影响紧后工作和工期

3. 下列( )说法是错误的。

A. 总时差为零的工作是关键工作

B. 由关键工作组成的线路是关键线路

C. 总时差为零, 自由时差一定为零

D. 自由时差是局部时差, 总时差是线路性时差

4. ( ), 会出现虚箭线。

A. 当只有相同的紧后工作时　　　　　B. 当只有不相同的紧后工作时

C. 既有相同, 又有不相同的紧后工作时　D. 不受约束的任何情况

5. 网络计划的缺点是( )。

A. 不能反映工作问题的逻辑　　　　　B. 不能反映出关键工作

C. 计算资源消耗量不便　　　　　　　D. 不能实现电算化

6. 某项工作有两项紧后工作 C、D, 最迟完成时间: $C = 20\ d$, $D = 15\ d$, 工作持续时间: $C = 7\ d$, $D = 12\ d$, 则本工作的最迟完成时间是( )。

A. 13 d　　　　　B. 3 d　　　　　C. 8 d　　　　　D. 15 d

7. 双代号网络图中的虚工作( )。

A. 即消耗时间, 又消耗资源　　　　　B. 只消耗时间, 不消耗资源

C. 即不消耗时间, 又不消耗资源　　　D. 不消耗时间, 仅消耗资源

8. 下列有关虚工作说法正确的是( )。

A. 虚工作只表示工作之间的逻辑关系　B. 混凝土养护可用虚工作表示

C. 只有双代号网络图中才有虚工作　　D. 虚工作一般用虚箭线表示

9. 网络计划中, 工作最早开始时间应为( )。

A. 所有紧前工作最早完成时间的最大值　B. 所有紧前工作最早完成时间的最小值

C. 所有紧前工作最迟完成时间的最大值　D. 所有紧前工作最迟完成时间的最小值

10. 某项工作有两项紧后工作 C、D, 最迟完成时间: $C = 30\ d$, $D = 20\ d$, 工作持续时间: $C = 5\ d$, $D = 15\ d$, 则本工作的最迟完成时间是( )。

A. 3 d　　　　　B. 5 d　　　　　C. 10 d　　　　　D. 15 d

11. 关于自由时差和总时差, 下列说法中错误的是( )。

A. 自由时差为零, 总时差必定为零

B. 总时差为零, 自由时差必为零

C. 在不影响总工期的前提下, 工作的机动时间为总时差

D. 在不影响紧后工作最早开始的前提下, 工作的机动时间为自由时差

12. 某工程网络计划在执行过程中, 某工作实际进度比计划进度拖后 5 d, 影响工期 2 d, 则该工作原有的总时差为( )。

A. 2 d　　　　　B. 3 d　　　　　C. 5 d　　　　　D. 7 d

13. 如果 A、B 两项工作的最早开始时间分别为 6 d 和 7 d, 它们的持续时间分别为 4 d 和 5 d, 则它们共同紧后工作 C 的最早开始时间为( )。

A. 10 d　　　　　B. 11 d　　　　　C. 12 d　　　　　D. 13 d

14. 某工程计划中 A 工作的持续时间为 5 d, 总时差为 8 d, 自由时差为 4 d。如果 A 工作实际进度拖延 13 d, 则会影响工程计划工期( )。

A. 3 d   B. 4 d   C. 5 d   D. 10 d

15. 在网络计划中,若某项工作的(   )最小,则该工作必为关键工作。

A. 自由时差   B. 持续时间   C. 时间间隔   D. 总时差

16. 当网络图中某一非关键工作的持续时间拖延 Δ,且大于该工作的总时差 T_F 时,网络计划总工期因此将拖延(   )。

A. $\Delta - T_F$ B. $\Delta + T_F$ C. Δ D. $T_F - \Delta$

17. 某项工作有两项紧前工作 A、B,其持续时间是 A = 3 d、B = 4 d,其最早开始时间是 A = 5 d、B = 6 d,则本工作的最早开始时间是(   )。

A. 5 d   B. 6 d   C. 8 d   D. 10 d

18. 双代号网络计划中,(   )表示前面工作的结束和后面工作的开始。

A. 起始节点   B. 中间节点   C. 终点节点   D. 虚拟节点

19. 单代号网络计划的起始节点可(   )。

A. 有一个虚拟   B. 有两个   C. 有多个   D. 编号最大

20. 在时标网络计划中,"波浪线"表示(   )。

A. 工作持续时间   B. 虚工作

C. 前后工作时间间隔   D. 总时差

21. 时标网络计划与一般网络计划相比,其优点是(   )。

A. 能进行时间参数的计算   B. 能确定关键线路

C. 能计算时差   D. 能增加网络的直观性

22. 在工程网络计划中,判别关键工作的条件是该工作(   )。

A. 自由时差最小   B. 与其紧后工作之间的时间间隔为零

C. 持续时间最长   D. 最早开始时间等于最迟开始时间

23. 当双代号网络计划的计算工期等于计划工期时,对关键工作的错误提法是(   )。

A. 关键工作的自由时差为零

B. 相邻两项关键工作之间的时间间隔为零

C. 关键工作的持续时间最长

D. 关键工作的最早开始时间与最迟开始时间相等

24. 网络计划工期优化的目的是为了缩短(   )。

A. 计划工期   B. 计算工期   C. 要求工期   D. 合同工期

二、判断题

1. 网络中不允许出现闭合回路。(   )

2. 在双代号网络图中,虚箭杆只具有断路与联系作用。(   )

3. 总时差具有双重性,既为本工作所有,又属于整条线路。(   )

4. 双代号网络图中不允许出现箭线交叉。(   )

5. 网络中通常只允许出现一条关键线路。(   )

6. 网络图中的逻辑关系就是指工作的先后顺序。(   )

7. 总时差总是大于或等于零。(   )

8. 网络图中有 n 条关键线路,那么这 n 条关键线路持续时间之和有可能不同。(   )

9.总时差为零的工作肯定在关键线路上。(　　)

10.在双代号网络图中,虚工作既不消耗资源、也不消耗时间,只表示前后相邻工作间的逻辑关系。(　　)

三、计算绘图题

1.某城市道路改扩建工程工作间逻辑关系如下表所示,请绘制双代号网络图和单代号网络图,计算时间参数,确定关键线路。

工作代号	A	B	C	D	E	F	G	H
工作名称	测量	土方	路基	排水	清理杂物	路面	路肩	清理现场
紧后工作	C、D	E	F	G、H	H	G	—	—
持续时间/d	3	2	4	2	5	3	1	2

2.已知某项目有以下七项工作,工作间逻辑关系如下表所示,试绘制双代号网络图和单代号网络图,计算各时间参数并确定其关键路线。

工作名称	A	B	C	D	E	F	G
紧后工作	C、D、E	D、E	F	F、G	—	—	—
持续时间/d	7	5	4	8	12	5	6

3.已知某项工程工作间逻辑关系如下表所示,请绘制双代号网络图和单代号网络图,计算时间参数,确定关键线路。

工作代号	A	B	C	D	E	F	G	H
紧后工作	C	D、E	F	G、H	H	G	—	—
持续时间/d	3	2	4	2	5	3	1	2

4.已知某项工程工作间逻辑关系如下表所示,请绘制双代号网络图和单代号网络图,计算时间参数,确定关键线路。

工作名称	A	B	C	D	E	F	G	H	I	J
紧后工作	C	C、D、E	F、G	F、G、H	G、H	I、J	J	J	—	—
持续时间/d	3	5	3	5	4	5	4	3	4	5

5.已知某项工程工作间逻辑关系如下表所示,请绘制时标网络图,确定关键线路。

工作名称	A	B	C	D	E	F	G	H	I
紧后工作	B、D	C、E	F	E、G	F、H	I	H	I	—
持续时间/d	2	2	1	3	3	1	2	2	1

6. 某工程由九项工作组成。各项工作之间的网络逻辑关系如下表所示。

工作名称	紧前工作	紧后工作	正常持续时间/d	最短持续时间/d	优选系数
A	Q、R	E、D	30	23	4
B	R	D	12	9	9
C	Q	E	25	18	6
D	A、B	F	21	15	5
E	A、C	F	18	15	7
F	D、E		25	20	2
P		Q、R	30	22	1
Q	P	A、C	24	15	3
R	P	A、B	18	15	8

问题:

(1)根据工作之间的逻辑关系绘制双代号网络图。

(2)计算时间参数,确定关键线路和网络计划工期。

(3)如果合同工期为 100 d,该网络计划是否需调整?如何调整?在图上标出调整之网络计划的关键线路。

四、简答题

1. 简述网络计划技术的含义、特点。

2. 双代号网络计划图的构成元素有哪些?说明各元素符号及其含义?

3. 绘制双代号网络图要遵守哪些基本原则?

4. 简述虚箭线在双代号网络图中的应用范围。

5. 举例说明双代号网络图绘制的方法与步骤。

6. 网络图的时间参数计算包括哪些主要内容?各参数的符号是什么?

7. 举例说明时间参数的计算方法及其步骤。

8. 什么是"关键工作"和"关键线路"?关键线路如何确定?

9. 单代号网络图的构成和它的基本符号有哪些?

10. 述说双代号时标网络计划的含义,基本符号及其特点,它的适用范围。

11. 简述时标网络计划的绘制方法及其步骤。

12. 简述网络计算的优化与调整。

项目 5

制定施工方案

拟实现的教学目标

1. 能力目标

通过本项目的学习，能够制定铁路中、小型单位工程的施工方案，合理选择施工方法和机械设备。

2. 知识目标

了解施工方案的主要内容，熟悉各专业工程主要施工方案方法，掌握择优选择施工方法、施工机械的依据。

3. 素质目标

培养学生的全局意识，提高其统筹规划能力以及分析、解决实际问题的能力。

任务 5.1　熟悉施工方案的主要内容

施工方案应按照安全可靠、技术领先、切实可行、好中选优的原则，对施工方法的选择、生产要素的配置、施工机械设备的选型配套等进行优化。

一、制定施工方案的原则

1. 切实可行

制定施工方案首先必须从实际出发，符合现场的实际情况，有实现的可能性。施工方案在资源、技术上提出的要求必须与当时已有的施工条件或在一定时间能争取到的条件相吻合：例如，在深水桥梁基础施工中，围堰工程必须依据河道的水流深度、流量、流速、流向及施工水位等水文条件，选择结构类型、设计几何尺寸、堰顶高程等技术数据。

2. 满足合同工期

施工方案的制定必须满足合同工期的要求。按工期要求投入生产，交付使用，发挥投资效益。

3. 确保质量、安全

在制定方案时应充分地考虑工程质量和施工安全，提出保证工程质量和施工安全的技术组织措施，使施工方案完全符合施工规范、作业标准和安全规程的要求。例如，在质量方面制定工序质量控制标准、岗位责任制与经济责任制和质量保障体系等。

4.降低施工成本

制定施工方案既要考虑技术上的可行性，还要考虑经济上的合理性。从施工成本的直接费和间接费中找出节约的途径，采取措施控制直接消耗，减少非生产人员，挖掘潜力，使施工费用降低到最低的限度，不突破合同价，获取良好经济效益。

二、施工方案的主要内容

施工方案的主要内容包括施工方法与施工机械的选择，施工顺序的合理安排及作业组织形式和各种技术组织措施。其中施工方法与施工机械的选择属于施工方案的技术方面；施工顺序及作业组织形式的合理安排属于施工方案的组织方面。

（1）施工方法是施工方案的核心内容，对工程项目的施工活动有决定性作用。确定施工方法应突出重点工程项目（采用新技术、新工艺的工程项目；对工程质量起决定性作用的工程项目；工人在操作上还不够熟练的工程项目），不仅要拟订全面、细致的操作过程和作业方法，还应提出质量要求，以及达到这些要求的技术措施。并要预见施工中可能发现的问题，提出预防和解决这些问题的办法。对于一般性工程项目和常规施工方法则可适当简化，但要提出工程中的特殊要求。

（2）施工机械对施工工艺、施工方法有直接的影响。机械化生产极大地降低了工人的劳动强度，对加快建设速度，提高工程质量，保证施工安全，节约施工成本起着至关重要的作用。

（3）施工顺序是指空间上不同施工区域（段）的同类工程之间的施工先后次序。合理安排施工顺序，可以加快施工进度，减少劳动力和机械设备的停歇时间，充分利用工作面，避免施工干扰，从而达到连续、均衡施工的目的，实现科学施工。

（4）作业组织形式是指综合考虑施工特点、工艺流程、资源条件、空间布置等要求，把劳动力、材料、机械设备投入到工程项目中的方式。铁路工程项目可采用依次施工、平行施工、流水施工三种作业组织形式。流水施工的技术经济效果最好，应用最广泛。

任务5.2　认知各专业工程主要施工方案

施工方案应按照安全可靠、技术领先、切实可行、好中选优的原则，对施工方法的选择、生产要素的配置、施工机械设备的选型配套等进行优化。

各专业工程主要施工方案和方法，分列于后。

一、路基、路堑工程

路基工程与路堑工程主要施工方案分别如表5-1和表5-2所示。

表5-1　路基工程主要施工方案

序号	名称	内容
1	地基处理	冲击碾压、换填土（砂、碎石、改良土）、砂（碎石）垫层、强夯、袋装砂井、塑料排水板、挤实砂桩、碎石桩、粉喷桩、搅拌桩、旋喷桩、CFG桩、管桩、压浆、预压土

续表 5 – 1

序号	名称	内容
2	路基填料	级配碎石、改良土与 AB 组填料、渗水土
3	土石方调配	移挖作填、取土场与利用隧道弃渣

表 5 – 2　路堑工程主要施工方案

序号	名称		内容
1	路堑开挖	全断面开挖法	平缓地面上短而浅的路堑
2		横向台阶开挖法	平缓横坡上的一般路堑(较深路堑宜分层开挖)
3		逐层顺坡开挖法	土质路堑(铲运、推土机械)
4		纵向台阶开挖法	傍山路堑(边坡较高时,宜分级开挖;路堑较长时,可分段开挖)
5		高边坡分层开挖法	边坡较高的软弱、松散岩质路堑,宜分级分段开挖

无砟轨道路基及软土路基等控制工程,应制定专项施工技术方案和应急预案。

路基填筑应按照"三阶段、四区段、八流程"的施工程序组织机械化施工。每个区段长度宜大于 200 m。

二、桥梁工程

桥梁工程主要施工方案和方法分别如表 5 – 3 和表 5 – 4 所示。

表 5 – 3　桥梁工程主要施工方案

序号	名称		内容
1	基础	明挖基础	无护壁基坑、护壁基坑和基坑围堰
2		桩基础	沉桩基础、钻孔桩基础、挖孔桩基础和管桩基础
3		水中桩基承台	土围堰、钢板桩围堰、双壁钢围堰、吊箱围堰、钢套箱围堰
4		水中沉井基础	就地浇注下沉沉井和浮式沉井
5		墩台	整体钢模、滑模、爬模、翻模
6	上部建筑	简支梁	预制梁架桥机架设、支架现浇法、移动模架法
7		连续梁	悬臂灌注法、顶推法、支架现浇法、转体施工法
8		钢梁	膺架法、拖拉法、悬拼法、浮运法

表 5－4 桥梁工程主要施工方法

序号	名称		内容
1	围堰	钢板桩围堰	流速较小、水位较低、承台较浅、河床地质透水性弱的地层
2		钢套箱围堰	流速较小(≤2.0 m/s)，覆盖层较薄，平坦的岩石河床，埋置不深的水中基础
3		双壁钢围堰	流速较小、水位较深、承台较浅的地层
4	钻孔桩	冲击钻机	黏性土、砂类土、砾石、卵石、漂石、软硬岩层及各种复杂地质的桩基施工
5		正循环旋转钻机	黏性土、砂类土、含少量砾石、卵石(含量少于20%)的土，软岩
6		反循环旋转钻机	黏性土、砂类土、含少量砾石、卵石(含量少于20%，粒径小于钻杆内径2/3)的土，软岩
7		旋挖钻机	各种土质地层、砂类土、砾石、卵石
8		套管钻机	黏性土层，砂类土，但不宜在地下水位下有厚于5 m细砂层时使用
9	墩台	滑模	较高的墩、台和吊桥、斜拉桥的索塔
10		爬模	空心高桥墩
11		翻模	不变坡的方形高墩和索塔

技术复杂桥梁(含深水、高墩、特殊结构桥梁等)应制定施工技术方案和应急救援预案。

三、隧道工程

隧道工程主要施工方案见表5－5。

表 5－5 隧道工程主要施工方案

序号	名称	内容
1	隧道开挖	钻爆法、掘进机(TBM)法、盾构法、沉管法、明挖法
2	隧道衬砌	液压模板台车、简易衬砌台车
3	隧道超前支护	超前管棚、超前锚杆、超前注浆
4	隧道出碴	有轨运输、无轨运输
5	辅助坑道	横洞、斜井、平导、竖井(内含设置地点与数量，有轨与无轨，单车道与双车道的比较)

隧道工程主要开挖方法见表5－6。

表 5 - 6　隧道工程主要开挖方法

序号	名称		适用条件
1	钻爆法	全断面法	1. 单线隧道Ⅰ、Ⅱ、Ⅲ级围岩； 2. 双线隧道Ⅰ、Ⅱ级围岩； 3. 地下水状态：干燥或潮湿
2		下导洞超前法	1. 单线隧道Ⅲ、Ⅳ级围岩； 2. 双线隧道Ⅱ、Ⅲ级围岩； 3. 地下水状态：有渗水或股水
3		台阶法	1. 单线隧道Ⅲ、Ⅳ级围岩； 2. 双线隧道Ⅲ级围岩； 3. 地下水状态：干燥或潮湿
4		环形开挖预留核心土法	1. 单线隧道Ⅳ、Ⅴ、Ⅵ级围岩； 2. 双线隧道Ⅲ、Ⅳ级围岩； 3. 地下水状态：有渗水或股水
5	钻爆法	双侧壁导坑法	1. 单线隧道Ⅴ、Ⅵ级围岩； 2. 双线隧道Ⅳ、Ⅴ级围岩； 3. 地下水状态：有渗水或股水
6		中洞法	双联拱隧道
7		中隔壁法（CD 法）	单、双线隧道Ⅴ级围岩，浅埋隧道，三线隧道
8		交叉中隔壁法（CRD 法）	双线、三线隧道Ⅴ、Ⅵ级围岩、浅埋隧道
9	掘进机法	敞开式掘进机	围岩自稳定性较好、以Ⅲ级及以上围岩为主的山岭隧道
10		护盾式掘进机	常用于混合地层
11	盾构法	土压平衡盾构机	1. 细颗粒地层； 2. 适应黏土、砂土、砂砾、卵石土、泥质粉砂岩夹砂岩、页岩； 3. 地层渗透系数小于 10^{-7} m/s
12		泥水平衡盾构机	1. 较粗颗粒地层； 2. 适应粉质黏土、粉细砂、中粗砂、卵石层、泥质粉砂岩夹砂岩、页岩； 3. 地层渗透系数大于 10^{-4} m/s

地质复杂及高风险隧道应制定施工技术方案和应急救援预案。

四、轨道工程

轨道工程主要施工方案见表 5 - 7。

表 5 - 7 轨道工程主要施工方案

序号	名称	内容
1	钢轨铺设	人工铺轨、机械铺轨
2	道岔铺设	原位组装预铺、机械分段铺设、换铺法
3	钢轨焊接	闪光接触焊、铝热焊、气压焊
4	应力放散	滚筒放散法、综合放散法
5	无缝线路铺轨	单枕连续铺设法、工具轨换铺法、长钢轨推送入槽泫

无缝线路相邻单元轨节间的锁定轨温差≤5℃，左右股轨节的锁定轨温差≤3℃，同一区间内单元轨节间的最高与最低锁定轨温差≤10℃。

五、大型站场改造工程

大型站场改造比选应符合下列规定：电务过渡方案可行；施工封锁及限行条件满足运营单位要求；减少过渡工程；均衡组织施工。

六、房屋工程

房屋工程包括地基处理、土方、钢筋、混凝土、钢结构、建筑装饰装修、屋面、给排水采暖、电气、通风、空调、电梯、模板、脚手架等工程。

房屋工程基坑支护及钢结构拼装施工方法及适用条件见表 5 - 8。

表 5 - 8 房屋工程基坑支护及钢结构拼装施工方法

序号	名称		适用条件
1	基坑支护	深层搅拌水泥土桩墙	水泥土围护墙宜用于基坑侧壁安全等级为二、三级者；地基土承载力不宜大于 150 kPa。不宜用于深基坑、不宜大于 6 m
2		钢板桩	用于周围环境要求不甚高，深不超过 8 m 的基坑
3		钻孔桩	多用于基坑侧壁安全等级为一、二、三级，坑深 7～15 m 的基坑工程，在土质较好地区已有 8～9 m 悬臂桩，在软土地区多加设内支撑（或拉锚），悬臂式结构不宜大于 5 m
4		挖孔桩	成孔是人工挖土，多为大直径桩，宜用于土质较好地区
5		地下连续墙	多用于 -12 m 以下的深基坑，侧壁安全等级为一、二、三级者，有抗渗要求的深基坑
6		加筋水泥土桩（SMW）法	具有抗渗和受力支护维护墙结构
7		土钉墙	基坑侧壁安全等级宜为二、三级的非软土场地；基坑深度不宜大于 12 m
8		逆作拱墙	宜用于基坑侧壁安全等级为三级者；淤泥和淤泥质土场地不宜应用；拱墙轴线的矢跨比不宜小于 1/8；基坑深度不宜大于 12 m

续表 5 - 8

序号	名称		适用条件
9	结构安装	高空拼装法	适用于高强螺栓连接、螺栓球节点连接、异型钢结构
10		整体安装法	适用于拼接质量不大或能较方便布置千斤顶的结构
11		高空滑移法	适用于具备安装滑动轨道的网架结构

七、通信工程

通信工程包括通信线路、通信设备安装和系统调试三部分。工期允许时，宜采用先线路后设备安装调试的方法。

八、信号工程

信号工程包括电缆线路敷设、信号设备安装和系统调试三部分。

九、接触网工程

接触网工程包括支柱、吊柱、底座与肩架及腕臂的安装，附加线、承力索与接触线架设，高速接触网精调等。

十、大型临时工程

简支箱梁预制场布置形式见表 5 - 9。

表 5 - 9　简支箱梁预制场布置形式

序号	方案名称	备注
1	轮轨式搬梁机场内搬梁	适用于预制场地质条件好，规模大、混凝土梁周转快、制梁速度要求快的梁场
2	轮胎式搬梁机场内搬梁	适用于预制场地质条件一般，规模大、混凝土梁周转快、制梁速度要求快的梁场
3	轮轨式提梁机场内移梁	适用于特长旱桥，或沿线建筑物密集难以实现临时征地的预制场
4	移动台车横移梁法移梁	适用于预制场地质条件好、预制场规模小、台座紧临线路呈"一"字形布置

施工用电主要方案见表 5 - 10。

表 5 - 10　施工用电主要方案

序号	方案名称	备注
1	永临结合	
2	地方电源与自发电	地方电源适用于规模大、周期长工程；自发电适用于规模小、周期短的工点，并作为利用地方电源的补充

续表 5 – 10

序号	方案名称	备注
3	局部贯通线与支线引入	
4	临时电力线路的等级	35 kV、10 kV、6 kV

《某铁路路基专项施工方案》(网址及二维码):

http：//www. worlduc. com/blog2012. aspx？ bid = 12244466

铁路桥涵工程施工方案示例(网址及二维码):

http：//www. worlduc. com/SpaceShow/Blog/More. aspx？ cid = 489304&sid = 2654310&uid = 177251

《隧道工程施工方案》(网址及二维码):

http：//www. worlduc. com/blog2012. aspx？ bid = 12247848

铁路轨道工程施工方案示例(网址及二维码):

http：//www. worlduc. com/SpaceShow/Blog/More. aspx？ cid = 489320&sid = 2654316&uid = 177251

任务 5.3　选择优化施工方案

一、选择施工方法

正确地选择施工方法是确定施工方案的关键。同一工程可能有几种施工方法,不同的施工方法将产生不同的经济效果。这就要求我们从工期、质量、安全成本等方面进行技术经济分析比较,选择出最佳的施工方法。择优施工方法的依据主要有以下几方面。

1. 工期要求

工期是确定施工方法的决定因素,首先应明确本工程的总工期和各分部分项工程的工期是属于紧迫、正常和充裕三种情况的哪一种，然后确定施工方法。

2. 工程特点

工程特点主要指工程项目的规模、构造、工艺要求、技术要求等方面。例如，低矮桥墩一般采用分节立模、分节灌注的施工方法，高耸桥墩可采用滑模或爬模施工法。

3. 施工组织条件

施工组织条件主要指地形、地质、气象、水文等自然条件；施工单位的技术水平和管理水平；所需设备、材料、资金等供应的可能性。例如桩基础施工中，如果因地形限制，无法安置钻孔机械设备时，可考虑采用人工挖孔的施工方法。

4. 标书、合同书的要求

标书、合同书的要求主要指招标书或合同条件中对施工方法的要求。例如既有铁路扩建二线工程，所采用的施工方法必须保证既有工程的安全和行车的安全。

5. 设计要求

设计要求主要指根据设计图纸的要求确定施工方法。例如隧道施工设计要求采用新奥法施工，那么在做施工准备时必须按新奥法施工要求做准备，以确保施工质量和安全，又能保证要求的工期。

6. 安全、质量的要求

所选择的施工方法必须确保工程质量和施工过程的安全。例如开挖深度在 5 m 以内的基坑，当土的湿度正常、构造均匀且无地下水时，可采用放坡开挖；基坑深度大于 5 m，土质紧密且地下水量较小时，应将坑壁坡度放缓或加作平台，确保挖土作业人员的安全；如果土质松散或土层中含水率较大，坑壁坡度不易保持时，应采用挡板支撑护壁、喷射混凝土护壁和混凝土围圈护壁等方法加固基坑坑壁，使其不易坍塌。

二、选择施工机械

施工机械对施工工艺、施工方法有直接的影响，施工机械化是现代化大生产的显著标志，对加快建设速度，提高工程质量，保证施工安全，节约工程成本起着至关重要的作用。选择施工机械应主要考虑下列问题。

1. 利用现有机械

在选用施工机械时，应尽量选用施工单位现有机械，减少资金的投入，充分发挥现有机械效率。若现有机械不能满足工程需要，则可考虑租赁或购买。

2. 符合施工条件

施工条件是指施工场地的地质、地形、工程量大小和施工进度等，特别是工程量和施工进度计划，是合理选择机械的重要依据。一般地，为了保证施工进度和提高经济效益，工程量大应采用大型机械；工程量小则应采用中、小型机械，但也不是绝对的。如一项大型土方工程，由于施工地区偏僻，道路、桥梁狭窄或载重量限制大型机械的通过，如果只是专门为了它的运输问题而修路、桥，显然是不经济的，因此应选用中型机械施工。

3. 种类和型号应尽可能少

为了便于现场施工机械的管理及减少转移，对于工程量大的工程应采用专用机械；对于工程量小而分散的工程，则应尽量采用多用途的施工机械。

4. 运行费合理，避免大机小用

施工机械的选择应以满足施工的需要为目的，但有的施工单位存在大机小用现象。例如土方量小的工程，使用大型的土方机械，施工速度固然快，但大型机械的台班费、进出场的运输费、便道的修筑费以及折旧费等固定费用相当庞大，运行费用过高，超过缩短工期所创造的价值。

5. 合理组合

选择施工机械时，要考虑到各种机械的合理组合，使施工机械发挥最大效率。合理组合一是指主导机械与辅助机械在台数和生产能力上的相互适应；二是指作业线上的各种机械互相配套的组合。

（1）主机与辅机的组合，一定要设法保证在主机充分发挥作用的前提下，考虑辅机的台数和生产能力。例如路基施工中，采用自卸汽车配合挖土机装运土方施工时，应综合考虑挖土机的斗容量、运土距离和自卸汽车的载重量，组合挖土机和自卸汽车。每台挖土机所配备的自卸汽车辆数，见表 5 – 11。

表 5 – 11　每台挖土机所配备的自卸汽车辆数

挖土机斗容量/m³	运距/km	自卸汽车载重量/t		
		3.5	6.5	10
0.5	0.5	4	3	/
	1.0	6	4	/
	1.5	7	6	4
	2.0	9	7	4
	4.0	15	9	5
0.75	0.5	5	4	/
	1.0	7	5	3
	1.5	9	7	4
	2.0	12	9	5
	4.0	18	12	7
1.0	0.5		5	3
	1.0		7	4
	1.5		10	6
	2.0		12	7
	4.0		15	10

（2）作业线上各种机械的配套组合。一种机械化施工作业线由几种机械联合作业组合成一条龙施工才能具备整体生产能力。如果其中的某种机械的生产能力不适应作业线上的其他机械，或机械可靠性不好，都会使整条作业线的机械发挥不了作用。如在站场工程中的混凝土拌合机、塔吊、吊斗的一条龙施工，就存在合理配套组合的问题。

6. 全局出发，统筹考虑

全局出发就是不仅考虑本项工程，而且考虑所承担的同一现场或附近现场其他工程的施工机械使用问题。此时，单从局部考虑选择的机械可能不合理，应从全局的角度出发进行考虑。例如几个工程需要的混凝土量大，而又相距不太远，采用混凝土拌合机比多台分散各工程的拌合机要经济得多。

任务5.4　相关案例

案例：××铁路××隧道2号斜井施工组织方案

（一）工程概况

××隧道正洞起讫里程 DK246＋400～DK248＋200，全长 1800 m，为双线隧道。斜井长度 725 m，斜井与正洞交汇里程 DK247＋300。

1. 地形地貌

隧道位于黄土高原区，地表高程一般为 1238～1489 m。自然坡度一般大于 45°，沟壑交织，沟谷多呈狭窄的 U 形、V 形，局部段滑坡较发育。隧道洞身最大埋深 207 m。

2. 气象及水文地质

隧道属半干旱大陆性气候，雨量集中，蒸发量远大于降雨量，温差变化大，多风。本隧道所在地区最冷月平均气温约 −12°，最大季节冻土深度 1.2 m。隧道洞身主要为基岩裂隙水，水量一般，雨季受地下水渗入影响，水量可能会增大。

3. 用电、用水

施工用电采用高压电力干线 T 接变压器及施工用电支线。洞口处设一台 800 kV·A 变压器，接线至施工现场，供施工生产用电。施工用水及生活用水采用打井，并对水质进行检验化验。

（二）本隧道设计情况

斜井采用直切式明洞门，洞口边仰坡采用 1∶1 刷坡，采用锚喷网防护，洞口浅埋段采用 25 m 的管棚，保证进洞施工安全。隧道采用台阶法开挖，全断面整体复合式衬砌结构。即以锚杆、钢筋网、喷射混凝土、钢拱架等为初期支护，使其与衬砌达到共同受力。

（三）主要工序的施工方案、方法

本隧道采用无轨运输、喷锚支护及湿喷技术，采用台阶开挖法施工，施工中加强对围岩及支护体系的监控测量及分析，及时调整支护参数；隧道开挖后仰拱、二衬紧跟，隧底先行施工，拱墙衬砌采用整体台车一次性立摸灌注，土石分界处设置变形缝。

隧道加强监控量测工作，开展超前地质预测预报和监控量测工作，通过对地质系统数据的处理、分析，及时调整施工方案。

1. 隧道进洞方案及施工方法

隧道位于浅埋偏压地段，主要为砂质黄土，滑坡堆积，进洞采用大管棚超前支护。结合地质情况，洞口施工尽量减少对周围地形的破坏，坚持强支护、后开挖短进尺、快封闭、勤量测。

2. 洞口施工方案及施工方法

（1）洞口防排水。

边、仰坡周围的排水沟、截水沟应在边、仰坡开挖前修建完成，为防止冲沟的地表水冲刷隧道边仰坡，在洞口边仰坡外缘设环形截水沟拦截地表水，截水沟开挖线距边仰坡边缘 5～10 m，沟底以地形顺坡。

（2）拉槽。

开挖前，先检查边、仰坡以上的山坡稳定情况，清除悬石、处理危石。开挖时要避免大面积开挖，使临空面过大，造成边坡滑塌。开挖前，先进行测量放样，放出护桩，做好标高控制点，准确定出洞门位置，画出洞门边坡轮廓线，洞开挖采用先沿线路留斜坡开挖至洞口。采取挖掘机分层开挖法，拉成台阶形式，上台阶高为 5～6 m，坡度比为 1:0.15，下台阶高为 4～5 m，坡度比为 1:1（见图 5-1 隧道洞口开挖示意图）。

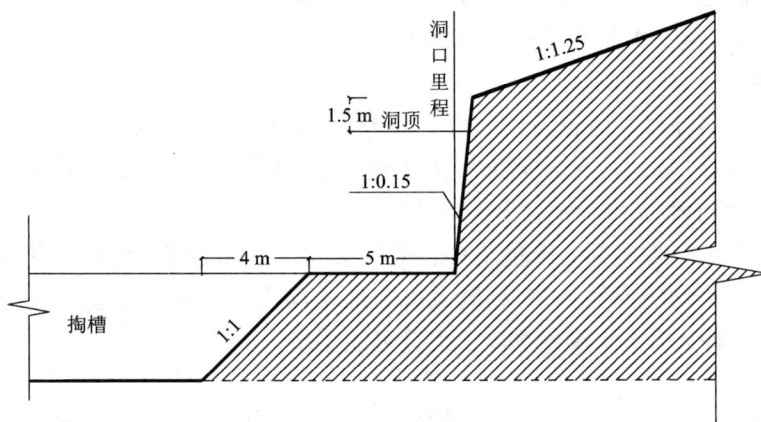

图 5-1　隧道洞口开挖示意图

（3）边仰坡刷坡。

刷坡前先进行测量放样，放出护桩、开挖边线、开挖深度；洞口段侧坡及仰坡均应避免大挖大刷（边坡分两次刷坡），挖掘机分层开挖，维护好原有的生态地貌。

（4）边仰坡支护。

开挖边仰坡并及时进行防护，采用锚喷网支护。锚喷网防护应自上而下，采用 $L=4.0$ m 的 φ22 砂浆锚杆，间距 150 cm×150 cm 呈梅花形垂直打入坡面，及时施做 250 mm×250 mm 的 φ8 钢筋网片，喷射 15 cm 厚 C25 混凝土进行坡面加固，施工时应特别注意坡顶喷混凝土防护层与原坡面的衔接。

（5）施做导向墙。

隧道洞口均处于浅埋偏压地段、地质条件差，导向墙采用 C20 混凝土，截面尺寸为 1 m×1 m。为保证长管棚施工精度，导向墙内设 2 榀 I18 工字钢架，钢架外缘设 φ140 壁厚 6 mm 导向钢管，钢管与钢架焊接。

（6）洞口大管棚施工程序与工艺流程（略）。

3. 洞身开挖支护方案及施工方法

围岩段设计采用台阶法开挖施工，台阶法施工工艺流程如图 5 – 2 所示。

采用台阶法开挖，在每一开挖循环中，利用人工配合挖掘机开挖；出碴用 ZL50C 装载机装碴，自卸汽车运输至弃碴场；锚杆台车进行锚杆安装、钢筋网挂设和喷混凝土施工，喷混凝土采用湿喷技术。

4. 小导管施工方法及工艺

（1）小导管施工方法。

开挖前沿拱部开挖轮廓线外 10 cm 施作。超前小导管外插角为 5° ~ 10°，其纵向搭接长度不小于 1.0 m，采用 YT – 28 型风枪（佩带 φ50 mm 大钻头）钻孔，人工将小导管打入孔内，尾部与钢架焊接固定，注浆泵进行注浆作业。

（2）超前小导管的施工工艺。

钻孔、插小导管：导管孔钻打前，进行孔位测量放样，孔位测量做到位置准确，钻孔要按放样进行，并设方向架控制钻孔方位，使孔位外插角度符合设计要求。钻孔完成后，要用高压风、水清洗，吹冲干净孔内砂尘及积水，所有钻孔完成均要进行检验。

注浆：采取跳孔施工或对串浆孔同时注浆。注浆前先喷混凝土封闭掌子面以防漏浆，对于强行打入的钢管先冲洗管内的积物，然后再注浆。注浆先进行压水实验，注浆顺序由下向上进行，浆液用拌合机搅拌。采用水泥砂浆，其水灰比 1∶1，注浆压力为 1.0 ~ 2.0 MPa。施工中根据现场试验确定合理的注浆参数。

5. 锚杆施工方法及工艺

先进行孔位测量放样，孔位测量做到位置准确，采用锚杆台车或人工手持风枪按放样进行钻孔，标志杆做控制钻孔方位，使孔位角度符合设计要求，钻孔完毕打入锚杆后，随即在钻杆尾部安设垫板，上紧螺帽，然后连接注浆管，再用高压注浆设备注浆，注浆顺序自两侧起拱线向拱顶逐根进行。锚杆孔采用倒退式注浆，人工打入锚杆。

6. 钢筋网施工方法及工艺

（1）钢筋网施工方法。

针对开挖断面的形状，确定场外制作网片，网片与岩壁紧贴安装，预留保护层厚度。挂网利用简易台架进行。

（2）钢筋网施工工艺。

①钢筋网施工工艺框见图 5 – 3。

②钢筋网安装工艺说明

钢筋网材料采用 φ8、φ6 钢筋，网格间距为 20 cm。铺设钢筋网按照以下要求执行：

钢筋网在初喷混凝土 4 cm 以后铺挂，使其与喷混凝土形成一体；采用单层钢筋网时，钢筋网环向、纵向搭接长度不小于 20 cm。

钢筋网应与锚杆或型钢钢架连接牢固；开始喷射时，应减小喷头至受喷面的距离，并调

图 5 – 2 所示工艺框图：

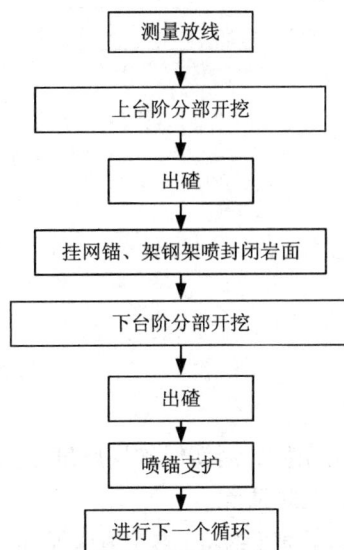

图 5 – 2 隧道台阶法开挖工艺框图

```
            ┌──────────────┐
            │  围岩表面清理  │
            └──────┬───────┘
                   │
┌──────────┐       ▼
│  埋量测点  │───▶┌──────────────┐
└──────────┘     │  素喷混凝土封闭  │
                 └──────┬───────┘
                        │
                        ▼
                 ┌──────────────┐      ┌──────────┐
                 │   锚杆安装    │      │  钢筋加工  │
                 └──────┬───────┘      └────┬─────┘
                        │                   │
                        ▼                   │
                 ┌──────────────┐◀──────────┘
                 │   挂钢筋网    │
                 └──────┬───────┘
┌──────────┐            │
│  钢架安装  │────────────▶
└──────────┘            ▼
            ┌──────────────────────┐
            │  复喷至设计厚度埋量测点  │
            └──────────────────────┘
```

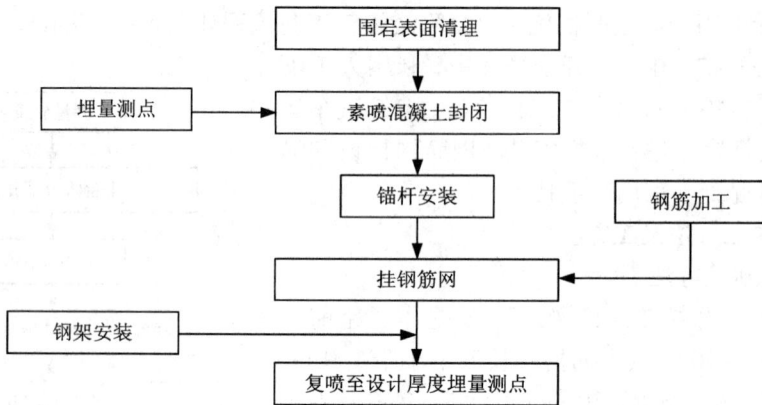

图 5 - 3　钢筋网安装工艺框图

整喷射角度,钢筋保护层厚度不得小于 2 cm;喷射中如有脱落的石块或混凝土块被钢筋卡住时,应及时清除。

7. 格栅(钢架)施工方法及工艺

(1)钢架施工方法。

安装前应清除各节钢架底脚下的虚碴及杂物,为增强钢架的整体稳定性,将钢架与定位锚杆焊接在一起,沿钢架设纵向连接钢筋,钢架背后用喷混凝土填充密实。架立钢架后应尽快进行喷混凝土作业,并将钢架全部覆盖,确保喷射混凝土覆盖钢架厚度在 3 cm 以上,以使钢架与喷混凝土共同受力。

(2)钢架施工工艺。

①钢架施工工艺框见图 5 - 4。

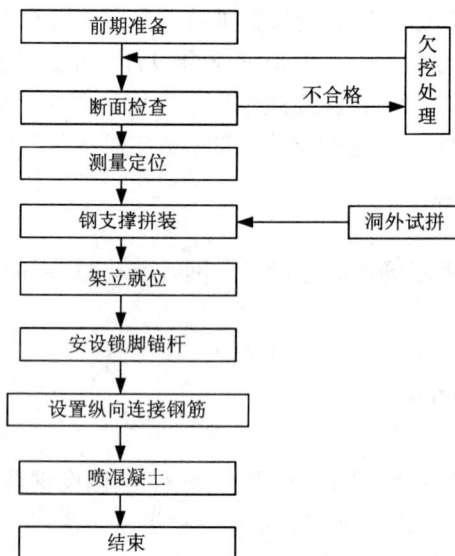

```
            ┌──────────┐
            │  前期准备  │                 ┌────┐
            └────┬─────┘                 │ 欠 │
                 │◀───────────────────── │ 挖 │
                 ▼                        │ 处 │
            ┌──────────┐      不合格      │ 理 │
            │  断面检查  │ ───────────────▶└────┘
            └────┬─────┘
                 ▼
            ┌──────────┐
            │  测量定位  │
            └────┬─────┘
                 ▼
            ┌──────────┐      ┌──────────┐
            │  钢支撑拼装 │◀────│  洞外试拼  │
            └────┬─────┘      └──────────┘
                 ▼
            ┌──────────┐
            │  架立就位  │
            └────┬─────┘
                 ▼
            ┌──────────┐
            │  安设锁脚锚杆 │
            └────┬─────┘
                 ▼
            ┌──────────────┐
            │  设置纵向连接钢筋 │
            └────┬─────────┘
                 ▼
            ┌──────────┐
            │  喷混凝土  │
            └────┬─────┘
                 ▼
            ┌──────────┐
            │   结束    │
            └──────────┘
```

图 5 - 4　钢架施工工艺框图

②施工工艺说明：钢架在洞外按设计加工短构件，在洞内用螺栓连接成整体。开挖后在洞内进行安装，与定位锚杆焊接。钢架间设纵向连接筋，钢支撑必须安放在牢固的基础上，架立时垂直隧道中线，当钢架和围岩之间间隙过大时设置垫块。

③钢架制作：钢架在洞外按1∶1比例放样加工，按设计图冷弯成形，焊接完成后，先试拼再运进洞内安装。

④钢架安装：安装前先准确定出每榀钢架的位置，钢架安设前先喷不小于4 cm的射混凝土，钢架必须置于原状岩石上，在软弱地段，可采用拱脚垫钢板，避免拱脚下沉。钢架安装完成后，应和锁脚锚杆或与之相接触的锚杆头焊接，使之成为整体结构。

⑤喷射混凝土：钢支撑架立后随即喷射混凝土，先将钢支撑与围岩间空隙喷满，然后将钢支撑全部覆盖，使钢支撑与喷射混凝土连成整体共同受力。

由钢架施工质量要求：钢架应架设在与隧道轴线垂直的平面内，钢架安设正确后，纵向连接牢固，并与锚杆焊接成一整体。

8. 隧道出碴运输方案

隧道掌子面采用挖掘机配合风枪进行钻孔。

隧道洞内采用无轨运输，装载机配合自卸式运输车出碴，同时配备挖掘机一台，配合装载机出碴。运输车配备6台，供出碴、材料运送。

9. 隧道衬砌施工方案

隧道开挖后仰拱和二次衬砌紧跟。仰拱距掌子面距离Ⅳ级围岩不大于50 m、Ⅴ级围岩不大于40 m；二次衬砌Ⅳ、Ⅴ级围岩不大于90 m。

（1）仰拱及铺底。

仰拱混凝土应及早施工，尽快与初期支护结构形成环状的封闭结构。仰拱应整幅模注，仰拱与仰拱填充一次性浇注。为不影响洞内交通运输，仰拱混凝土施工采用防干扰栈桥平台作业。

（2）拱墙衬砌。

拱墙二次衬砌采用液压衬砌台车衬砌，混凝土输送泵泵送入模内，一次性浇注。

（3）隧道洞身防排水施工方案。

隧道防排水遵循"防、排、截、堵结合，因地制宜，综合治理"的原则，采取切实可靠的措施，达到防水可靠、排水畅通、经济合理的目的。

10. 水沟及电缆槽施工

沟槽施工在二衬混凝土完成后进行。为使新旧混凝土结合密贴，对旧混凝土界面进行凿毛处理。水沟电缆槽采用槽钢和角钢制作支架，模板采用定型钢模。捣固采用插入式振动器。施工时注意模板安装顺直、尺寸正确、支承牢固、捣固密实。拆模后及时洒水养护并防止损坏，盖板安装平稳。

通信信号过轨钢管在施工时提前预埋，按要求施工。

11. 不良地质和特殊地段施工

隧道不良地质主要包括滑坡、断层等，施工时注意施工安全和施工质量。

（1）不良地质地段施工应做好预测、预报工作，坚持预防为主的原则，在确保安全的前提下，制定切实可行的施工方案并做出专门的施工设计。

（2）不良地质地段的隧道施工应采取短进尺、强支护、早衬砌的原则，稳步前进。

(3)在施工过程中经常观察岩层和地下水的变化情况,检查支护、衬砌的受力状态,防止突发事故发生。如有险情,即刻分析情况,迅速采取措施进行处理。

12. 地质超前预报

(1)隧道洞口附近山前缓坡带,浅埋段落较长,隧道洞身地层主要为泥岩夹砂岩,具弱膨胀性,施工中应进行超前地质预报,主动获取地质信息,正确选择开挖方法、注浆参数及可靠的支护措施并严格实施,并将其纳入正常施工工序,为设计施工提供依据,以便确定相应的处理措施,确保安全。

(2)监控量测。

隧道量测断面间距根据围岩级别、隧道断面尺寸及埋置深度等确定,Ⅴ级围岩量测断面间距为 5～10 m,Ⅳ级围岩量测断面间距为 10～30 m,开挖时刻注意围岩监控量测,准确掌握围岩状况,确保施工安全。针对本隧道的特点,在施工全过程中,建立地质超前地质预报体系,并将其纳入施工工序,施工中采用多种预报方法相结合的综合预报方法,即以工程地质法(图析法及地质素描法)进行超前宏观预报;以 TSP203 超前地质预报系统进行长距离(不小于 100 m)预报;地质雷达、地质素描进一步补充和验证,加强常规地质综合分析,多管齐下,力争把地质灾害的概率降为最低。

(四)案例讨论

(1)讨论绘制本隧道台阶法开挖的施工示意图。

(2)讨论绘制洞口大管棚施工工艺流程图。

思考与练习

1. 编制施工方案应遵循哪些原则?

2. 施工方案包括哪些内容?

3. 确定施工方法有哪些依据?

4. 如何选择施工机械?

项目 **6**

配置生产资源与布置施工平面

拟实现的教学目标

1. 能力目标

通过本项目的学习，学生能够对大型机械、物资材料及人力资源进行合理调配并编制相关的需要量计划表；能够对施工现场进行合理的平面规划和布置。

2. 知识目标

掌握主要资源配置应遵循的原则、具体内容；掌握施工平面图的分类、设计原则和内容。

3. 素质目标

培养学生分析问题、解决问题的工作能力；培养学生的组织协调能力。

任务6.1　配置生产资源

资源配置应与施工方案相匹配，按照拟订的施工方案和进度安排，计算劳动力、主要材料、关键施工机械的数量及分阶段消耗量，确定分阶段的进料时间、存储数量及供应数量。

施工资源的合理配置是保证项目施工按计划高效有序进行的关键，主要包括劳动力调配、材料供应、设备投入等三大方面。施工单位应根据施工组织设计和各阶段、各单项工程施工方案，及时编制、调整资源配置计划并按照计划要求精心组织，合理安排，适时调配各项施工资源的投入；在施工生产过程中，可根据实际需要对资源配置进行必要的调整，以确保工程施工的顺利实施。

主要配置方案包括主要材料设备采购供应方案、分年度主要材料采购计划、关键施工装备的数量及进场计划、劳动力计划、投资计划等，特别是钢轨、道岔、道砟、轨枕等材料供应方案。

一、生产资源配置应遵循的原则

（1）大型机械配置应按照经济、高效的原则进行配套组合。运架设备、铺轨与大型养路设备、掘进机、盾构机等大型机械的配置应考虑以下几点：

①机械设备的进场时间要满足项目节点工期安排要求。

②机械设备的选用顺序依次为自有设备、租用设备、购置设备。

③机械设备的组合应进行效率与费用的综合技术经济比较。

（2）物资材料的配备在满足生产需求的条件下应尽可能降低成本。按照甲供、甲控、自购材料的规格、数量、供应时间节点要求，制定相应的物资、设备招标采购计划。对于钢轨、道岔等特殊物资，应提供较准确的供应计划，如有变化应提前通知生产厂家及时调整，确保按时供货。

（3）人力资源的配置应按照工程规模、进度安排、专业类别等要求，以及"专业化、合理跨度、责权利相结合"的原则，编制人力资源需求和使用计划。在满足施工任务与成本管理的基础上，按照"架子队"模式进行组建和管理，实现人力资源的精干高效。

二、劳动力配置

1. 劳动力计算

劳动力数量，是计算出工人数，安排施工进度，估算临时房屋，计算工费、工资差及调遣费的依据。劳动力可分为基本工程劳动力、附属辅助及间接用工。

基本工程劳动力是指直接从事基本工程的建筑安装所亟须的劳动力，简称建安工人，是根据工程数量及定额计算而得。

附属辅助劳动力是指材料运输工人，现场施工备料、预制成品、修理工具等工人，占建安工人的 20% ~ 30%。

间接用工是指生产工人从事一些非生产性质的工作，占建安工人的 2% ~ 5%。

人力施工劳动力的需要量可按下式计算

$$p = \frac{W \cdot q}{T_z} \tag{6-1}$$

式中：W——人工施工的工程数量；

q——人力施工劳动定额；

T_z——日历施工期内的工作天数。它等于日历天数 T_c 乘以工作日系数 0.71 [除去星期日和国家法定假日，即 $(365 - 104 - 7)/(12 \times 30) = 0.71$]，再乘以气候影响系数 K，即：$T_z = T_c \times 0.71K$。

2. 劳动力需要量计划

劳动力需要量计划是安排劳动力、调配和衡量劳动力消耗指标、规划生活福利设施的依据。先将各单位工程施工过程所需要的主要工种劳动力，根据施工进度的安排进行叠加，编制出主要工种劳动力需要量计划，并求出综合劳动力需要量，其格式如表 6-1 所示；再将对各单位工程所需的主要工种劳动力汇总，就可得出整个施工项目劳动力汇总表，进而可以求出综合劳动力需要量，其格式如表 6-2 所示。

表 6-1　主要工种劳动力需要量计划表

序号	工种名称	总劳动量/工日	每月需要量/工日											
			1	2	3	4	5	6	7	8	9	10	11	12
	木工														
	架子工														
	模板工														

续表 6 - 1

序号	工种名称	总劳动量/工日	每月需要量/工日											
			1	2	3	4	5	6	7	8	9	10	11	12
	……													
	综合													

表 6 - 2 施工项目劳动力汇总表

序号	工种名称	劳动量/工日	全场性工程						生活用房		仓库、加工厂等临时建筑	用工时间 2016年						
			主厂房	辅助车间	道路	铁路	给水排水管道	电气工程	永久性住宅	临时性住宅		6月	7月	8月	9月	10月	11月	12月
	木工																	
	架子工																	
	模板工																	
	…																	
	综合																	

例如，某施工单位为保证某工程项目按进度计划正常施工，配备了足够的劳动力，劳动力需要量计划见表 6 - 3。

表 6 - 3 某工程的劳动力需要量计划表

工种人数		管理服务人员	机械工	防渗钻灌工	修理工	其他	合计	
							人数	人工工日数
2016年	3季度	40	60	0	6	16	122	10980
	4季度	110	215	199	20	120	535	59760
2017年	1季度	110	215	199	20	120	535	59760
	2季度	85	90	0	8	75	258	23220
	3季度							
	4季度							
总计								153720

三、施工机械配置

1. 主要施工机械数量的计算

主要施工机械数量，按工程数量和定额计算其台班需要量，根据施工顺序、施工进度、工期及各工点相互调配使用等情况确定配备数量。

（1）台班需要量：

$$M = W_j \cdot q_j \tag{6-2}$$

式中：M——机械台班需要量；

W_j——机械作业工程数量；

q_j——机械台班时间定额。

（2）机械需要量：

$$N = \frac{\sum M}{T_z \cdot \alpha} \tag{6-3}$$

式中：N——机械配备量；

T_z——日历施工期内的工作天数；

α——每天工作班数。

按照计算所需的机械数量，应再增加 10% ~ 15% 的备用量。

2. 施工机械需要量计划

施工机械需要量计划主要用于确定施工机具类型、数量、进场时间，据此落实施工机具来源，组织进场。编制方法：按照施工部署、主要建筑物施工方案的要求，参照工程量和机械台班产量定额即可得到主要机械需要量；然后根据施工进度计划的规定，确定各施工过程的机械进出场时间，具体排定施工机具的计划，其格式如表 6-4 所示。

表 6-4 施工机械需要量计划表

序号	机械名称	型号	生产效率	数量	需要量计划														
					2016 年								2017 年						
					5月	6月	7月	8月	9月	10月	11月	12月	1月	2月	3月	4月	5月	6月	7月

四、主要材料的配置

1. 主要材料（包括成品、半成品、构配件）的计算

（1）根据各类工程的工程量（包括正式工程及大型临时设施和过渡工程），按相应定额或综合指标计算。

（2）工地临时设置的成品厂，所预制的成品、半成品，按成品量及定额计算原材料数量，并注明预制品的品名、数量。对采购的成品、半成品，则只计算安装所需材料数量。

（3）利用本建设项目拆除或开挖出来的材料，要另行列表，并注明来源及可供使用的数量。

2. 主要材料及构配件需要量计划

主要材料及构配件需要量计划主要为组织备料、供料和确定仓库、堆场面积及组织运输工作提供依据。编制方法：通过汇总工程预算中各施工过程的材料构配件名称、规格、数量，结合施工进度计划中安排的时间，确定需要量计划，其格式如表 6-5 所示。

表 6-5 施工项目主要材料及构配件需要量计划表

序号	类别	材料名称	单位	全场性工程						生活设施		其他临时建筑	需要量计划							
				主厂房	辅助车间	道路	铁路	给水排水管道	电气工程	永久性住宅	临时性住宅		2016 年							
													5月	6月	7月	8月	9月	10月	11月	12月
1	构件类	预制桩 预制梁 四孔板 …																		
2	主要材料	钢筋 水泥砖 石灰 …																		
3	半成品类	砂浆 混凝土 木门窗 …																		

例如，某工程的主要材料和水、电需用量计划表见表 6-6。

表 6-6 某工程的主要材料和水、电需用量计划表

名称	规格	计量单位	数量						备注
			总量	2016 年 3 季度	2016 年 4 季度	2017 年 1 季度	2017 年 2 季度	2017 年 3 季度	
钢筋		t	365		160	200	5		
钢材		t	20		15	5			
水泥	P. O32.5	t	3400		200	3000	200		
水泥	P. O42.5	t	900		50	750	100		
大石	40～80 mm	t	2700			2200	500		
中石	20～40 mm	t	3600			3000	600		
小石	5～20 mm	t	5800			6000	2500		
砂		t	8200		300	7000	900		

续表 6 – 6

名称	规格	计量单位	数量						备注
			总量	2016 年 3 季度	2016 年 4 季度	2017 年 1 季度	2017 年 2 季度	2017 年 3 季度	
电		kW · h	22 万	15 万	75 万	90 万	40 万		
水		m³	60000		200	59600	200		
炸药		t	6.5		2	4	0.5		
木材		m³	185		20	130	30		
汽油	93 号	t	50	5	20	20	5		
柴油	0 号	t	1200	50	400	500	250		
复合 土工模		m²	21000				2100		

任务 6.2　布置施工平面

施工平面布置示意图,是施工组织设计的又一主要内容。施工平面布置示意图是将线路通过地区或工点附近范围内的施工现场情况及研究确定的主要施工布置反映在图纸上,便于了解线路地区内的工程分布、材料产地、交通运输条件,拟建便道、便线、施工驻地、临时房屋,厂矿企业位置以及供水、供电方案,施工区段及行政区划分等情况,为运输方案的比选、编制材料供应计划提供资料,便于领导和施工技术管理人员有效地安排和指导施工。

一、施工平面图的概念及分类

1. 施工平面图的概念

施工平面图是建设项目在施工阶段其建设区域平面布置的一种简明图式,用以表示在建的建筑物(构筑物)或现有的建筑物(构筑物)以及为施工服务的临时生产、行政和生活用房、机械设备、塔吊轨道、室内和露天仓库、道路(铁路)、给排水管线、电力和热力网及其他管线的相对平面位置。

2. 施工平面图的分类

根据施工范围的大小,施工平面图分为施工总平面图和单位工程施工平面图。

(1)施工总平面图是以整个工程项目或一个合同标段为对象的平面布置图,是全工地的施工部署在空间上的反映。它按照施工方案和施工进度的要求,对施工现场的道路交通、材料仓库、附属企业、临时房屋、临时水电管线等做出合理的规划布置,以便正确处理施工期间所需各项临时设施和永久建筑、拟建工程之间的空间关系。

(2)单位工程施工平面图是针对单位工程施工而进行的施工场地平面图布置,是单位工程施工组织设计的重要组成部分。

二、施工平面布置的原则

施工平面布置应在充分调查工程所在地自然环境、地质状况、社会风俗、既有房屋利用等的基础上，根据工程规模、特点和施工组织等要求确定。

1. 施工平面布置的原则

（1）遵循临永结合的原则，统筹规划，尽可能减少临时用地，降低现场临建费用。

（2）采取动态管理，根据施工不同阶段及场地条件对所设办公、生活用房进行合理取舍。

（3）保证各项施工活动互不干扰，并充分考虑项目水、电、路的综合安排，满足安全、环保、消防、防爆等要求。

（4）大型临时设施应符合现行铁路大型临时工程设计有关标准的规定。

2. 施工总平面图的设计原则

施工总平面图上除绘有各种永久建筑物和构筑物（包括已建的和拟建的）外，还需绘有施工阶段所需设置的各项临时设施。按照施工部署、施工方案和施工总进度计划，将各项生产、生活设施（包括房屋建筑、临时加工预制场、材料仓库和堆场、给排水系统、电网、通信线路、动力管线和临时运输道路等）在现场平面上进行周密规划和布置。

施工总平面图设计的原则如下：

（1）尽量减少施工用地，充分利用山地、荒地，重复使用空地，使平面布置紧凑合理。

（2）合理组织运输，尽量降低运输成本，保证运输方便、通畅。合理布置仓库、附属生产企业和运输道路，使仓库和附属生产企业尽量靠近施工现场中心，选择正确的运输方式运输，减少二次搬运。

（3）尽量降低临时设施的修建费用，充分利用各种永久性建筑物（构筑物）和原有设施为施工服务。

（4）施工区域的划分和场地的确定应符合施工流程要求，尽量减少专业工种和各工程之间的干扰。

（5）各种生产生活设施应便于工人的生产和生活。合理布置生活福利方面的临时设施，居住区与施工区的距离要适宜。

（6）满足安全防火、劳动保护的要求。合理布置易燃物仓库的位置，设置必要的消防设施。为保证生产上的安全，在规划道路时尽量避免交叉。

（7）在改、扩建工程施工时，应做到企业生产和工程施工互不干扰。

3. 单位工程施工平面图的设计原则

单位工程施工平面图的绘制比例一般比施工总平面图的比例大，内容更具体、详细。如果工程建设项目由多个单位工程组成，则单位工程施工平面图为全工地性施工总平面图的一部分，应受到施工总平面图的约束和限制。单位工程施工平面图的设计原则与施工总平面图的设计原则基本一致，可归纳为以下四个方面：

（1）在确保安全施工以及施工进度计划顺利进行的条件下，平面图要布置紧凑，以少占或不占耕地为原则。

（2）最大限度缩短场地内部运输距离，尽可能避免二次搬运。大宗材料和构件应就近堆放；在满足连续施工的条件下，各种材料应按计划分批进场，以充分利用场地。

（3）在满足施工需要的情况下，尽量减少临时设施的搭设，尽可能利用已有或拟建的房屋和各种管线。

（4）各项布置内容要符合劳动保护、技术安全及防火、防洪、环保、市容等国家相关法律法规要求。对于易燃、易爆、有毒设施要注意布置在下风向，保持安全距离；对于电缆等架设要有一定高度；注意布置消防设施。

三、施工平面布置图的内容

（1）线路平面缩图及主要村镇、河流位置、省界（新建铁路）、铁路局界（改建铁路）。

（2）重点桥隧等工程的位置及其中心里程、长度、孔跨，以及重点取（弃）土场的位置。

（3）车站位置及其中心里程。

（4）砂、石、道砟场的位置和储量，砖瓦、石灰厂、粉煤灰产地等的位置（包括既有的和新建的）。

（5）大型临时设施的位置。

（6）既有道路和拟建或改建汽车运输便道的位置。

（7）改建铁路，应注明设计线与既有线的关系。

（8）图例、附注。

四、施工总平面图的设计步骤

（1）引入场外交通道路。

（2）布置仓库。

（3）布置加工厂和混凝土搅拌站。

（4）布置内部运输道路。

（5）布置临时房屋。

（6）布置临时水电管网和其他动力设施。

（7）绘制施工总平面图。

（8）检查审核。

《某铁路工程施工平面布置图示例》（网址及二维码）：

http：//www.worlduc.com/blog2012.aspx？bid=12248316

铁路工程施工总平面布置图练习（网址及二维码）：

http：//www.worlduc.com/SpaceShow/Blog/More.aspx？cid=489323&sid=2654316&uid=177251

任务6.3 相关案例1

案例：新建××铁路工程资源配置计划

1.工程概况及主要工程数量

（1）地理位置。

漫泉河特大桥位于陕西省渭南市荆姚镇，桥从兰家窑和河里王家之间穿过。

（2）水文资料。

桥址范围内为原漫泉河河道，但早已干枯，无水，河道均已被当地居民开采成耕田使用，无地表水，地下水对混凝土无腐蚀性。

（3）立交情况。

桥跨几条乡村小路及乡村公路，可以作为施工便道，不影响正常施工。

（4）地形地貌。

桥址范围内地形地貌主要为河流冲积阶地，中央原河道段较低凹，部分地段建有少量的窑洞、房屋建筑，其余大多数为耕田。

（5）地质情况。

地质覆盖层主要为黏质黄土及黏土（古土壤）。

（6）孔跨布置。

漫泉河特大桥桥梁全长 868.9 m，中心里程 DK732 + 177.7。孔跨布置为：2（26 孔 32 m）简支箱梁。

（7）墩台及基础。

本桥桥台均为双线 T 台，桥墩采用双线圆端形实体墩和空心墩，其中 10#、11# 为空心墩，其余为端形实体墩。全桥墩台位基础均为桩基础，桩径为 1.25 m。

（8）全桥主要工程量和主要材料用量，见表 6 - 7。

表 6 - 7 主要工程数量表

序号	项目		单位	数量	备注
1	桩基 φ1.25 m		根/m	184/8980	
2	承台 C35 混凝土		m³	4624	
3	墩台身 C35 钢筋混凝土		m³	6083.3	
4	桥面工程		延米	868.9	
5	附属工程	浆砌片石	m³	914.2	
		锥坡回填土	m³	2040	

2. 施工人员及施工机械配置计划

项目部为了保证工期和施工质量，下设 3 个工区，每个工区设前线指挥部，漫泉河特大桥属于二工区管辖，由一个副经理牵头，下面有技术人员、安质人员、试验人员、测量人员若干。根据该特大桥特点及相应的工程数量，施工队伍计划进场 1 个桩基施工队负责该桥的所有桩基施工，1 个桥梁施工队负责本桥的承台、墩身施工，计划桩基队上场 80 人，桥梁队上场人员 80 人。计划上场 5 台钻机，3 套承台钢模板，3 套墩身钢模板，若干小型钢模板，如表 6 - 8 和表 6 - 9 所示。

表6－8 人员配置一览表

序号	施工队伍	人数	负责施工区段	备注
1	桥梁施工三队	80	承台、桥墩施工	
2	2#混凝土拌合站	20	漫泉河特大桥所有混凝土生产	
3	桩基施工三队	80	所有桩基施工	

表6－9 主要机械及设备配置一览表

序号	设备名称	单位	数量	功率及型号	备注
1	钻机	台	5		
2	混凝土输送泵	台	2		
3	混凝土输送车	辆	4		
4	混凝土搅拌机	台	1	75 m³/h	
5	吊车	台	2	20 t	
6	变压器	台	1	400 kV·A	拌合站
7	发电机	台	1	200 kW	
8	电焊机	台	10 台		
9	钢筋切割机	台	2 台		
10	长平板车	辆	2		运钢筋笼
11	空压机	台	4		
12	风镐	个	8		
13	承台模板	套	3		
14	墩身模板	套	3		

任务6.4 相关案例2

案例：××新建铁路施工总平面布置

1. 施工总体平面布置原则

根据工程特点和总体安排，结合施工条件，统一进行施工总平面布置，具体遵循的原则如下。

（1）方便施工、有利管理的原则。

本着因地制宜、永临结合、方便施工、有利管理和缩短场内倒运距离来统一规划临时设施。

（2）确保环保和文明施工的原则。

按照布局合理、紧凑有序、安全生产、文明施工的要求布置，满足环保和创建标准文明工地的要求。

（3）珍惜土地、保护耕地的原则。

便道尽量在工程用地界内且不影响工程施工，临时工程尽量少占或不占农田，必须占用农田的临时工程，待工程结束后进行复垦还田。

（4）避免交叉干扰的原则。

根据施工方案规划临时设施，避免与正式工程之间的干扰和交叉，合理安排各区域的施工顺序，确保施工安全、工程质量和施工进度。

2. 施工总体平面布置

施工总体平面布置图是重要的工程图纸，如图6－1所示。

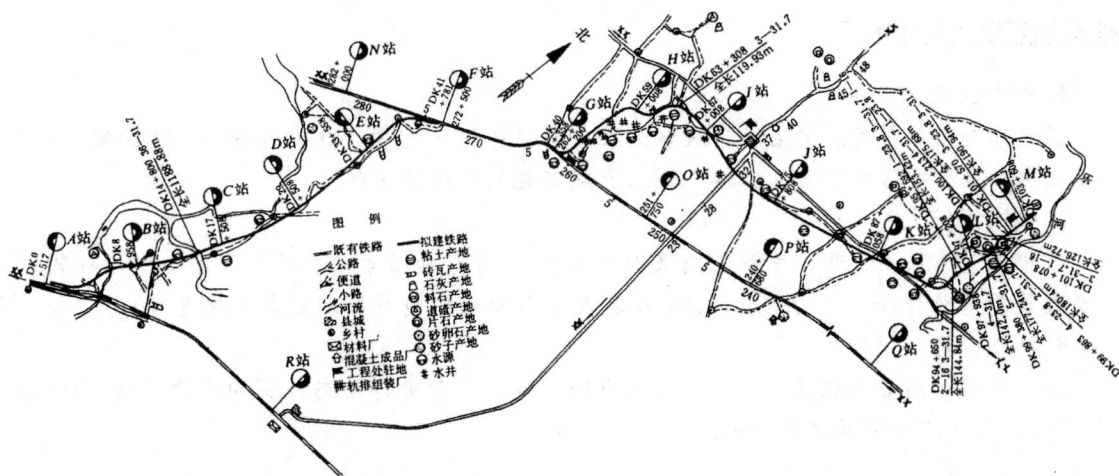

图6－1　施工总体平面布置图

由本案例可知，施工平面布置是工程施工组织设计的一项重要环节，如果施工平面布置得科学合理，那么施工现场就会井然有序，施工进度进展顺利；反之则会导致施工现场混乱，直接影响施工进度，增加工程成本，有时甚至会造成安全隐患。所以必须重视工程施工平面布置。

3. 案例讨论

在施工平面布置图中通常设计哪些内容？

――――――――――――――――――――　**思考与练习**　――――――――――――――――――――

1. 施工过程中对主要资源配置应遵循哪些原则？

2. 如何编制劳动力需要量计划表？

3. 如何编制施工机械需要量计划表？

4. 如何编制主要材料及构配件需要量计划表？

5. 施工平面图分为哪几类？

6. 施工平面布置图包括哪几项内容？

项目 **7**

铁路工程项目施工质量管理

拟实现的教学目标

1. 能力目标

通过本项目的学习，学生能对铁路工程质量数据做出客观、准确地分析，能制定有效的质量措施，能对铁路工程项目的各个施工阶段实施动态质量控制。

2. 知识目标

掌握质量、质量管理相关概念以及对工程质量的影响因素；掌握排列图、因果分析图、对策表等质量统计和分析的基本方法；掌握施工各阶段的质量控制要点及改进措施。

3. 素质目标

培养学生对质量数据的分析、处理能力和对施工质量进行动态控制的能力，逐步养成周到、细致、求真、务实的工作作风。

任务 7.1　认知铁路工程项目质量管理

一、基本概念

1. 质量的定义

2008 年发布的《质量管理体系·基础和术语》GB/T 19000—2008 对质量的定义是："一组固有特性满足要求的程度"。上述定义可以从以下几方面去理解。

（1）质量不仅指产品质量，也可以是某项活动或过程的工作质量，还可以是管理体系运行的质量。质量是由一组固有特性组成的，这些固有特性是指满足顾客和其他相关方的要求的特性，并由其满足要求的程度加以表征。

（2）特性是指区分的特征。特性可以是固有的或赋予的，可以是定性的或定量的。质量特性是固有的特性，并通过产品、过程或体系设计和开发及其后的实现过程形成的属性。

（3）满足要求就是应满足明示的（如合同、规范、标准、技术、文件、图纸中明确规定的）、通常隐含的（如组织的惯例、一般习惯）或必须履行的（如法律、法规、行业规则）需要和期望。与要求相比较，满足要求的程度反映为质量的好坏。对质量的要求除考虑满足顾客的需求外，还应考虑其他相关方即组织自身利益、提供原材料和零部件等供方的利益和社会的利益等多种需求。例如需考虑安全性、环境保护、节约能源等外部的强制要求。只有全面满足这些要求，才能评定为好的质量或优秀的质量。

（4）顾客和其他相关方对产品、过程或体系的质量要求是动态的、发展的和相对的。质量要求随着时间、地点、环境的变化而变化。

2. 建设工程质量

建设工程质量简称工程质量。工程质量是指工程满足业主需要的，符合国家法律、法规、技术规范标准、设计文件及合同规定的特性综合。建设工程作为一种特殊的产品，除具有一般产品共有的质量特性，如性能、寿命、可靠性、安全性、经济性等满足社会需要的使用价值及其属性外，还具有特定的内涵。

建设工程质量的特性主要表现在以下 6 个方面：

（1）适用性，即功能，是指工程满足使用目的的各种性能。

（2）耐久性，即寿命，是指工程在规定的条件下，满足规定功能要求使用的年限，也就是工程竣工后的合理使用寿命周期。

（3）安全性，是指工程建成后在使用过程中保证结构安全、保证人身和环境免受危害的程度。建设工程产品的结构安全度、抗震、耐火及防火等能力，人防工程的抗辐射、抗核污染、抗爆炸波等能力是否能达到特定的要求，都是安全性的重要标志。

（4）可靠性，是指工程在规定的时间和规定的条件下完成规定功能的能力。工程不仅要求在交工验收时要达到规定的指标，而且在一定的使用时期内要保持应有的正常功能。

（5）经济性，是指工程从规划、勘察、设计、施工到整个产品使用寿命周期内的成本和消耗的费用。工程经济性具体表现为设计成本、施工成本、使用成本三者之和。

（6）与环境的协调性，是指工程与其周围生态环境协调，与所在地区经济环境协调以及与周围已建工程相协调，以适应可持续发展要求的程度。

上述 6 个方面的质量特性彼此之间是相互依存的，总体而言，适用、耐久、安全、可靠、经济、与环境的协调性，都是必须达到的基本要求，缺一不可。但是对于不同门类、不同专业的工程，铁路工程根据其所处的特定地域环境条件、技术经济条件的差异，与公路工程、一般道路工程相比会有不同的侧重面。

3. 施工过程质量

建设工程是由各个不同的施工过程复合而成的，建设工程质量直接决定于施工过程质量。而施工过程按生产特点又是由工序、工作过程复合而成的，其中工序是施工中最简单的作业过程。

（1）工序质量。

产品在整个生产过程中，人员、机器、材料、方法和环境五大要素（简称人、机、料、法、环）对施工过程质量综合发生作用，从而形成施工过程质量。五大要素综合发生作用的过程，就是工序过程或称之为施工过程。这个工序（施工）过程的质量就叫工序质量或施工质量。工序质量是工程质量的保证。因此，要保证施工过程质量，首先要抓好工序质量。

（2）工作质量。

工作质量是指为保证和提高施工过程质量所做的管理、技术、生产、服务等工作。人、机、料、法、环这五个方面的工作都需要人去做，因此，工作质量是工序质量的保证。

从上述可知，施工过程质量、工序质量和工作质量是三个不同的概念，但它们之间又有密切的联系。概括地讲，工作质量决定工序质量，工序质量决定施工过程质量，施工过程质量又决定工程质量。

总之，施工过程质量直接或间接地决定工程质量，工程质量是施工过程质量的最终体现。

二、质量管理的发展阶段

随着科学技术的发展和市场竞争的需要，质量管理已越来越为人们所重视，并逐渐发展成为一门新兴的学科。质量管理作为企业管理的有机组成部分，它随着企业管理的发展而发展，其产生、形成、发展和日益完善的过程大体经历了以下三个阶段：

质量检验阶段（20 世纪初到 40 年代）→统计质量管理阶段（20 世纪 40 年代到 60 年代初）→ 全面质量管理阶段（20 世纪 60 年代初期至今）。

全面质量管理阶段的特点是针对不同企业的生产条件、工作环境及工作状态等多方面因素的变化，把组织管理、数理统计方法以及现代科学技术、社会心理学、行为科学等综合运用于质量管理，建立适用和完善的质量工作体系，对每一个生产环节加以管理，做到全面运行和控制。

三、全面质量管理基础

1. 全面质量管理的核心

全面质量管理的核心是"三全"管理。所谓"三全"管理，主要是指全过程、全员、全企业的质量管理。

（1）全过程的质量管理。

这是指一个工程项目从立项、设计、施工到竣工验收的全过程，或指工程项目施工的全过程，即从施工准备、施工实施、竣工验收直到回访保修的全过程。全过程管理就是对每一道工序都要有质量标准，严把质量关，防止不合格产品流入下一道工序。

（2）全员的质量管理。

要使每一道工序质量都符合质量标准，必然涉及每一位职工是否具有强烈的质量意识和优秀的工作质量。因此，全员质量管理要强调企业的全体员工用自己的工作质量来保证每一道工序质量。

（3）全企业的质量管理。

所谓"全企业"主要是从组织管理来理解。在企业管理中，每一个管理层次都有相应的质量管理活动，不同层次的质量管理活动的重点不同。上层侧重于决策与协调；中层侧重于执行其质量职能；基层（施工班组）侧重于严格按技术标准和操作规程进行施工。

2. 全面质量管理的基本工作方法

全面质量管理的基本工作方法是 PDCA 循环，如图 7 - 1 所示。PDCA 循环又称管理循环。它是由美国质量管理专家戴明首先提出，并应用到质量管理工作中的，所以，也称为戴明循环。

PDCA 循环，即把质量管理全过程划分为 P（计划 Plan）、D（实施 Do）、C（检查 Check）、A（总结处理 Action）4 个阶段 8 个步骤。

（1）P（计划）阶段。

步骤 1：分析现状，找出存在的主要质量问题；

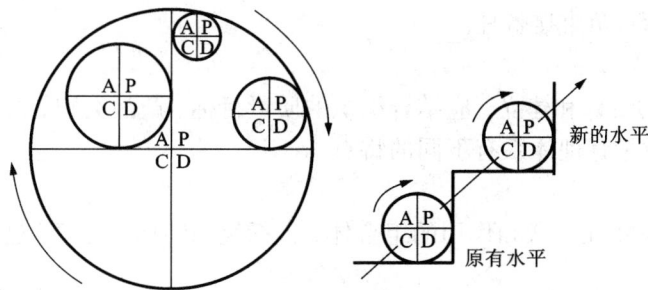

图 7 - 1　PDCA 循环的工作过程

步骤 2：分析产生质量问题的各种影响因素；

步骤 3：找出影响质量的主要因素；

步骤 4：针对影响质量的主要因素制订措施，提出改进计划，定出质量目标。

（2）D（实施）阶段。

步骤 5：按照既定计划目标加以执行。

（3）C（检查）阶段。

步骤 6：检查实际执行的结果，看是否达到计划的预期效果。

（4）A（总结处理）阶段。

步骤 7：根据检查结果加以总结形成成熟的经验，纳入标准制度和规定，以巩固成绩，防止失误。

步骤 8：把这一轮 PDCA 循环尚未解决的问题，纳入下一轮 PDCA 循环中解决。

全面质量管理要求对产品（服务）的质量跃上一个新的水平，其特点是：4 个阶段的工作完整统一，缺一不可；大环套小环，小环促大环，阶梯式上升，循环前进。它和我们办事、处理问题的常规方法基本是一致的。不同之处在于，PDCA 循环有着一套完整、严密的科学工作程序和方法。

四、质量管理体系要求

质量管理体系是组织内部建立的、为实现质量目标所必需的、系统的质量管理模式，是组织的一项战略决策。针对质量管理体系的要求，国际标准化组织的质量管理和质量保证技术委员会制定了 ISO9000 系列标准，以适用于不同类型、产品、规模与性质的组织。该类标准由若干相互关联或补充的单个标准组成，其中为大家所熟知的是 ISO9001《质量管理体系要求》，它提出的要求是对产品要求的补充，经过数次的改版。ISO9001：2008 标准是由 ISO（国际标准化组织）质量管理和质量保证技术委员会质量体系分委员会制定的质量管理系列标准之一。

1. 质量体系特性

（1）符合性。

有效开展质量管理，必须设计、建立、实施和保持质量管理体系。组织的最高管理者对依据 ISO9001 国际标准设计、建立、实施和保持质量管理体系的决策负责，对建立合理的组织结构和提供适宜的资源负责；管理者代表和质量职能部门对形成文件的程序的制定和实施、过程的建立和运行负直接责任。

（2）唯一性。

质量管理体系的设计和建立，应结合组织的质量目标、产品类别、过程特点和实践经验。因此，不同组织的质量管理体系有不同的特点。

（3）系统性。

质量管理体系是相互关联和作用的组合体，包括组织结构、程序、过程、资源等。

（4）全面有效性。

质量管理体系的运行应是全面有效的，既能满足组织内部质量管理的要求，又能满足组织与顾客的合同要求，还能满足第二方认定、第三方认证和注册的要求。

（5）预防性。

质量管理体系应能采用适当的预防措施，有一定的防止重大质量问题发生的能力。

（6）动态性。

最高管理者定期批准进行内部质量管理体系审核，定期进行管理评审，以改进质量管理体系；还要支持质量职能部门（含车间）采用纠正措施和预防措施改进过程，从而完善体系。

（7）持续受控。

质量管理体系所需求过程及其活动应持续受控。质量管理体系应最优化，组织应综合考虑利益、成本和风险，通过质量管理体系持续有效运行使其最优化。

2. 八项质量管理原则

八项质量管理原则是质量管理的理论基础，也是组织管理的普遍原则，是建立、实施、保持和持续改进组织质量管理体系的指导思想。八项质量管理原则是最高领导者用于领导组织进行业绩改进的指导原则，包括：

（1）以顾客为关注焦点，组织依存于顾客。因此，组织应当理解顾客当前和未来的需求，满足顾客要求并争取超越顾客的期望。

（2）领导作用。领导者应确保组织的目标和方向的一致。他们应当创造并保持良好的内部环境，使员工能充分参与实现组织目标的活动。

（3）全员参与。各级人员都是组织之本，唯有其充分参与，才能使他们为组织的利益发挥才干。

（4）过程方法。将活动和相关资源作为过程进行管理，可以更高效地得到期望的结果。

（5）系统的管理方法。将相互关联的过程作为体系来看待、理解和管理，有助于组织提高实现目标的效率。

（6）持续改进。持续改进总体业绩应当是组织的永恒目标。

（7）基于事实的决策方法。有效决策建立在数据和信息分析的基础之上。

（8）与供方互利的关系。组织与供方相互依存，互利的关系可增强双方创造价值的能力。

任务7.2　施工项目质量策划

质量策划是质量管理的一部分，致力于制订质量目标并规定必要的运行过程和相关资源，以实现质量目标。

施工项目质量策划是围绕着施工项目所进行的质量目标策划、运行过程策划、确定相关资源等活动的过程。项目质量策划的结果是明确项目质量目标；明确为达到质量目标应采取的措施，包括必要的作业过程；明确应提供的必要条件，包括人员、设备等资源条件；明确项目参与各方、部门或岗位的质量职责。质量策划的这些结果形成质量计划。

一、质量策划的依据和步骤

1. 质量策划的依据

（1）项目特点。不同类型、不同规模、不同特点的项目，其质量目标、质量管理运行过程及需要的资源各不相同，因此，应针对项目的具体情况进行质量策划。

（2）项目质量方针。项目的质量方针反映了项目总的质量宗旨和质量方向，质量方针提供了质量目标制订的框架，是项目质量策划的基础之一。

（3）项目范围陈述。项目范围陈述说明了项目所有者的需求及项目的主要要求，项目质量策划应适应这些需求和要求，

（4）产品描述。产品是项目的成果，尽管可能在项目范围陈述中已经描述了产品的相关要素，然而产品的描述通常包含更加详细的技术要求和其他相关内容，这是项目质量策划的必要依据。

（5）标准和规则。不同的行业、不同的领域，对其相关项目都有相应的质量要求，这些要求往往是通过标准、规范、规程等形式加以明确的，这些标准和规则对质量策划将产生重要影响。

2. 质量策划的步骤

（1）项目质量环。简单地说，项目质量环就是影响项目质量的各个环节，是从识别需要到评定能否满足这些需要的各个阶段中，影响质量间相互作用的活动的概念模式。不同的项目，其质量环也有所不同。例如，施工项目的质量环一般是由十个阶段构成，如图 7 - 2 所示。

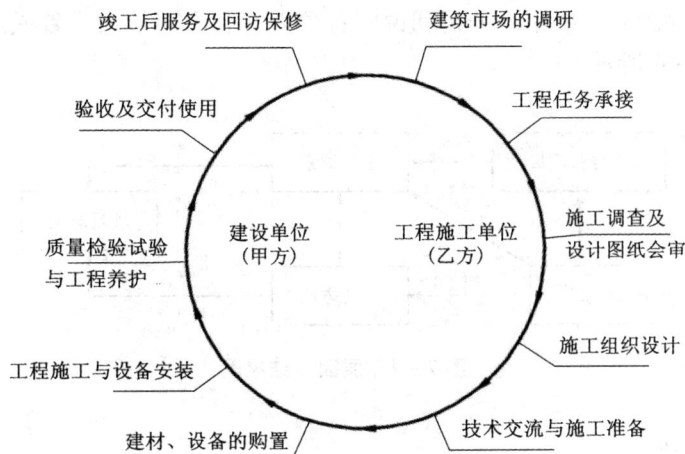

图 7 - 2 施工项目的质量环

（2）质量管理程序。应明确项目不同阶段的质量管理内容和重点，明确质量管理的工作流程等问题。

（3）确定相关资源。建立相应的组织机构，配备人力、材料、检验试验机具等必备资源。

（4）质量管理措施。包括质量管理技术措施、组织措施等。

（5）质量管理方法。包括项目质量控制方法、质量评价方法等。

二、质量策划的方法

在质量策划过程中，应采用科学的方法和技术，以确保策划结果的可靠性。常用的质量策划方法和技术有以下几种。

1. 流程图

流程图是由若干因素和箭线相连的因素关系图，主要用于质量管理运行过程策划主要包括系统流程图和原因－结果图两种类型。

（1）系统流程图。主要用于说明项目系统各要素之间存在的关系，利用系统流程图可以明确质量管理过程中各项活动、各环节之间的关系，如图7－3所示。

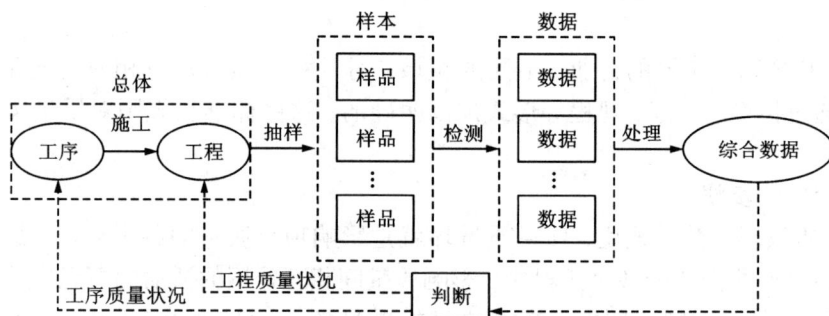

图7－3　工程项目质量审核流程图

（2）原因－结果图。主要用于分析和说明各种因素和原因如何导致或产生各种潜在的问题和后果，如图7－4所示。

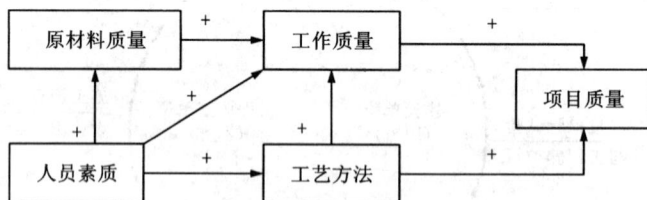

图7－4　原因－结果图

2. 质量成本分析

质量成本是指为保证和提高项目质量而支出的一切费用，以及因未达到既定质量水平而造成的一切损失之和。质量成本分析，就是要研究项目质量成本的构成和项目质量与成本之间的关系，进行质量成本的预测与计划。

3. 类比

类比就是将拟进行的项目与已完成的类似项目相比较，为实施项目的质量管理提供成熟的经验和思路。

三、质量计划

质量计划是对特定的项目、产品、过程或合同，规定执行人、执行时间、执行程序和相关资源的文件。项目开始时，应从总体考虑编制一个保证项目质量的规划性的质量计划，如质量管理计划；随着项目的进展，相应地编制各阶段较详细的质量计划，如项目操作规范。质量计划的内容包括：

（1）需达到的质量目标，包括项目总质量目标和具体目标。

（2）质量管理工作流程，可以用流程图等形式展示过程的各项活动。

（3）在项目的各个不同阶段，职责、权限和资源的具体分配。

（4）项目实施中需采用的具体的书面程序和指导书。

（5）有关阶段适用的试验、检查、检验和评审大纲。

（6）达到质量目标的测量方法。

（7）随项目的进展而修改和完善质量计划的程序。

（8）为达到项目质量目标必须采取的其他措施，如更新检验技术、研究新的工艺方法和设备、用户的监督、验证等。

任务 7.3　施工项目质量控制

一、施工项目质量控制的特点

1. 影响质量的因素多

项目的进行是动态的，影响项目质量的因素也是动态的。项目的不同阶段、不同环节、不同过程的影响因素也不尽相同，如设计、材料、自然条件、施工工艺、技术措施、管理制度等，均直接影响质量。

2. 易产生质量变异

质量变异就是项目质量数据的不一致性。产生这种变异的原因有偶然因素和系统因素两种。偶然因素是随机发生的，客观存在的，是正常的；系统因素是人为的，异常的。在项目的质量控制中，应采取相应的方法和手段对质量变异加以识别和控制。

3. 质量控制的阶段性

项目需经历不同的阶段，各阶段的工作内容、工作结果都不相同，所以每阶段的质量控制内容和控制重点亦不相同。

4. 易产生判断错误

在项目质量控制中，经常需要根据质量数据对项目实施的过程或结果进行判断。项目的复杂性、不确定性，造成质量数据的采集、处理和判断的复杂性，往往会对项目的质量状况作出错误判断。

5. 项目质量受费用、工期的制约

项目的质量不是独立存在的,它受费用和工期的制约。在对项目进行质量控制的同时,必须考虑其对费用和工期的影响,同时应考虑费用和工期对质量的制约,使项目的质量、费用、工期都能实现预期目标。

6. 项目一般不能解体、拆卸

已加工完成的产品可以解体、拆卸,对某些零、部件进行检查。但项目一般做不到这一点,例如对于已浇注完成的混凝土构筑物,就难以检查其中的钢筋质量。所以,项目的质量控制应更加注重项目进展过程,注重对阶段结果的检验和记录。

二、项目质量控制过程

1. 质量因素的控制

影响项目质量的因素主要有五大方面:人、材料、设备、方法和环境。对这五方面因素的控制,是保证项目质量的关键。

(1)人的控制。

人作为控制的对象,要避免产生失误;人作为控制的动力,要充分调动积极性,发挥人的主导作用。因此,应提高人的素质,健全岗位责任制,改善劳动条件,公平、合理地激励劳动热情;应根据项目特点,从确保质量出发,在人的技术水平、人的生理缺陷、人的心理行为、人的错误行为等方面控制人的使用;更为重要的是提高人的质量意识,形成人人重视质量的项目环境。

(2)材料的控制。

材料主要包括原材料、成品、半成品、构配件等。对材料的控制主要通过严格检查验收,正确合理地使用,进行收、发、储、运的技术管理,杜绝使用不合格材料等环节来进行控制。

(3)设备的控制。

设备包括项目使用的机械设备、工具等。对设备的控制,应根据项目的不同特点,合理选择,正确使用、管理和保养。

(4)方法的控制。

方法包括项目实施方案、工艺、组织设计、技术措施等。对方法的控制,主要通过合理选择、动态管理等环节加以实现。合理选择就是根据项目特点选择技术可行、经济合理、有利于保证项目质量、加快项目进度、降低项目费用的实施方法。动态管理就是在项目进行过程中应用正确的方法,并随着条件的变化不断进行调整。

(5)环境的控制。

影响项目质量的环境因素较多,有项目技术环境,如地质、水文、气象等;项目管理环境,如质量保证体系、质量管理制度等;劳动环境,如劳动组合、作业场所等。根据项目特点和具体条件,采取有效措施对影响质量的环境因素进行控制。

2. 施工质量控制环节

为了加强对施工项目的质量控制,明确各施工阶段的质量控制的重点,按照事前、事中和事后控制相结合的方式展开质量控制活动。

(1)事前控制。要求预先进行周密的施工质量计划。施工质量计划或施工组织设计、施工项目管理实施规划的编制,必须建立在切实可行、有效实现预期质量目标的基础上,作为施工质量控制的行动方案进行施工部署。事前控制属预控方式,有两层含义:一是强调通过计划手段的运用,进行施工质量目标的预控,简称"计划预控";二是强调按施工质量计划的要求,控制施工准备工作状态,为施工作业过程或工序的质量控制打好基础。

(2)事中控制。主要是通过技术作业和管理活动行为的自我约束和他人监控来达到施工质量控制的目的。

自我约束,就是在施工质量计划的指导下,依靠作业者和管理者的内在因素,把作业技术能力调整到最佳状态,按规定的程序和标准去完成预定质量目标的作业任务。他人监控,包括来自企业内部管理者的检查监督和来自企业外部的工程监理等的监控,是自我约束的一种外在推动力。自我约束和他人监控,相辅相成,构成机制,是事中施工质量控制的基本保证。

(3)事后控制。包括对质量活动结果的评价认定和对质量偏差的纠正。理想的状况就是希望做到各项作业活动"一次成活""一次交验合格率 100%"。但这种理想状态并不是所有的施工过程都能达到的,因为施工过程中不可避免地存在一些计划时难以预料的影响因素,当出现质量实际值与目标值之间超出允许偏差时,必须分析原因,采取措施纠正偏差,保持质量受控状态。

以上三大环节,不是孤立和截然分开的,它们之间构成有机的系统过程,实质上也就是PDCA 循环的具体化,并在每一次滚动循环中不断提高,达到质量管理或质量控制的持续改进。

三、施工过程质量控制的主要途径和方法

(一)施工质量检验检查

1. 施工质量检验的主要方式

(1)自我检验。简称"自检",即作业组织和作业人员的自我质量检验。这种检验包括随做随检和一批作业任务完成后提交验收前的全面自检。随做随检可以使质量偏差及时得到纠正,持续改进和调整作业方法,保证工序质量始终处于受控状态。全面自检可以保证检验批施工质量的一次交验合格。

(2)相互检验。简称"互检",即相同工种相同施工条件的作业组织和作业人员,在实施同一施工任务时相互间的质量检验。相互检验对于促进质量水平的提高有积极的作用。

(3)专业检验。简称"专检",即专职质量管理人员的例行专业查验,也是一种施工企业质量管理部门对现场施工质量的监督检查方式之一。只有经过专检合格的施工成果才能提交施工监理机构检查验收。

(4)交接检验。即前后工序或施工过程进行施工交接时的质量检查,如桩基工程完工后,地下和上部结构施工前必须进行桩基施工质量的交接检验;墙体砌筑完成后,抹灰前必须进行墙体施工质量的交接检验等。通过施工质量交接检验,可以控制上道工序的质量隐患,也有利于形成层层设防的质量保证链。

2. 施工质量检验的方法

(1)目测法。即用观察、触摸等感观方式所进行的检查,实践中人们把它归纳为"看、摸、敲、照"的检查操作方法。

(2)量测法。即使用测量器具进行具体的量测,获得质量特性数据,分析判断质量状况

及其偏差情况的检查方式，实践中人们把它归纳为"量、靠、吊、套"的检查操作方法。

3.施工质量检查的方式

（1）日常检查。指施工管理人员所进行的施工质量经常性检查。

（2）跟踪检查。指设置施工质量控制点，指专人所进行的相关施工质量跟踪检查。

（3）专项检查。指对某种特定施工方法、特定材料、特定环境等的施工质量，或某类质量通病所进行的专项质量检查。

（4）综合检查。指根据施工质量管理的需要，或企业职能部门的要求所进行的不定期的或阶段性的全面质量检查。

（5）监督检查。指业主、监理机构、政府质量监督部门的各类例行检查。

4.施工质量检查的一般内容

（1）检查施工依据。即检查是否严格按质量计划的要求和相关的技术标准进行施工；有无擅自改变施工方法、粗制滥造、降低质量标准的情况。

（2）检查施工结果。即检查已完施工的成果是否符合规定的质量标准。

（3）检查整改落实。即检查生产组织和人员对质量检查中已被指出的质量问题或需要改进的事项是否认真执行整改。

（二）施工质量检测试验

检测试验是施工质量控制的重要手段，也是贯彻执行建设法律法规强制性条文的重要内容。工程检测试验必须委托有相应资质的检测机构进行。工程施工质量检测试验必须贯彻执行国家有关见证取样送检的规定。

常见的工程施工检测试验有：桩基础承载力的静载和动载试验检测；基础及结构物的沉降检测；大体积混凝土施工的温控检测；建筑材料物理力学性能的试验检测：砂浆、混凝土试块的强度检测；供水、供气、供油管道的承压试验检测；涉及结构安全和使用功能的重要分部工程的抽样检测；室内装饰装修的环境和空气质量检测等。

（三）隐蔽工程施工验收

凡被后续施工所覆盖的分部（分项）工程称之为隐蔽工程，如桩基工程、基础工程、钢筋混凝土中的钢筋工程、预埋管道工程等。为确保工程质量，隐蔽工程施工过程应及时进行质量检查，并在其施工结果被覆盖前做好隐蔽工程验收，办理验收签证手续。隐蔽工程施工验收的要求包括：

（1）隐蔽工程在隐蔽前应由施工单位通知有关单位进行验收，并应形成验收文件。

（2）隐蔽工程的施工质量验收应按规定的程序和要求进行。即施工单位必须先进行自检，包括施工班组自检和专业质量管理人员的检查；自检合格后，开具"隐蔽工程验收单"，提前24 h或按合同规定通知驻场监理工程师按时到场进行全面质量检查，并共同验收签证。必要时或合同有规定时，应按同样的时间要求提前约请工程设计单位参与验收。

（3）隐蔽工程验收的范围、内容和合格质量标准，应严格执行国家标准 GB 50300—2001有关检验批、分部（分项）工程的质量验收标准。特别应保证验收单的验收范围、内容与实际查验的范围、内容相一致；检查不合格需要整改纠偏的内容，必须在整改纠偏后，经重新查验合格，才能进行验收签证。

（4）对于基础工程的隐蔽验收，应根据政府工程质量监督部门的质量监督要求，约请监督人员实施全面核查核验，经批准认可后才能隐蔽覆盖，进行后续主体结构工程施工。

（四）施工计量管理

从工程质量控制的角度，施工计量管理主要是指施工现场的投料计量和施工测量、检验的计量管理。它是有效控制工程质量的基础工作，计量失真和失控，不但会造成工程质量隐患，而且也会造成经济损失。

（1）工程施工计量管理应按照计量工作的法制性、统一性、准确性等规定要求进行，增强计量意识、法制观念和监督机制。

（2）应正确选择各种计量器具、仪器仪表，并做好经常性的维护保养和定期校准工作，保证计量器具的精度和灵敏度，防止因计量器具失真失控、计量误差超标造成工程质量隐患；应加强计量工作责任制，建立计量管理制度，做到专人管理计量器具，严格执行计量操作程序和规程、规范计量记录等，以保证各项计量的准确性。

（五）施工例会和质量控制活动

开施工例会是施工过程中沟通信息、协调关系的常用手段，对解决施工质量、进度、成本、职业健康安全和环境管理目标控制过程中的各种矛盾和问题，有十分重要的作用。施工例会通常有定期例会和不定期例会。定期例会是一种周期性的固定时间、规定出席范围的会议方式；不定期例会是指根据管理需要，确定一项专门的、不定期召开的会议，以解决管理过程的工作任务部署、信息沟通、协同配合问题，其会议的主题、具体时间、参会人员等都根据实际需要专项确定。

做好各类例会的事前计划和准备，是使会议达到事半功倍效果的重要工作。会前计划和准备工作的内容一般有：

（1）确定会议的时间、地点。

（2）明确会议的主题（中心）和开会程序。

（3）会议的主持人、记录人。

（4）会议的主发言人及其发言时间，以及需要讨论或审议的议题。

（5）会议需要准备和分发的文件资料。

（6）需要与会者准备和携带的文件资料，其中分为必备必带的资料和酌情准备的资料。

（7）会议的通知、联络方式和承担人，报名或签到安排。

（8）会场所需的文具、演讲设施。

（9）会议中间的休息和生活安排。

《建设工程质量控制的影响因素和方法》（网址及二维码）：
http：//www.worlduc.com/blog2012.aspx? bid＝12234799

任务 7.4　质量控制分析与改进

一、数理统计的几个概念

1. 总体

总体又称母体、检查批或批，是指研究对象全体元素的集合。总体分为有限总体和无限总体。有限总体有一定的数量表现，如一批同规格的材料；无限总体则无一定的数量表现，如一道工序，它源源不断地生产出某一产品，本身是无限的。

2. 样本

从总体中抽取出来的一部分个体组成样本，样本也可称为子样。从总体中抽取样本的方法有两种：随机抽样和系统抽样。随机抽样排除了人的主观影响，使总体中的每一个个体被抽取相等的机会；系统抽样是指每经过一定的时间间隔或数量间隔抽取若干产品作为样本的过程。

3. 随机现象

在质量检验中，某一产品的检验结果可能是合格、不合格，这种事先不能确定结果的现象称为随机现象。

4. 随机事件

每一种随机现象的表现或结果就是随机事件。如某产品检验为"合格"，就是一个随机事件。

5. 随机事件的频率

随机事件发生的次数称为"频数"，它与数据总数的比值就称为"频率"。

6. 随机事件的概率

频率的稳定值称为"概率"。

二、数理统计方法

(一)项目质量数据

由于质量数据有计量和计数之分，所以在项目质量控制中，不同类型的质量数据，其分析处理方法亦不同。根据质量数据使用目的的不同，项目质量数据大体上有以下几类。

(1)掌握项目实施质量状况用的数据。如与项目有关的质量指标、参数等。

(2)分析质量问题、原因用的数据。如为了分析某一质量特性值不合格的原因而搜集的数据。

(3)控制工序质量用的数据。这类数据是为了掌握工序生产状态的稳定性，用以对工序质量进行判断和确定对策。

(4)判断项目质量水平的数据。这类数据是为了评判已完成项目的质量状况，作为项目质量合格控制的依据。

(二)常用的数理统计方法

1. 排列图法

排列图是用来寻找影响项目质量主要因素的一种常用的统计分析工具。

排列图有两个纵坐标，一个横坐标，如图7-5所示。左纵坐标表示频数，即某种因素发生的次数；右纵坐标表示频率，即某种因素发生的累计频率；横坐标表示影响项目质量的各个因素或项目，按影响质量程度的大小，从左到右依次排列。该图由若干个按频数大小依次排列的直方柱和一条累计频率曲线所组成。在排列图中，通常将累计频率曲线的累计百分数分为三级，与此对应的因素分为三类：A类因素对应于频率0~80%，是影响项目质量的主要因素；B类因素对应于频率80%~90%，是次要因素；C类因素对应于频率90%~100%，是影响项目质量的一般因素。

(1)绘图原理。

①按影响程度的大小将影响质量的各个因素或项目从左至右排列，以直方柱的高度表示

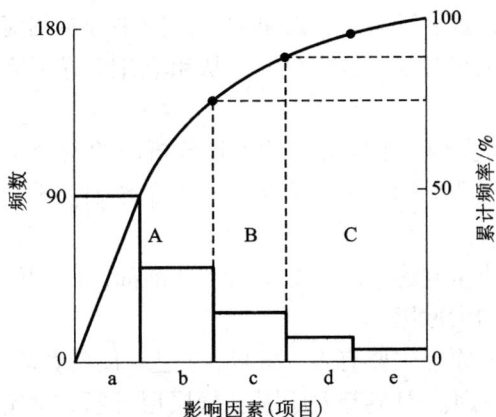

图 7 - 5　排列图

各因素出现的频数。

　　②将各因素所占的百分比依次累加，以求得各因素的累计频率；将所得的各因素的累计频率逐一标注在图中相应位置，并将其以光滑曲线连接，即可得到累计频率曲线。

　　③划分 A、B、C 类区。自频率纵坐标引累计频率为 80%、90%、100% 的三条平行于横坐标的虚线。横坐标及三条虚线由下向上将累计频率分为 A、B、C 三个类区。

　　（2）绘图要点。

　　①按不同的项目（因素）进行分类，分类项目要具体明确，尽量使各个影响质量的因素之间的数据有明显差别，以便突出主要因素。

　　②数据要取足，代表性要强，以确保分析判断的可靠性。

　　③适当合并一般因素。通常情况下，不太重要的因素可以列出很多项，为简化作图，常将这些因素合并为其他项，放在横坐标的末端。

　　④对影响因素进行层层分析。在合理分层的基础上，分别确定各层的主要因素及其相互关系。分层绘制排列图可以步步深入，最终确定影响质量的根本原因。

　　2. 因果分析图法

　　为分析产生某种工程质量问题的原因，通过集思广益，将可能产生工程质量问题的所有原因反映在一张图面上，这种图就是因果分析图。其基本格式如图 7 - 6 所示。

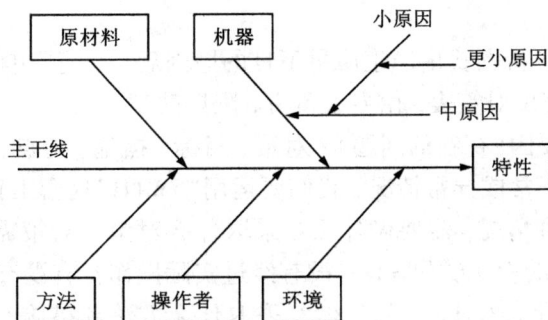

图 7 - 6　因果分析图

（1）因果分析图的绘制原理。尽管影响项目质量的原因很多，且关系复杂，但归纳起来，存在两种互为依存的关系，即平行关系和因果关系。因果分析图能同时反映出这两种关系。

利用因果分析图可以逐级分层，从大到小、从粗到细，寻根究底，直至确定采取的有效措施为止。

（2）因果分析图的绘制步骤。不同类型的因果分析图的绘制步骤有所不同。现以混凝土强度不足的质量问题为例说明原因罗列型因果分析图的绘制步骤。

①决定特性。

特性就是需要解决的质量问题，放在主干箭头的前面。本例的特性是混凝土强度不足。

②确定影响质量特性的大原因。

a.影响混凝土强度的大原因主要有人、材料、工艺、设备和环境五个方面。

b.进一步确定中、小原因。围绕着大原因进行层层分析，确定影响混凝土强度的中、小原因(中、小、更小)。

c.补充遗漏的因素。发扬技术民主精神，反复讨论，补充遗漏的因素。

d.制订对策。针对影响质量的因素，有的放矢地制订对策，并落实解决问题的人和时间，通过对策计划表的形式加以表达，并限期改正。图 7 – 7 为本例所绘制出的因果分析图。

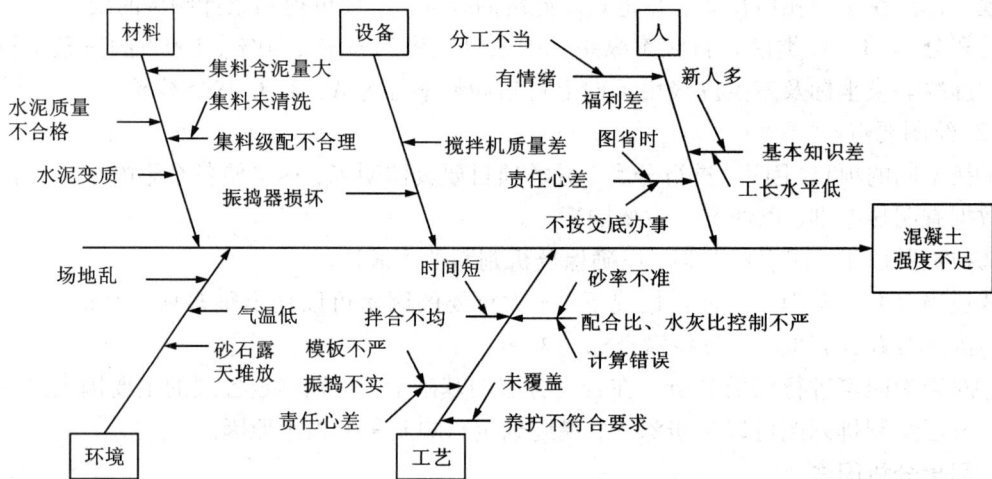

图 7 – 7　混凝土强度不足因果分析图

3. 对策表

根据排列图和因果分析图找出产生质量不良的原因后，须将影响质量不良的重点原因逐一落实，确定对策，制订出对策表，由专人负责，限期改正。

对策表的内容有：要因(存在的问题)、对策、目标、措施、地点、时间、负责人等。在质量管理中，针对每一种正常或异常情况，我们要运用"5W1H"这套工具来进行分析和运作。

What，我们针对这种情况，需要做什么？采取什么对策？对策需要什么流程？Why，为什么这样做？这样做是最好的方法吗？有没有经过实际操作？有没有不好的结果或不足？我们这样做的最终目标是什么？How，如何做？采取什么方法和措施？措施恰当吗？Who，由谁来做？负责人是谁？When，什么时间来做？多长时间完成？完成期限是什么？Where，完成的地点在哪里？是开放式地方还是封闭式地方？"5W1H"为我们提供了科学的工作分析方法，常常被运用到制订计划草案上和对工作的分析与规划中，并能使我们提高效率和确保对策措施的有效执行。

4. 直方图法

为了能够比较准确地反映出质量数据的分布状况，可以用横坐标标注质量特性值，纵坐标标注频数或频率值，各组所包含数据的频数或频率的大小用直方柱的高度表示，这种图形称为直方图，如图 7 - 8 所示。以频数为纵坐标的直方图称为频数直方图，以频率为纵坐标的直方图称为频率直方图。

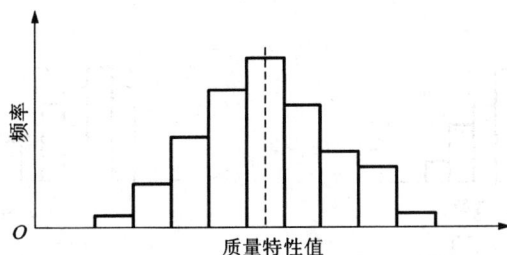

图 7 - 8　直方图

从表面上看，直方图表现了所取数据的分布，但其实质反映了数据所代表的生产过程的分布，即生产过程的状态。直方图形象直观地反映了数据分布情况，通过对直方图的观察和分析，可以判断生产过程是否稳定，及其质量情况。直方图图形分为正常型和异常型。

（1）正常型。

正常型直方图的图形为左右大体对称的山峰形状，如图 7 - 9(a) 所示。图的中部有一峰值，两侧的分布大体对称且越偏离峰值直方柱的高度越小，符合正态分布。表明这批数据所代表的工序处于稳定状态。

（2）异常型。

与正常型分布状态相比，带有某种缺陷的直方图为异常型直方图。表明这批数据所代表的工序处于不稳定状态。常见的异常型直方图有以下几种。

①偏型型。直方的顶峰偏向一侧。这往往是由于只控制一侧界限，或一侧控制严格、另一侧控制宽松所造成的。根据直方的顶峰偏向位置的不同，可分为左偏峰型和右偏峰型，分别如图 7 - 9(b)、(c) 所示。仅控制下限或下限控制严、上限控制宽时多呈现左偏峰型；仅控制上限或上限控制严、下限控制宽时多呈现右偏峰型。

②双峰型。一个直方图出现两个顶峰，如图 7 - 9(d) 所示，往往是由于两种不同的分布混存一起所造成的。即虽然测试统计的是同一项目的数据，但数据来源条件差距较大，例如，两班工人的操作水平相差较大，将其质量数据混在一起所作出的直方图；使用两种强度等级相差较大的水泥且未调整其他配合参数时，按混凝土强度数据所作出的直方图等。出现这种直方图时，应将数据进行分层，然后分步作图分析。

③平峰型。在整个分布范围内，频数（频率）的大小差距不大，形成平峰型直方图，如图 7 - 9(e) 所示。这种情况往往是由于生产过程中有某种缓慢变化的因素起作用所造成的，

如工具的磨损、操作者的疲劳等都有可能出现这种图形。

④高端型。直方图的一侧出现陡峭绝壁状态,如图7-9(f)所示。这是由于人为地剔除了一些数据,进行不真实的统计所造成的。

⑤孤岛型。在远离主分布中心处出现孤立的小直方,如图7-9(g)所示。这表明项目在某短时间内受到异常因素的影响,使生产条件突然发生较大变化,如短时间原材料发生变化或由技术不熟练的工人替班操作等。

⑥锯齿型。直方图出现参差不齐的形状,即频数不是在相邻区间减少,而是隔区间减少,形成了锯齿状。造成这种现象的原因不是质量数据本身的问题,而主要是绘制直方图时分组过多或测量仪器精度不够而造成的,如图7-9(h)所示。

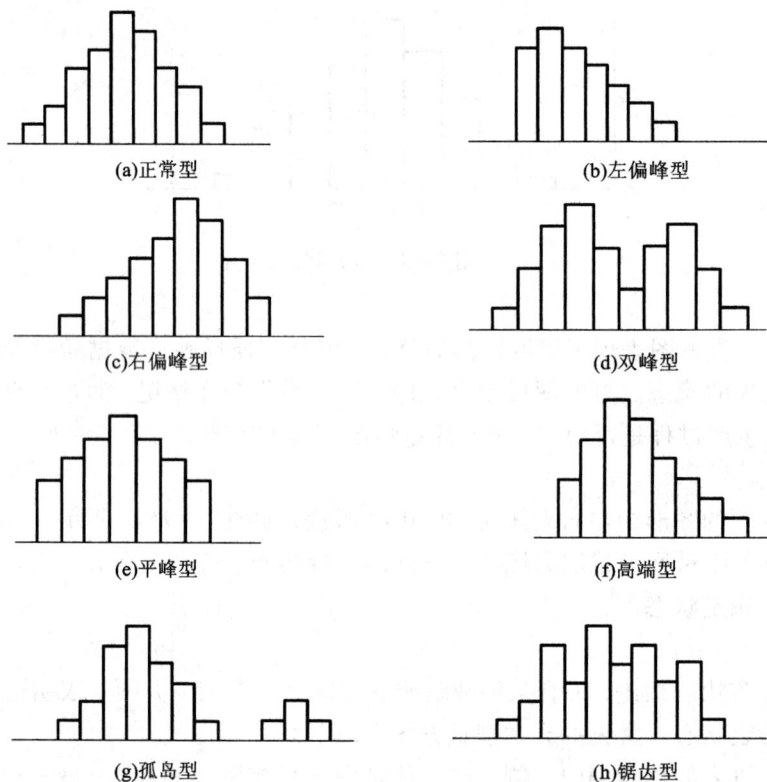

(a)正常型　　　　　　　　(b)左偏峰型

(c)右偏峰型　　　　　　　(d)双峰型

(e)平峰型　　　　　　　　(f)高端型

(g)孤岛型　　　　　　　　(h)锯齿型

图7-9　直方图的不同图形

三、工程项目质量持续改进

1. 质量持续改进的作用

(1)质量持续改进的目的是不断提高质量管理体系的有效性,不断增强顾客满意程度。

(2)质量持续改进是增强满足要求的能力的循环活动,改进的重点是改善产品的特殊性和提高质量管理体系过程的有效性。

2. 质量持续改进的方法

质量持续改进要求不断寻找进一步改进的机会,并采取适当的改进方式。改进的途径可

以是日常渐进的改进活动,也可以是突破性的改进项目。持续改进的方法有:

(1)通过建立和实施质量目标,营造一个激励改进的氛围和环境。

(2)确立质量目标,明确改进方向。

(3)通过数据分析、内部审核,不断寻求改进机会,并做出适当的改进活动安排。

(4)通过纠正和预防措施及其他适用的措施实现改进。

(5)在管理评审中评价改进效果,确定新的改进目标和改进的决定。

3. 质量持续改进的范围及内容

质量持续改进的范围包括质量管理体系、过程和产品三个方面。改进的内容涉及产品质量、日常工作和企业长远的目标,不合格现象必须纠正,目前合格但不符合发展需要的也要不断改进。

4. 质量持续改进的步骤

(1)分析和评价现状,以识别改进的区域。

(2)确定改进目标。

(3)寻找可能的解决办法以实现这些目标。

(4)评价这些解决办法并做出选择。

(5)实施选定的解决办法。

(6)测量、验证、分析和评价实施的结果,以确定这些目标已经达到。

(7)正式采纳更正(即形成正式的规定)。

(8)必要时,对结果进行评审,以确定进一步改进的机会。

铁路工程质量控制相关案例:

http://www.worlduc.com/SpaceShow/Blog/More.aspx? cid = 489324&sid = 2654316&uid = 177251

任务7.5 相关案例

案例:××铁路涵洞工程质量控制

(一)质量方针

科学组织,质量优良,精益求精,尊约守信。以优良的工程质量、周到的服务实现顾客期望,铸造精品工程。

(二)质量目标

设计无隐患、主体工程零缺陷、材料设备无隐患;线路工后沉降、差异沉降及结构变形有效控制,确保设计开通速度,全面满足运营需要。

(三)质量保证措施

1. 质量保证体系及组织机构

(1)质量保证体系。

根据 ISO9002 质量体系认证,建立相应的工程质量保证体系,完善的质量制度,系统的质量控制流程,根据我公司《质量手册》及《质量程序文件》的各项标准,及本工程的特点建立了完善的质量工作程序开展工作。

（2）质量管理专职机构。

建立健全质量管理机制，从组织上确保质量目标的实现。成立以分部经理为首的质量管理小组，全面负责质量管理工作。分部配备专职质检工程师和专职质检员。组建精干高效的试验和测量队伍，分部设试验室，配备必要的检测、试验仪器设备，从原材料控制开始，实施施工全过程测量和试验控制。对施工全过程进行质量检查，在施工过程中自下而上按照三检制分别实施检测工作。质量保证体系框架见图 7 − 10。

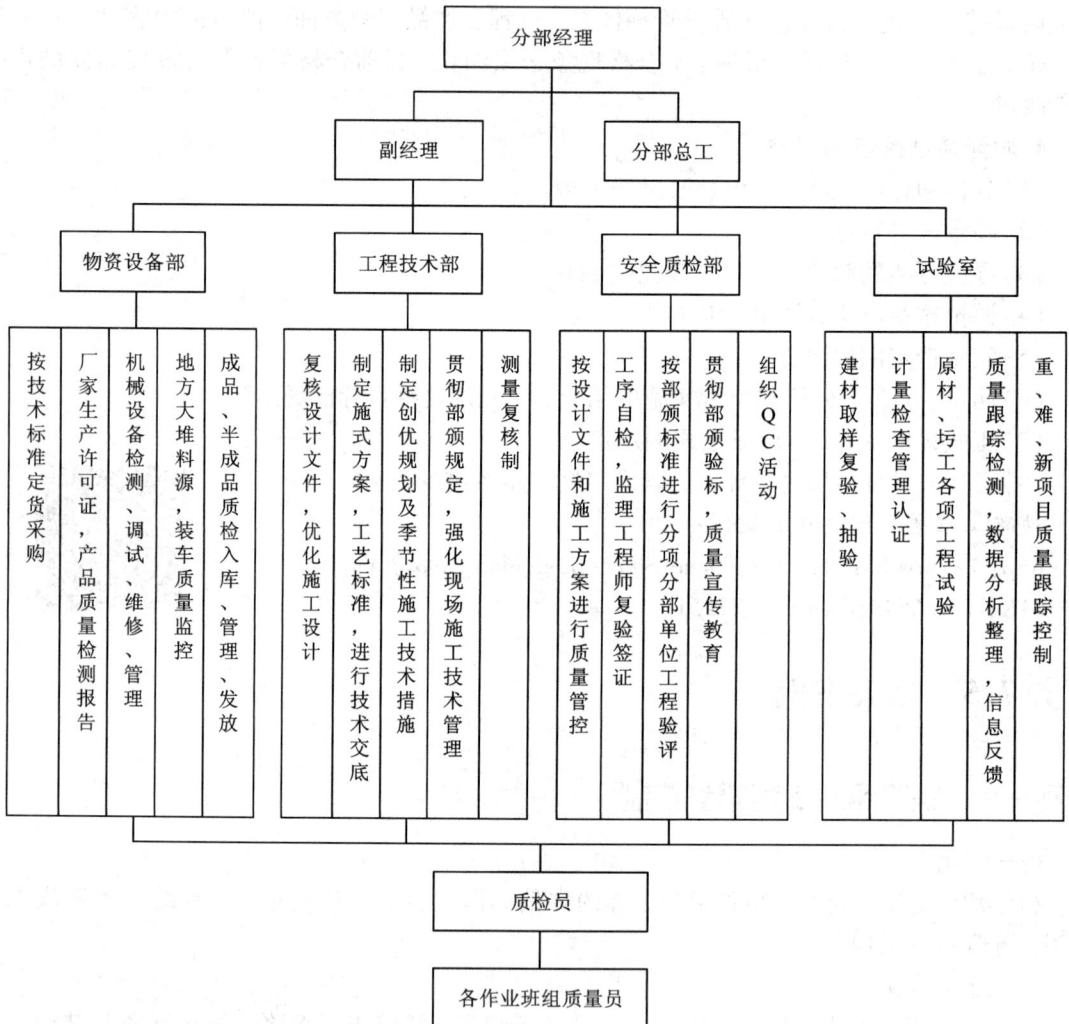

图 7 − 10　质量保证体系框架

2. 质量保证措施

（1）严格实行交底制度。

分部成立后，由总工程师、技术负责人及分项工程师参加业主组织的设计交底。对复核图纸中发现的问题及时向设计提出，并得到解决结果。交底内容包括该项工程的设计要求、技术标准、定位方法、几何尺寸、功能作用及与其他工程的关系、施工方法和注意事项等，使全体人员在彻底明了施工对象的情况下投入施工。

（2）建立"五不施工""三不交接"制度。

"五不施工"即：未进行技术交底不施工；图纸和技术要求不清楚不施工；施工和资料未经复核不施工；材料无合格证或试验不合格者不施工；工作不经检查签证不施工。"三不交接"即：无自检记录不交接；未经专业人员验收合格不交接；施工记录不全不交接。

（3）对工序实行严格的"三检"。

"三检"即：自检、互检、交接检。上道工序不合格，不准进入下道工序，确保各道工序的工程质量。

（4）建立严格的隐蔽工程检查签证制度。

凡属隐蔽工程项目，应自检合格后，报请监理工程师检查确认，监理工程师确认符合质量标准并签认隐蔽工程检查证后，方可进行下道工序施工。

（5）建立测量计算资料复核制度。

测量资料，须经两人复核，最后交技术负责人审核后报监理工程师审批认可。现场测量基线、水准点及有关标志均须进行定期复测检验。

（6）建立严格的"跟踪检测"制度。

检测工作将按"施工跟检"、"复检"和"抽检"三种方式进行。

（7）建立严格的原材料、成品和半成品进场验收制度。

对采购进场的原材料及成品、半成品，要由质检工程师组织进行验收。参加验收的人员包括质量、技术、物资部门及施工队的有关人员。验收的内容包括：

①进场货物的品种、规格、数量是否符合采购计划；

②供应厂家的产品合格证或检验报告是否齐全；

③产品现场质量检查，并填写检查验收记录；

④取样进行试验，并填写试验报告。

按验收程序收货后分类保管，做好标记并保管好样品。质量检查记录和试验报告要随样品一起保存备查。对检查验收不合格的原材料、产品和半成品，要马上清除出场，不得在场内存放。

（8）建立健全原材料、成品、半成品的管理制度。

检查合格、同意进场的原材料、成品、半成品要分类、分批堆放，并设立标志和账卡，坚持按用途归口保管、发放，不得混杂。对易受潮的物品要做好防雨、防潮工作。

（9）建立原材料采购制度。

原材料采购须制定采购计划。采购计划按技术部门提出的施工总进度计划、施工图纸和技术要求制定。工程材料（包括施工用料）和设备的采购，除合同规定的甲供材料之外，其余均自行采购。文件包括以下内容：

①项目名称、工程使用部位、规格、数量、供货时间及价格要求；

②施工合同规定的质量保证措施、标准；

③工程招标技术规范的要求；

④运输和交货条件；

⑤质量鉴定和检查方法。

按采购计划制定书面的采购定货单，尽量采用招标方式选择供应商，预定交货地点和日期。

(10)建立仪器设备的检定制度。

测量仪器试验设备、各种仪器仪表、计量器具按照《中华人民共和国计量法》规定进行定期或不定期的检定。新购置的和在用的计量器具仪器均须进行检定，取得合格证书后方能使用。工地设专人负责计量工作，设立账卡档案，监督和检查。

(11)建立原始资料的积累和保存制度。

本工程中的每一单位工程(建筑物、构筑物)都要准备一套完整的质量保证文件和记录。文件包括：①质量保证计划；②工作程序；③技术标准、规范；④采购的技术要求。

记录包括：①基线点、水准点测量验收记录；②施工断面记录；③各施工工序、项目的检查记录；④混凝土、钢材及各种原材料的试验鉴定记录；⑤预制构件检查记录和出厂合格证；⑥隐蔽工程验收记录；⑦不合格记录(质量事故报表)；⑧审查和处理结果记录；⑨位移沉降观测记录；⑩以及有关质量问题的来往和一套完整的设计修改通知书。

质检工程师须将全部工程质量保证文件和记录汇编成册，竣工时随竣工文件移交业主。承包人同时保留一份完整的文件记录，并按规定存入档案。

思考与练习

1.什么是质量？从哪些方面理解其含义？

2.PDCA 循环包括哪几个步骤？

3.工序质量、工作质量、施工质量有什么关系？

4.施工质量的影响因素有哪些？

5.常用的质量策划方法和技术有哪几种？

6.施工项目质量管理体系的内容是什么？

7.项目质量控制的数理统计方法主要有哪几种？

8.某一既有线养路工区管内质量动态检查结果是：在全部检查的 6 个项目中，不良扣分有1106 处，如下表所示。为改进并保证质量试对这些不良扣分点处进行分析，找出主要不良因素。

养路工区不良扣分点分布情况

序号	检查项目	不良扣分点	序号	检查项目	不良扣分点
1	高低	168	4	三角坑	676
2	水平	22	5	轨距	10
3	方向	156	6	振动	74

项目 **8**

铁路工程施工项目进度控制

拟实现的教学目标

1. 能力目标

通过本项目的学习，学生能收集、处理实际施工进度数据，利用横道图、S 曲线、香蕉曲线、前锋线等方法，将实际进度数据与计划进度数据进行比较分析，得出进度超前、滞后或一致的结论。能分析进度偏差对后续工作以及总工期造成的影响，并提出相应的进度调整措施。

2. 知识目标

了解施工进度控制的概念；掌握影响施工进度的主要因素；掌握施工进度控制的原理、内容、措施；掌握施工进度计划执行过程中的检查与调整方法。

3. 素质目标

培养学生收集、处理、分析施工进度的能力，提高学习的主观能动性及实事求是、灵活多变的工作作风。

任务 8.1　认知施工进度控制

铁路建设工程项目从立项、开工到竣工投产往往要经历较长的建设周期。为了达到预期的项目目标，从项目开始就必须对其过程进行监控，以确保每件事都按照进度计划进行。

一、施工进度控制的概念

进度控制是指在限定的工期内，以事先拟定的合理且经济的工程进度计划为依据，对整个工程建设过程进行监督、检查、引导和纠正的行为过程。

1. 进度控制的基本方法

(1) 规划。按照项目的目标编制施工组织计划和工程网络计划图，用于指导施工。

(2) 控制。在项目实施的全过程，依照动态控制的思想，及时发现工程进度的偏差并采取措施，使项目实施按计划进行。

(3) 协调。调整各个施工单位之间的进度关系，保证工程的总工期如期实现。

2. 铁路工程建设项目的特殊性

(1) 进度控制是一个动态的过程。一个铁路工程的建设周期往往需要几年，在这样长的时间里，工程环境在不断变化。因此工程项目进度计划的编制及实施控制必须随着环境变化而进行相应调整，不断修正工程项目的实施进度计划，以保证进度计划的指导性，指导工程建设按预定的计划进度进行。

（2）工程项目计划是一个大系统，计划控制也是一项复杂的系统工程。对工程项目进度的控制是管理一个计划系统，而不仅限于控制项目实施过程中的施工计划。

（3）项目进度计划的控制与管理是一项带有创造性的工作。既要沿用前人的管理理论和知识，又要借鉴同类工程进度计划编制与控制的经验和技术成果，对工程建设的进度进行创造性的科学管理。

（4）在项目建设周期内要进行阶段性控制。不同的阶段由于工作内容不同，相应有不同的控制标准和协调内容。本章重点是针对施工阶段的进度控制。

（5）进度计划具有不均衡性。对于施工进度计划来说，由于外界自然环境的干扰，外界工作环境的变化和施工内容难度上的差别，不同计划期内的施工内容差别很大，年、季、月之间很难做到计划均衡，这就更增加了进度控制的难度。

在进度控制的过程中，应充分了解工程项目进度控制的特点，对项目的建设采取措施来主动控制或缩小计划进度与实际进度的偏差，保证建设工期目标的实现。

二、进度动态控制

在工程项目建设中，进度控制是一个反复循环的动态过程。进度控制循环程序如图8－1所示。

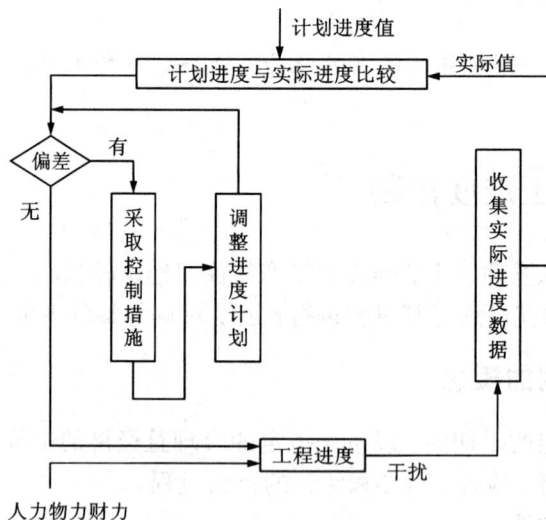

图8－1 进度控制循环图

由图8－1可知进度控制的主要工作步骤如下。

（1）制订施工进度计划。

年度、季度施工进度计划应当根据工程建设项目的总体施工组织计划（网络计划）或单位工程的施工组织计划（网络计划）制订。

（2）定期检查进度计划的实施，收集实际进度数据。

铁路建设工程项目一般通过进度月报、季报，收集工程的进度数据，重点单位工程（如特大桥梁、隧道等）则需日报或周报。

（3）分析当前项目施工进度状况，按计划要求检查项目在人力、物力、财力投入上的偏差。把当前的实际进度与计划进度相比较，就可以发现工程进度的偏差。

当前的工程进度状态无非是三种：按计划进行，提前完成计划，延误完成计划。工程进度的超前或延误都将对后续工作和项目总工期产生影响，都将打乱原施工计划的执行，增加工程费用和资源消耗。

从网络计划图上应当尽量找出那些已出现负时差的工作项，以及时差变化的路径，然后根据超前或延误的情况，计算后续工作和总工期所受到的影响。

（4）分析偏差产生原因。

在作进度分析时应着重对出现负时差的工作项，以及时差变化路径的产生原因进行分析，找出问题的症结所在。

（5）采取纠偏措施。

对于延误进度的工作，应及时采取补救措施，尽可能地加快该工作的施工进度，尽可能避免对总工期的影响。对于超前进度的工作，应分析其对后续工作的影响，以及资源消耗的情况，进行适当的调整。

（6）调整施工进度计划，同时调整相应的工程预算和资源安排。

当工程延误的负面影响十分严重时，甚至不得不调整工程项目的总体施工组织计划（网络计划）和追加工程总预算，但调整后的网络计划应当满足合同规定的总工期要求。这种情况是需要努力避免的。

（7）重复（2）～（6），直至项目竣工。

以上几个步骤的反复进行，就构成了工程进度的动态控制过程。

三、影响工程进度的因素

（1）影响工程进度的因素是错综复杂的，归纳起来有以下几点因素：

①相关单位的工作未按计划完成。

②工程设计变更。

③材料、设备供应不及时或不齐全。

④资金未到位。

⑤出现不利的施工条件。

⑥技术原因。

⑦施工组织不当。

⑧不可预见的因素。

（2）FIDIC 合同条件（国际咨询工程师联合会出版《土木工程施工合同条件》）第 44.1 款规定了工程延期的条件，工程延期可能由以下原因造成：

①工程量增加。由监理工程师发出的工程变更指令增加工程量，于是相应的工期也需要延长。

②合同条件中任何可能造成延期的原因。这包括延期交付施工图纸，暂停施工指令，延

期占用土地，发掘现场发现的化石、文物，进行合同规定以外的检查，不利的外界条件，业主延期付款等。

（3）异常恶劣的气候条件。这是指遇到了合同规定界限以外的不可预见的异常恶劣的气候条件，而导致工程的延误或中断。

（4）业主的干扰或阻碍。按照 FIDIC 合同条件，业主对承包商的工程活动不能进行指挥或干预，业主的任何干预行为都可能成为对承包商的干扰或阻碍，有可能延误工期。

（5）除承包商本身以外的任何原因，造成工程的延误或中断。在这种情况下，应当按照合同条件的有关规定，同意延长工程的工期。

所有以上这些因素都会影响工程的进度，实际进度与计划进度相比将出现偏差，需要及时采取措施予以纠正。

铁路工程进度控制方法（网址及二维码）：

http：//www. worlduc. com/SpaceShow/Blog/More. aspx？ cid =489230&sid =2654308&uid =177251

任务8.2　施工进度计划的编制

铁路施工进度安排应坚持系统性、先进性、经济性、合理性与实用性相结合的原则，应用科学的计划管理方法，合理安排施工顺序；统筹协调各专业各阶段工期、线下整体推进、站后同步展开，把握关键线路，突破重点，确保总工期；在确保质量、安全等目标实现的前提下适当提前计划，确保后续工作按期开工。

一、进度计划的分类

根据不同的划分标准，施工进度计划有不同的种类，组成了一个互相关联、制约的计划系统，如图 8 - 2 所示。

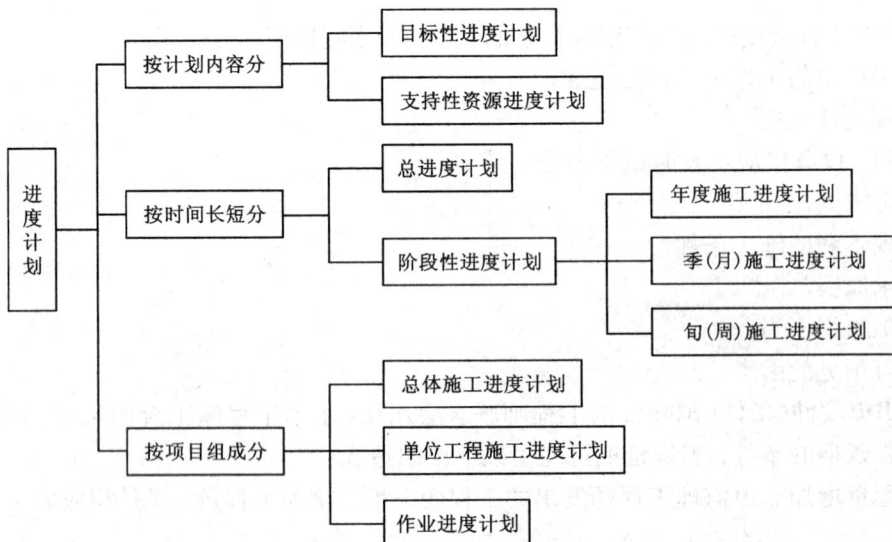

图 8 - 2　施工进度计划分类

二、施工进度计划编制应遵循的原则

进度计划安排的基本原则是确保总工期和阶段工期，充分分析工期及进度安排的时间价值，体现"向关键工作要时间，向非关键工作要资源"的理念，根据联调联试控制线、铺轨控制线、无砟轨道控制线和架梁控制线，合理安排站前工程与站后工程进度计划。具体原则包括：

（1）遵守基本建设程序。

（2）要根据企业管理水平和技术装备水平合理安排工期，积极采用合理先进的技术指标。

（3）人力、物资、设备和资金等资源分配均衡。

（4）单项工程施工进度应与施工总进度相互协调，各施工工序前后兼顾、衔接合理、干扰少、施工均衡。

（5）在保证施工质量、总工期的前提下，充分发挥资金的时间价值和投资效益。

（6）安排施工进度计划时，必须满足线下工程沉降、梁体收缩徐变、联调联试、运行试验的必要时间，无缝线路锁定应选择在满足锁定轨温要求的气温条件进行，不宜采用拉伸的方式。

（7）铺轨后各工程占轨时间应有专项安排。

三、编制施工进度计划的依据

（1）工程的全部施工图纸。

（2）各种有关的地形地貌、地质水文、气象、施工条件和技术经济资料。

（3）建设单位规定的或合同规定的开工、竣工日期。

（4）主要工程的施工方案。

（5）可能的资源（劳动力、机械设备、材料）的供给情况。

（6）各项工作的时间估计。

（7）各种制约因素。

四、铁路工程进度计划主要内容

（1）开竣工日期及总工期。

（2）主要阶段工期：架梁、无砟道床、铺轨的开始时间，全线铺通、站后工程完成、开始联调联试和模拟运行、动态检测时间。

（3）施工进度计划图表：

①总体施工组织形象进度图；

②总体施工进度网络图；

③总体施工进度横道图；

④重点工程进度横道图；

⑤重点工程进度网络图；

⑥架梁作业进度安排表；

⑦铺轨作业进度安排表。

五、施工进度计划的编制步骤

(1)研究施工图纸和有关资料及施工条件。

(2)分解施工项目,计算实际工程数量。

(3)确定合理的施工顺序和选择施工方法。

(4)计算各施工过程的实际工作量(劳动量)。

(5)确定各施工过程的劳动力需要量及工种和机械台班数量及规格。

(6)设计与绘制施工进度图。

(7)检查与调整施工进度。

任务8.3　进度计划实施中的检查与调整

一、实际进度与计划进度的比较分析

(一)工程项目施工进度分类

工程项目施工进度大概分为以下五类。

(1)实际进度:工作项的实际开始时间、实际完成时间、实际完成的实物量等,这些数据定期从工程进度的月报或季报中得来。

(2)指令进度:强制指定的工作项的开始时间、完成时间等。

(3)计算进度:按网络计划计算获得的工作项的(最早、最迟)开始时间、(最早、最迟)完成时间。

(4)计划进度:年度、季度施工计划安排的工作项的开始时间、完成时间、完成的实物量,从年度、季度施工计划中获得。计划进度可以等于计算进度,也可以是计算进度经过人工调整的值。

(5)基准进度:用于作比较的进度,它可以是当前的计划进度,也可以是某个计算进度。

我们在进行偏差分析时所用到的主要是实际进度和计划进度,即令计划进度等于计算进度,并将其作为基准进度来比较偏差。

(二)常用的进度比较方法

将整理出的实际进度与原计划进度进行比较,确定计划实施情况与计划目标之间的偏差,并得出实际进度比原计划进度超前、一致或滞后的结论。常用的进度比较方法有:横道图比较法、S形曲线比较法、香蕉曲线比较法、前锋线比较法和列表比较法。

1. 横道图比较法

横道图比较法是指将项目实施过程中检查实际进度收集到的数据,经加工整理后直接用横道线平行绘于原计划的横道线处,进行实际进度与计划进度比较的方法。采用横道图比较法,可以形象、直观地反映实际进度与计划进度的比较情况。

例如,某基础工程的计划进度和截止到第9周末的实际进度如图8-3所示,图中细线表示该工程计划进度,粗线表示实际进度。从图中实际进度与计划进度的比较可以看出,到第9周末进行实际进度检查时,挖土方和做垫层两项工作已经完成;支模板按计划也应该完成,但实际只完成75%,任务量拖欠25%;绑扎钢筋按计划应该完成60%,而实际只完成20%,

任务量拖欠 40% 。需注意的是，图中所表达的比较方法仅适用于工程项目中的各项工作都是均匀进展（每项工作在单位时间内完成的任务量都相等）的情况。

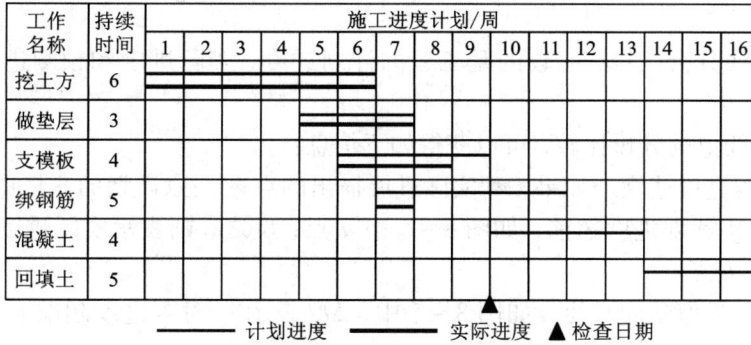

工作名称	持续时间	施工进度计划/周															
		1	2	3	4	5	6	7	8	9	10	11	12	13	14	15	16
挖土方	6																
做垫层	3																
支模板	4																
绑钢筋	5																
混凝土	4																
回填土	5																

——— 计划进度　　——— 实际进度　▲ 检查日期

图 8 - 3　某基础工程实际进度与计划进度比较图

根据各项工作的进度偏差，进度控制者可以采取相应的纠偏措施对进度计划进行调整，以确保该工程按期完成。

2. S 形曲线比较法

S 形曲线是工程进度控制中常用的一种工具。通过对工程计划投资曲线和实际投资曲线的对比，特别是通过绘制预测投资曲线，能够使管理人员对工程的当前进度情况和未来走势有一个直观、清楚的了解。

S 形曲线是一个以横坐标表示时间，纵坐标表示工作量完成情况的曲线图。该工作量的具体内容可以是实物工程量大小、工时消耗或费用支出额，也可用相应的百分比来表示。下面以投资为例说明，即纵坐标表示费用支出额，这样就能清楚地看出工程进度对投资费用的影响，方便协调控制两者间的关系。

对大多数工程来说，单位时间的费用支出从整个时间范围来看，通常是中间多两头少，即费用的支出前期较少，随着时间的增加而逐渐增多，在某一时期到达高峰后又会逐渐减少直至项目完成，形状如图 8 - 4(a) 所示。由于这一原因，累加后便形成一条中间陡而两头平缓的形如 "S" 的曲线，如图 8 - 4(b) 所示。

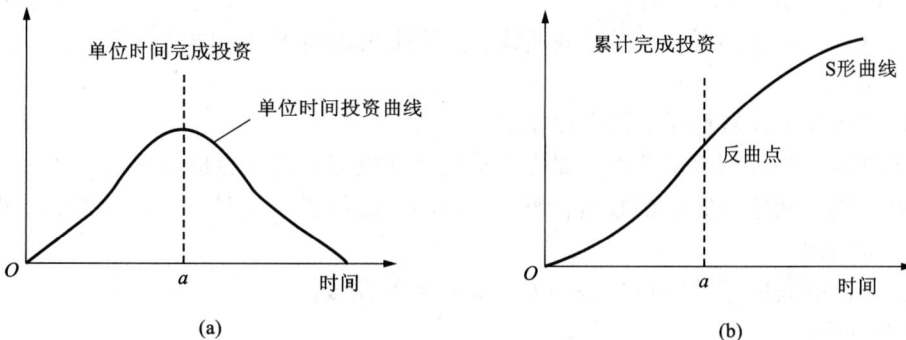

(a)　　　　　　　　　　　　　　　(b)

图 8 - 4　时间与完成投资关系曲线

　　这里需要注意的是，图 8-4(a)和图 8-4(b)都只是示意图，由于在铁路工程施工过程中，对投资的统计和调拨是以月为单位来进行的，是离散型的，因此其 S 形曲线也是以折线的形式绘制的。作曲线拟合不仅没有必要，而且没有实际数据作为依据，是不符合实际情况的。

　　所谓 S 形曲线分析比较，比较的是工程的计划进度、实际进度和预测进度，如图 8-5 所示。

　　通过 S 形曲线上的分析比较，可以获得如下信息：

　　(1)实际工程进展速度。如果工程实际进展描出的点落在原计划的 S 形曲线左侧，则表示此刻实际进度比计划进度超前，如图 8-5 中 a 点；反之，则表示实际进度比计划进度拖后，如图 8-5 中 b 点。

　　(2)进度超前或拖延的时间。如图 8-5 中，Δt_a 表示 t_a 时刻进度超前时间，Δt_b 表示 t_b 时刻进度拖延的时间。

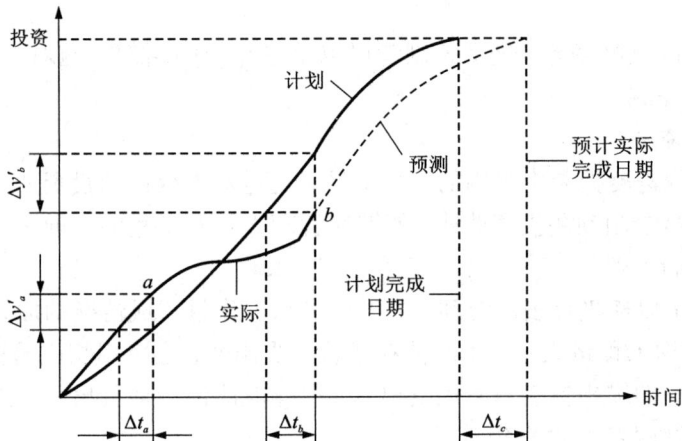

图 8-5　S 形曲线比较图

　　(3)投资完成情况。如图 8-5 中的 $\Delta y'_a$ 表示 t_a 时刻超额完成的投资额，$\Delta y'_b$ 表示 t_b 时刻未完成的投资。后期工程进度预测如图 8-5 中虚线表示，若后期工程按原计划速度实施，则总工期拖延的预测值为 t_c。

　　下面分别介绍 S 形曲线，包括计划曲线、实际曲线和预测曲线的绘制方法。

　　(1)计划曲线。

　　计划曲线的获得比较简单，其步骤如下：

　　①首先确定工程计划投资曲线，即确定不同时间投资的计划完成情况。

　　②计算不同时间累计完成的投资情况，即将同一时间投资的计划完成量相加，得到该时间的累计完成情况。

　　③根据不同时间的累计完成投资情况绘制计划 S 曲线。

　　(2)实际曲线。

　　实际曲线的作图步骤和计划曲线基本相同，只是将计划曲线中不同时间投资的计划完成量改为实际完成量。

（3）预测曲线。

预测曲线是 S 曲线比较法中的关键，通过预测曲线的绘制，可以大致预测工程在目前这一统计检查的日期后，若剩下的工作仍按计划进度施工工程进度的情况。具体的作图步骤如下：

①首先要以目前的统计日期作为工程的开工日期重新构造网络计划图。即把原网络计划中已完成的工作去掉；对于已开工但未完成的工作，则以统计日期作为它的新开工日期重新计算其持续时间。若以 d 表示工作的原持续时间，d' 表示新的持续时间，t 表示统计时间，t' 表示工作的实际开工时间，则

$$d' = d - (t - t') \tag{5-1}$$

②计算新网络图的时间参数。此时，这些时间参数都是以工程的统计时间为起点的时间。

③将新网络图的时间参数加上工程的统计时间。这样就将新网络图中的时间参数都转化成以工程开工时间为起点的时间。

④根据新的时间参数画出预测曲线，方法与计划曲线的绘制类似。但此时的投资情况应根据每个工作的定额（每单位工程量花费的投资额）来计算。例如，若某项工作的定额为 m，总工程量为 v，已完成进度百分数为 p，则该工作还需要的投资量 m' 为：

$$m' = m \times v \times (1 - p\%) \tag{5-2}$$

通过以上步骤，就能画出工程进度的预测曲线，预测工期和投资的变化。

3. "香蕉"曲线比较法

"香蕉"曲线实际上是由两条 S 形曲线组合而成的，如图 8-6 所示。可以看出，该"香蕉"曲线是由两条具有同一开始时间和同一结束时间的曲线组成的，其中一条是以各工作均按最早开始时间安排进度所绘制的 S 形曲线，简称 ES 曲线；而另一条则是以各工作按最迟开始时间安排进度所绘制的 S 形曲线，简称 LS 曲线。显然，除开始和结束点外，ES 曲线上的其余各点均落在 LS 曲线的左侧，某时刻两条曲线各对应完成的投资量是不同的。通常，在项目实施工程中，理想的状况是任一时刻按实际进度描出的点应落在这两条曲线所包的区域内，如图 8-6 中曲线 R。

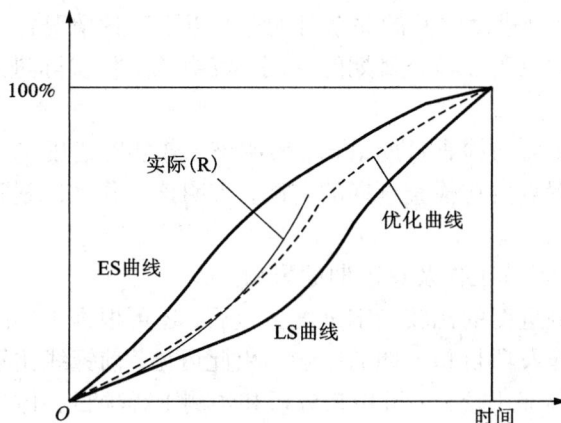

图 8-6　香蕉曲线比较图

利用"香蕉"曲线除可进行进度计划的合理安排、实际进度与计划进度的比较外,还可以对后期工程进行预测,即确定在现实状态下,后期工程若按最早和最迟开始时间实施,ES曲线与LS曲线的发展趋势。其作图方法与S曲线的作图方法一致,不同之处在于它是以工作的最早开始时间和最迟开始时间分别绘制的。

4. 前锋线比较法

前锋线比较法适用于时标网络计划。所谓前锋线,是指在原时标网络计划上,从检查时刻的时标点出发,用点画线依次将各项工作实际进展位置点连接而成的折线。前锋线比较法就是通过实际进度前锋线与原进度计划中各工作箭线交点的位置来判断工作实际进度与计划进度的偏差,进而判定该偏差对后续工作及总工期影响程度的一种方法。采用前锋线比较法进行实际进度与计划进度的比较时,其步骤如下。

(1)绘制时标网络计划图。

工程项目实际进度前锋线是在时标网络计划图上标示的,为清楚起见,可在时标网络计划图的上方和下方各设一时间坐标。

(2)绘制实际进度前锋线。

一般从时标网络计划图上方时间坐标的检查日期开始绘制,依次连接相邻工作的实际进展位置点,最后与时标网络计划图下方坐标的检查日期相连接。

工作实际进展位置点的标定方法有两种。

①按该工作已完成任务量比例进行标定。

假设工程项目中各项工作均为匀速进展,根据实际进度的检查时刻求出该工作已完成任务量占其计划完成总任务量的比例,在工作箭线上从左至右按相同的比例标定其实际进展位置点。

②按尚需作业时间进行标定。

当某些工作的持续时间难以按实物工程量来计算而只能凭经验估算时,可以先估算出检查时刻到该工作全部完成尚需作业的时间,然后在该工作箭线上从右向左逆向标定其实际进展位置点。

(3)进行实际进度与计划进度的比较。

前锋线可以直观地反映出检查日期有关工作实际进度与计划进度之间的关系。对某项工作来说,其实际进度与计划进度之间的关系可能存在以下三种情况:

①工作实际进展位置点落在检查日期的左侧,表明该工作实际进度拖后,拖后的时间为二者之差;

②工作实际进展位置点与检查日期重合,表明该工作实际进度与计划进度一致;

③工作实际进展位置点落在检查日期的右侧,表明该工作实际进度超前,超前的时间为二者之差。

(4)预测进度偏差对后续工作及总工期的影响。

通过实际进度与计划进度的比较确定进度偏差后,还可根据工作的自由时差和总时差预测该进度偏差对后续工作及项目总工期的影响。由此可见,前锋线比较法既适用于工作实际进度与计划进度之间的局部比较,又可用来分析和预测工程项目整体进度状况。

【例8-1】 某工程项目时标网络计划如图8-7所示。该计划执行到第6周末检查实际进度时,发现工作A和B已经全部完成,工作D、E分别完成计划任务量的20%和50%,工作 C 尚需 3 周完成，试用前锋线法进行实际进度与计划进度的比较。

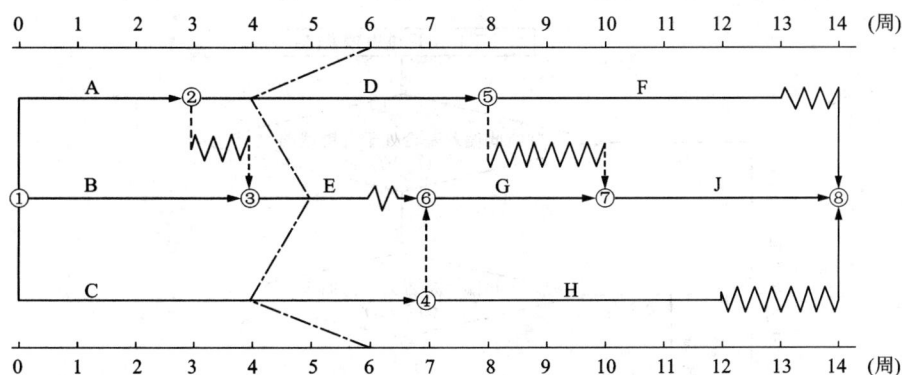

图 8 – 7 某工程前锋线比较图

【解】 根据第 6 周末实际进度的检查结果绘制前锋线，如图 8 – 7 中点画线所示。通过比较可以看出：

(1)工作 D 实际进度拖后 2 周，将使其后续工作 F 的最早开始时间推迟 2 周，并使总工期延长 1 周。

(2)工作 E 实际进度拖后 1 周，既不影响总工期，也不影响其后续工作的正常进行。

(3)工作 C 实际进度拖后 2 周，将使其后续工作 G、H、J 的最早开始时间推迟 2 周。由于工作 G、J 开始时间的推迟，从而使总工期延长 2 周。

综上所述，如果不采取措施加快进度，该工程项目的总工期将延长 2 周。

二、施工进度计划的调整

1. 分析进度偏差对后续工作及总工期的影响

当实际进度与计划进度不符时，即出现了进度的偏差时，就需要分析这种偏差对后续工作产生的影响。偏差的大小以及此偏差所处的位置，对后续工作的影响以及对后续工作及工期的影响程度是不同的。具体的分析步骤如下：

(1)判断此进度偏差是否处于关键线路上，即确定出现进度偏差的工作的 T_F 是否等于零。如果 T_F 等于零，说明此项工作处在关键线路上，因此无论偏差大小，都必将对后续工作及工期产生影响，必须采取相应的调整措施；如果 T_F 不等于零，说明此工作处在非关键线路上，该偏差的大小决定着对后续工作和工期是否产生影响以及影响的程度，此时需要进行下一个判断。

(2)判断进度偏差是否大于总时差。如果某工作的进度偏差大于该工作的总时差，说明此偏差必将影响后续工作和总工期；如果该偏差小于或等于该工作的总时差，说明此偏差不会影响项目的工期，但它是否对后续工作产生影响，还需要进一步与自由时差进行比较，因此需要继续进行下一个判断。

(3)判断进度偏差是否大于自由时差。如果某工作的进度偏差大于该工作的自由时差，说明此偏差必将对后续工作产生影响，需作相应的调整；反之，如果该偏差小于或等于该工作的自由时差，说明此偏差不会对后续工作产生影响，在此情况下，原进度计划可不作调整。

　　经过上述分析，便可根据对后续工作的不同影响采取相应的进度调整措施，以便获得新的进度计划并用于指导项目的实施。具体的判断分析过程如图 8-8 所示。

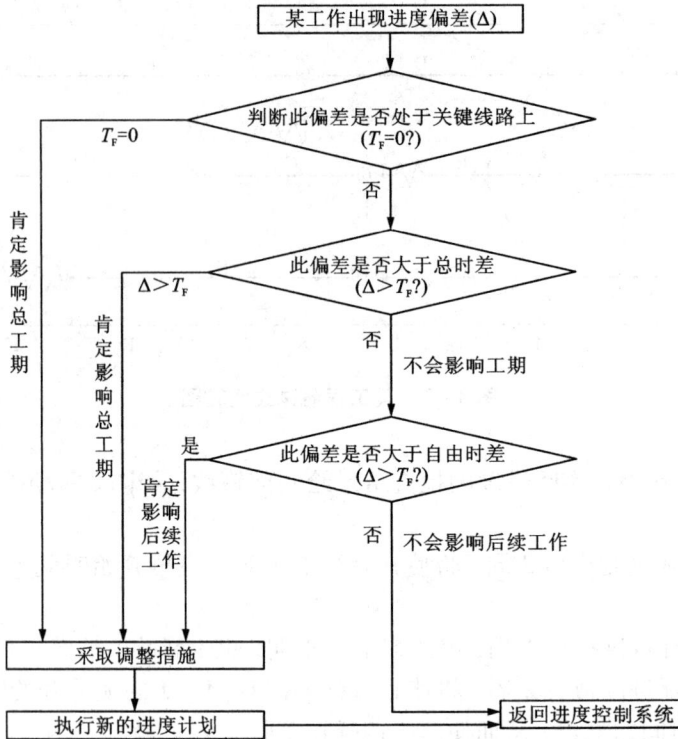

图 8-8　进度偏差对后续工作影响分析过程

2. 施工进度计划的调整方法

　　当实际进度偏差影响到后续工作、总工期而需要调整进度计划时，其调整方法如下：

　　(1)改变某些工作间的逻辑关系。

　　当工程项目实施中产生的进度偏差影响到总工期，且有关工作的逻辑关系允许改变时，可以改变关键线路和超过计划工期的非关键线路上的有关工作之间的逻辑关系，达到缩短工期的目的。例如，将顺序进行的工作改为平行作业、搭接作业以及分段组织流水作业等，都可以有效地缩短工期。对于大型群体工程项目，单位工程之间的相互制约相对较小，可调幅度较大；对于单位工程内部，由于施工顺序和逻辑关系的约束较大，可调幅度较小。

　　(2)缩短某些工作的持续时间。

　　此种方法不改变工作之间的逻辑关系，而是缩短某些工作的持续时间。这些被压缩持续时间的工作位于由实际施工进度滞后而引起总工期增长的关键线路和某些非关键线路上，压缩这些工作的持续时间，对质量、安全的影响不大，且资源充足，增加的费用最少。这种方法实际上就是网络计划优化中的工期优化方法和工期费用优化方法。

　　(3)资源供应的调整。

　　由资源供应异常引起的进度计划执行问题，应采用资源优化方法对计划进行调整或采取应急措施，使其对工期的影响最小。

　　(4)增减施工内容。

增减施工内容不应打乱原进度计划的逻辑关系，只对局部逻辑关系进行调整。增减施工内容之后，重新计算时间参数，分析对网络计划的影响。当对工期有影响时，应采取调整措施，确保计划工期不变。

（5）增减工程量。

增减工程量是指改变施工方案、施工方法，从而导致工程量的增加或减少。

（6）起止时间的改变。

起止时间的改变应在相应的工作时差范围内进行，如延长或缩短工作的持续时间，或将工作在最早开始时间和最迟完成时间范围内移动，每次调整必须重新计算时间参数，观察该项调整对整个施工进度计划的影响。

铁路工程进度控制相关案例（网址及二维码）：

http：//www. worlduc. com/SpaceShow/Blog/More. aspx？cid =
489324&sid = 2654316&uid = 177251

任务 8.4 相关案例

案例：××铁路涵洞工期保证措施

为了能在规定工期内完成工程内容。为此我们将采取以下措施，确保工期实现，如期交付使用。

1. 做好前期准备

提前做好思想、组织、技术、人员、设备、物资、资金等各项准备工作，由分部负责人组织各有关部门提前筹划，落实分部主要管理人员及有类似工程施工经验的基本队伍，提前进入技术培训，对拟投入的设备机械进行一次保养维修，先遣人员做好施工准备。

2. 组织精干、务实、高效的项目领导班子

由具有丰富桥涵施工经验的人员组成领导班子，选派事业心强，有丰富经验的管理人员任各部门负责人，配齐施工技术、安全环保、质量检验、计划财务、物资设备等各方面的管理和业务人员。

3. 优选长年从事涵洞工程的专业施工队伍

调配有丰富工程施工经验的人员到施工一线，包括具有多年施工经验的管理人员，技术人员，以及熟练技工，组成一支思想素质好、作风顽强、经验丰富、技术过硬的专业施工队伍，投入本工程。

4. 加强资源配置，做好设备、物资资金等各方面的保证

（1）发挥我公司机械施工的优势，调配性能好、机况好、适合本工程需要的机械设备，开挖、灌筑等关键工序中使用的设备，确保完好率、出勤率，保证工程任务顺利完成。

（2）物资、材料提前计划采购，避免停工待料，保证材料及时、充足、合格运到现场，对支架、钢管等周转性材料提前做好准备。

（3）财务部门要确保充足的流动资金投入本工程。

5. 优化施工方法，做好实施性施工组织设计

对拟定的施工组织方案、施工方法，进行认真分析研究和方案比选，确定既能满足本工程设计要求，又能发挥自身优势的施工方案、方法。

（1）质量管理体系。

采用 ISO9002 质量管理体系、程序文件对工程进行全方位、全过程的系统化、标准化、规范化管理，使管理机构和作业层得到有效控制和高效运转。

（2）工期计划管理。

根据实施性施工组织的总体安排和网络计划，编制"年、季、月、周"作业计划，并根据实施过程中的完成情况，及时与原计划进行对比，若进度滞后要及时分析查找原因，并果断采取措施调整、补救，实行动态管理，以周保月，以月保季，从而保证年计划及总工期计划的实现。

严格执行工地计划会制度，检查、总结当日进度计划完成情况，确定第二天工作计划，每周由分部组织召开工程进度、验工计价、质量安全总结分析会，重大问题及时报公司组织协调。

（3）根据总体目标，抓好工序衔接。

本工程施工场地小，工序多，工期紧，外界干扰大，需要展开流水、平行、交叉多种作业形式，要统筹协调好各工序、各施工专业。

要严格实行工程管理人员、技术人员跟班作业制度，提前预测交叉工序间的配合问题，及时发现处理施工中遇到的其他问题，积极主动配合监理工程师工作，虚心听取监理工程师对施工组织管理、施工进度控制措施等的要求、建议。

6. 应用新技术，采用先进设备

针对本工程特点，采用先进的设备，提高劳动生产率。针对重点工序，有计划地开展技术攻关活动，编制重点工序施工作业指导书，充分发挥科学技术的先导作用。

7. 协调好内、外部关系

与当地政府相关主管部门和其他企业、环保局等取得联系，得到其支持对施工的顺利进行是十分有利的。

分部领导要做好员工的思想政治工作，关心员工生活，加强内部凝聚力，使上下员工拧成一股绳，全力投入施工生产，不因其他琐事延误全面落实经济承包现任制。分部与作业队、班组、职工个人实行层层承包，把各项目标横向分解到分部全员，纵向分解到施工队班组每一职工，充分调动全员积极性。

案例讨论：

1. 施工进度控制主要有哪几方面的措施？

2. 在施工技术方面，如何保证施工工期？

思考与练习

1. 影响工程进度的因素有哪些？

2. 进度控制的主要工作步骤是什么？

3. 施工进度计划图表主要有哪些？

4. 简述施工进度偏差分析的步骤。

5. 工程实际进度与计划进度的比较方法有哪些？

6. 利用 S 曲线比较法可以获得哪些信息？

项目 **9**

铁路工程项目成本控制

拟实现的教学目标

1. 能力目标

通过本项目的学习，学生能够对铁路工程项目的成本数据进行分析和诊断；并能够利用挣值法对项目的进度和成本进行综合控制，实现项目成本的动态调整。

2. 知识目标

熟悉成本控制的主要工作，掌握成本控制的方法；掌握成本状况分析的方法及挣值法；掌握降低成本的措施。

3. 素质目标

通过本项目的学习，培养学生收集、处理、分析、诊断实际施工成本数据的能力，提高其成本控制的能力；培养学生分析问题、解决问题的能力。

任务 9.1 认知铁路工程项目成本控制

一、成本控制的概念

成本控制是指通过控制手段，在达到预定质量和工期要求的同时，优化成本开支，将总成本控制在预算（计划）范围内。

工程成本的高低，首先取决于已确定施工工艺、施工组织方案及技术组织措施为主要内容的施工组织设计的质量，其次是施工准备阶段和正式施工阶段的组织管理工作的质量。因而，项目成本管理主要通过技术（如施工方案的制订、比选）、经济（如核算）和管理（如施工组织管理、各项规章制度等）活动达到预定目标，实现盈利的目的。

二、成本控制的主要工作

工程项目的成本控制的主要工作内容如下：

（1）制定成本控制（管理）办法，包括规定的成本批准、核算、审核和变更等程序，明确相关的控制权力和责任、执行条件和约束条件（如许用限额、应急备用金等），并形成书面文件。

（2）在成本计划的基础上落实各组织层次的责任成本。

①从业主的角度，签订好工程相关设计、采购、承包合同是投资控制最有效的措施，要严格控制合同价，包括价格水准、付款方式和付款期、价格补偿条件和范围等。

②对承包商而言，在签订合同后，要合理确定和落实项目经理部的责任成本。项目经理部责任成本是经过分析的，与项目经理部责任制形式相关，根据设计和（或）实施方案，在资源配置和成本估算的基础上确定的，体现了企业对项目经理部的目标成本要求。

③承包商要签订好各种外包合同（如劳务供应、工程分包、材料供应、设备租赁等）。

④项目经理部在将分项工程或项目单元的成本目标落实到工程小组或职能部门时，还要下达与工作量相应的资源消耗（如用工、用料、费用）和工作效率指标。

（3）成本监督工作。成本监督一定要着眼于成本开支之前和开支过程中，并贯穿工程项目的全过程。

①对各种费用开支的审查和批准。即使已经做了计划仍需加强事前批准，事中监督和事后审查。

②应依据合同约定，做好各类各期付款申报、分期结算和竣工结算等工作，监控成本开支，审核各项费用，确定是否按规定支付，有无漏洞，审查已支付的成本相关工作是否已完成，保证每月按实际工程状况定时定量支付（或收款）。

③资源消耗控制是成本控制的基础。要控制成本必须对工程活动的人工、材料和机械消耗进行严格控制，建立定额用工、定额采购、定额领料和用料制度。对于超支，或超量使用的必须有严格的批准程序、手续，要追查原因，落实责任。

④应对项目实施过程中的资金流进行管理，按资金计划和规定程序对项目资金的运作实行严格的监控，包括控制支出，保证及时收入，降低成本和防范资金风险。

（4）成本跟踪。主要是成本分析工作，应编写详细的成本分析报告，从各个成本角度列明成本支出状况，确定实际与计划的偏差，确保成本报告能准确反映项目成本状况。

（5）成本诊断，即评估成本执行情况。包括：

①成本超支量及原因分析。如果成本偏差超出规定的限度，应分析偏离原因并采取措施。成本超支原因分析必须同时考虑其他因素的共同作用，如工程范围的变化、进度的调整、质量的变化等。

对责任成本与实际成本的差异进行分析，应区分项目责任的（项目可控的）偏差和非项目责任的（项目不可控的）偏差。

②剩余工作所需成本预算和工程成本趋势总体分析，研究在总成本预算内完成整个后续工作的可能性，制订调控措施，修订后续工作计划。

在最终成本趋势总体分析中，同样必须考虑合同、技术、工期和组织等的综合影响。

③对下一个控制期可能造成成本增加的内、外部风险进行预警和监控，必要时按规定程序做出合理调整，以保证工程项目正常进行。

（6）其他工作。

①与相关部门（职能人员）合作，为相关者提供成本信息，为决策或项目调整提供建议和意见。例如，提供由于设计变更、实施方案变化而引起的成本变化的信息。

②参与对成本超支问题解决方案的决策，从总成本最优的目标出发，进行技术、质量、工期和进度的综合优化。

③对项目状态的变化，如环境的变化、目标的变化、工程范围变化等所造成的成本影响

进行测算分析，并调整成本计划，协助解决费用补偿问题(即索赔和反索赔)。

三、成本控制的程序和方法

成本控制的程序和方法是相互联系的，包括成本控制标准、成本差异分析、调整偏差、责任成本控制等方面。

1. 成本控制标准

成本控制标准是衡量成本应该控制在事先规定的范围之内的一种尺度。生产消耗定额、限额以及预算、计划等都可以成为成本控制的标准。在确定了成本控制的目标和标准后，各职能部门、各生产岗位和职工就要依据成本标准对成本进行控制。

2. 成本差异分析

将实际成本和标准成本(计划成本)进行比较，分析产生成本差异的因素及其原因，称为成本差异分析。成本差异分析有助于揭示差异中的有利因素和不利因素及其发生的原因，肯定节约成绩，确定成本超支的责任归属，及时研究成本超支的原因及采取纠偏的措施，同时总结行之有效的降低成本经验，开拓降低成本的新领域，作为修订成本标准的参考。成本差异分析是成本日常控制的重要工作。通过分析成本差异中的有利差异(顺差，或称节约)和不利差异(逆差，或称超支)，为进一步对差异产生的原因进行分析研究和改进工作提供依据。控制成本的标准一般有两个：一是数量标准，二是价格标准。因此，在实际成本与标准成本对比分析中就产生了数量差异和价格差异两个因素。成本差异分析为：

$$差异 = 标准价格 \times 标准数量 - 实际价格 \times 实际数量 \qquad (9-1)$$

$$数量差异 = 标准价格 \times 标准数量 - 标准价格 \times 实际数量 \qquad (9-2)$$

$$价格差异 = 标准价格 \times 实际数量 - 实际价格 \times 实际数量 \qquad (9-3)$$

3. 调整偏差

对发生的成本差异应在分析原因的基础上，及时调整、修正不切合实际的标准成本，或采取措施降低实际成本。

4. 责任成本控制

责任成本指企业内部以责任单位为主体，把成本指标和经济责任有机地结合起来，用以反映责任主体经济责任的成本。责任成本控制就是以责任单位为主体的成本管理工作。方法是：企业制定降低成本总指标，并按分级归口管理的要求分解为若干降低成本分指标下达给各责任成本中心，控制成本的支出。各成本中心在执行降低成本任务上要与降低成本总目标保持协调一致，以促进成本的全面降低。

5. 实行业绩考评

实行业绩考评是责任成本控制的一个重要方面。即定期地对各成本责任中心实行考核评比，并和奖惩相结合。对各成本责任中心在保证工程(产品)质量和工期的前提下实现降低成本控制指标者应给予奖励，浪费、超支应受惩罚。

四、成本控制的基本内容

施工项目目标成本控制可分为事前控制、事中控制(过程控制)和事后控制。

(1)施工项目目标成本的事前控制是通过成本预测和决策，编制目标成本计划，提出降低成本措施以及确定降低成本目标。事前控制要求认真做好承包合同分析，在施工图预算和施工预算"两算"对比基础上，进行各项成本拆分，确定目标成本计划。

（2）事中控制是在成本形成过程中建立成本约束机制，从制度上加强管理，预防偏差和浪费的发生。它主要以工程合同造价为依据，从预算成本和实际成本两方面控制项目成本。实际成本控制应包括对主要工料的数量和单价、分包成本和各项费用等影响成本主要因素的控制。控制方法有：

①严格按照成本、费用计划和各项消耗定额，对一切生产费用进行随时随地的审核，及时制止不合理开支，把可能导致损失和浪费的苗头消灭在萌芽状态。建立严格的限额领料制度和费用开支审批制度。

②建立反映出现成本差异的信息反馈体系，随时把成本形成过程中出现的偏离目标的差异，反馈给责任部门和个人，及时采取纠正偏差的具体措施。

（3）事后控制是指根据受控成本的实际值与期望值进行比较，分析造成偏差的原因，确定采取改进措施。主要是对照合同结算价的变化，将实际成本与目标成本之间的差距加以分析，进一步挖掘潜力，落实成本责任制。成本的事后控制一般按以下程序进行：

①掌握成本的实际情况，将实际成本与计划成本进行比较，计算成本差异，明确是节约还是浪费。

②分析成本节约或超支的原因和责任归属。

任务9.2　工程项目成本跟踪与诊断

一、成本状况分析

（一）成本分析指标

成本分析的指标很多，可以按照不同的需要选择相应的指标，也可以自己灵活设计。通常有如下几大类。

1. 工期和进度的分析指标

$$时间消耗程度 = 已用工期/计划总工期 \times 100\% \qquad (9-4)$$
$$工程完成程度 = 已完成工程量/计划总工程量 \times 100\% \quad 或$$
$$= 已完成工程价格/工程计划总价格 \times 100\% \quad 或$$
$$= 已投入人工工时/计划使用总工时 \times 100\%$$

2. 效率比，这仅对已完成的工程的各个成本项目

$$机械生产效率 = 实际台班数/计划台班数 \qquad (9-5)$$
$$劳动效率 = 实际使用人工工时/计划使用人工工时 \qquad (9-6)$$

与它们相似，还有材料消耗的比较及各项费用消耗的比较。

对工程成本的评价，效率指标比较准确、明了，无论对一个分项工程或整个工程均可以使用。由于它是以实际工作量为基础的，所以比较的尺度是统一的。

当机械生产效率小于1时，说明实际台班数比计划台班数少。当劳动效率小于1时，说明实际人工消耗小于计划使用工时数。同样，可以进行材料消耗的比较。

3. 成本分析指标

$$成本偏差 = 实际成本 - 计划成本 \qquad (9-7)$$

$$成本偏差率 = (实际成本 - 计划成本)/计划成本 × 100\% \qquad (9-8)$$

$$利润 = 已完工程价格 - 实际成本 \qquad (9-9)$$

在各个成本要素、分部工程成本、总工程成本的比较分析中都可以采用偏差值和偏差率指标。它们可以比较直观地反映偏差的程度，这样管理者就可以始终把握每一个费用项目、每一分项工程以及总工程的成本状况和总利润状况。

4. 因素分析法

所谓因素分析法，是指测定多种因素构成的经济指标各个组成因素的变动，对该指标差异总额影响数值的一种分析方法。因素分析法的一般顺序是，首先用实际指标与计划指标（或上期实际数）对比，确定差异总额；其次科学地确定构成某经济指标的因素；同时确定各个因素与指标的关系（如加减关系、乘除关系、乘方开方关系）；在此基础上，根据分析的需要，采用适当的方法测定各组成因素的变动对该项经济指标变动的影响方向和程度。因素分析法的应用，主要有以下两种具体的计算方法：

（1）连环代替法。

连环代替法又称因素替换法或连锁替代法，是进行因素分析的一种方法。用它来测定经济指标构成因素变动对该项指标差额的影响程度。

（2）差额计算法。

差额计算法是连环替代法的简化形式。运用差额计算法的原则，与连环替代法的原则相同，只是计算的具体方法不一样。差额计算法是先计算出各个因素的实际数与计划数的差额，然后按连环替代法的顺序分别直接确定各个因素对总差额的影响数值。

【例 9 - 1】　某种材料的计划消耗总额为 15000 元，实际消耗总额为 16128 元，实际比计划增加 1128 元，试进一步分析该种材料消耗总额增加是由哪些因素变动形成的。

构成材料消耗总额的基本因素是工程量、单位工程量的材料消耗数量、材料单价。

以上三个因素与材料消耗总额的关系可用下式表示：

$$材料消耗总额 = 工程量 × 单位工程量的材料消耗数量 × 材料单价 \qquad (9-10)$$

将上式中各个因素的假定计划数和实际数列于表 9 - 1。

通过表 9 - 1 所列材料消耗总额及各个构成因素的对比，可用连环替代法分别测定各个因素变动对差异总额的影响程度，见表 9 - 2。

表 9 - 1　材料消耗情况表

指标	单位	计划	实际	差异	差异率
工程量	m³	100	120	+20	+20%
单位工程量的材料消耗量	块	500	480	-20	-4%
材料单价	元	0.3	0.28	-0.02	-6.67%
材料消耗总额	元	1500	16128	+1128	+7.52%

表9-2 影响材料消耗因素分析

计算顺序	替换因素	影响材料消耗变动因素			括指标材料费用/元	与前一次计算的差异/元	发生差异的原因
		工程量/m³	单位工程量材料消耗量/块	材料单价/元			
(1)替换基数		100	500	0.30	15000		
(2)第一次替换	工程量	120	500	0.30	18000	+3000	工程量增加
(3)第二次替换	单位工程量材料消耗量	120	480	0.30	17280	-720	单位工程量材料消耗减少
(4)第三次替换	材料单价	120	480	0.28	16128	-1152	材料单价降低
合计						+1128	

从表9-2所列分析资料可知,连环代替法的一般计算程序如下:

①各个因素都用计划数(或上期数)反映,求得被分析指标的计划数,以此作为构成因素替换的基础。

②按上列计算公式所列各因素的顺序,分别将各个因素的实际数逐次替代其计划数,替换之后就被保留下来;有多少个因素,就替换多少次,直到把所有的因素都替换成实际数为止。

③将每次替换的结果与前一次计算的结果比较,两数的差额就是某一因素对总差异的影响数值。

④求出各个因素影响数值的代数和,它应等于该指标的实际数与计划数之间的总差异。

从表9-2所列资料可见,材料消耗实际总额较计划总额增加了1128元,是由于实际完成工程量增加20 m³,使材料消耗增加了3000元;单位工程量的材料实际消耗量较计划消耗量少20块,使材料消耗减少了720元;材料的实际单价较计划单价减少了0.02元,使材料消耗减少了1152元相互抵消后的结果。

在运用连环代替法时,要注意的问题是:

a.必须从经济指标的内在因果关系正确确定其构成因素。否则,如根据任意凑合的"因素"进行分析,是不会得出正确的结论的,分析也就失去了意义。

b.应当按照各个因素的相互关系,排列一定的顺序,并严格按照顺序进行替换。如任意颠倒替换顺序,就会得出不同的计算结果。排列各个因素的顺序时,在存在数量指标和质量指标的情况下,可按照先数量指标后质量指标的顺序排列;在存在实物量指标和货币指标的情况下,可按照先实物量指标后货币量指标的顺序排列;在存在基本因素和从属因素的情况下,可按照先基本后从属因素的顺序排列。各次分析都应按照相同的顺序计算,使其分析计算的结果具有可比性。

(二)成本分析报告

(1)不同层次的管理人员需要不同的成本信息及分析报告。对工程小组组长、领班,要提供成本的结构、各分部工程的成本(消耗)值、成本的正负偏差以及可能采取的措施和趋向分析;对项目经理要提供比较全面的成本信息,主要包括项目实施的结果、项目的总成本现状、主要的节约和超支的成本项目和分析;而业主要求掌握已完成的工程价格、工程价款的变更信息等。

(2)不同版本成本之间的分析比较。由于成本计划是一个复杂的过程,产生不同的计划成本版本,如目标总成本、工程投资匡算、概算、修正总概述、预算、合同价、工程结算价、竣工决算等。所以,为了准确地反映项目成本变化情况,在成本分析报告中经常要进行不同版本成本数额的对比分析。

(3)成本报告通常包括各种分析报表、图和文字说明等。

(三)成本分析示例

【例 9 - 2】某工程计划直接总成本 2557000 元,工地管理费和企业管理费总额 567500 元。工程总成本为 3124500 元,则

$$管理费分摊率 = 567500/2557000 \times 100\% = 22.19\%$$

该工程总工期 150 d,现已进行了 60 d,已完成工程总价为 1157000 元,实际工时为 14670 h,已完工程中计划工时 14350 工时,实际成本 1156664 元,已完工程计划成本 1099583 元,则至今成本总体状况分析:

$$工期进度 = 60 \ d/150 \ d \times 100\% = 40\%$$

$$工程完成程度 = 1157000 \ 元/3124500 \ 元 \times 100\% = 37\%$$

$$劳动效率:14670 \ 工时/14350 \ 工时 \times 100\% = 102.2\%$$

$$成本偏差 = 1156664 - 1099583 = 57081(元)$$

$$成本偏差率 = 57081/1099583 \times 100\% = 5.19\%$$

$$已实现利润:1157000 - 1156664 = 336(元)$$

$$利润率 = 336/1157000 \times 100\% = 0\%$$

从总体上看,本工程虽未亏本,但利润太少,成本超支,劳动效率降低。

详细分析:其中有一个分项工程,模板为 30000 m^2,报价 900000 元,该分项工程施工的计划工期 130 d,计划工时为 24000 h,平均投入 23 人,则

$$计划平均生产速度 = 30000 \ m^2/130 \ d = 231(m^2/d)$$

$$计划劳动生产效率 = 24000 \ 工时/30000 \ m^2 = 0.8(工时/m^2)$$

现该活动已工作 45 d,消耗工时 6290 h,直接成本花费 243100 元,已完成工作量 8500 m^2,平均 189 m^2/d,而本期完成 4900 m^2,工时消耗为 3310 工时,则:

$$平均实际劳动生产率 = 6260 \ 工时/8500 \ m^2 = 0.74(工时/m^2)$$

$$本期劳动生产率 = 3310 \ 工时/4900 \ m^2 = 0.68(工时/m^2)$$

则该分项工程成本状况为

$$工期进度 = 45 \ d/130 \ d \times 100\% = 35\%$$

$$工程完成程度 = 8500 \ m^2/30000 \ m \times 100\% = 28\%$$

$$劳动效率 = 0.74/0.8 \times 100\% = 92.5\%$$

$$实际总成本 = 243100 \times (1 + 0.2219) = 297044(元)$$

$$实际工程价格 = 30 \ 元/m^2 \times 8500 \ m^2 = 255000(元)$$

$$则该分项工程已盈利润 = 255000 - 297044 = -42044(元)$$

由于该分项工程单位成本 $= 297044$ 元$/8500$ m$^2 = 34.95($元$/$m$^2)$

而报价仅 30 元,则每单位工程量亏损 4.95 元,亏损的进一步原因可以分析对比人工、材料、机械的消耗。从上面可见,人工的劳动效率比计划还是提高的(节约了劳动工时消耗)。进一步详细分析,可以得出人工费用、材料费用、机械费用各占的份额,而且还可以分析人工费用中,由于工资单价变化、工程量变化和劳动生产率变化所引起的成本变化的份额。

二、挣值法

(一)工程项目成本累计曲线(S曲线)的应用问题

实际成本与计划成本模型(S曲线)的对比反映项目总成本的进度状况。在实际工程中由于计划的成本模型是人们从工期和成本综合控制的角度和要求出发的,人们对实际和计划成本模型的对比寄予很大的希望,认为它对成本控制十分重要,但在对成本模型(即工期 - 累计成本)的计划和实际情况进行比较时要注意,若不分析其他因素,仅在这个图上分析差异,则常常不能反映出项目存在的问题和危险,见图9 - 1。

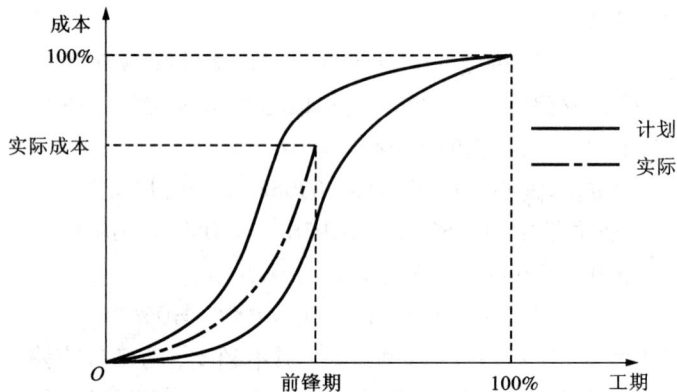

图 9 - 1   实际成本曲线在香蕉图范围内

(1)如果在图上计划和实际两条曲线完全吻合,或基本吻合,比如实际成本曲线在香蕉图范围内(图9 - 1),也不能说明项目实施一定没有问题。例如,可能由于工程进度较慢,未完成计划工程量,同时物价上涨,工作效率降低,花费增加,也会导致两曲线吻合或接近。另外,实际曲线位于计划曲线的下侧,也不能保证运行良好,当实际完成工程量少于计划工程量(如外界干扰、低工作效率)时,虽然总成本未超支,但最终工期将会延长,总成本也会超支。

另外,施工次序的变化、设计的变更、工程量的增加以及质量的变化等也会导致实际曲线和计划曲线两者的可比性较差。

(2)若图中计划和实际曲线完全不吻合,偏差较大,也不能说存在很大的问题。一般偏离是正常的,例如,由于成本模型是以计划成本在工程活动上平均分配为前提的,这与实际的成本在时间上的分布差距很大。有些活动早期成本很低,给人们以降低成本的感觉,而后期成本很高,这样使项目计划成本模型本身的科学性不大。

通常，只有在实施过程中完全按工程初期计划的顺序和工程量施工，不发生逻辑关系变化，没有实施过程或次序的改变或工期不正常推迟，才能从计划和实际的成本模型对比图上反映出成本差异的信息，才能反映成本本身的节约或超支。而这些条件在实际工作中很难保证，因此，在做上述分析时一定要谨慎地对项目进行综合分析，防止误导。

（3）在实际工程中，将实际成本核算到工程活动上是比较困难的，也常常是不及时的。在控制期末，对未完成的分项工程已花费的成本量和完成程度进行估算比较困难。通常在控制期末，未完的分项工程越多，实际成本的数值越不准确，成本状况评价越困难。

以上问题导致项目的实际和计划的成本模型的比较意义不大。为此国外也有人主张不必再做时间－成本累计曲线，不再用它作为控制的手段。

（二）挣值法的概念

挣值法克服了成本模型的局限性，考虑项目的实际工程量完成情况对成本的影响，是对项目进度和费用进行综合控制的一种有效方法。挣值法由美国国防部于1967年首次提出，长期以来它一直作为工程项目费用和进度综合控制的一种颇为有效的方法，被人们普遍采用。

1. 挣值法的3个基本参数

（1）计划工程量的预算费用（BCWS – Budgeted Cost for Work Scheduled）。BCWS是指到前锋期完成计划要求的工程量所需要的预算费用，它按照计划工程量和预算定额（单价）计算，表示按照原定的计划应该完成的工程量，其计算公式为：

$$BCWS = 计划工程量 \times 预算定额 \tag{9－11}$$

BCWS主要是反映按照进度计划应当完成的工作量，对业主，就是计划工程投资额。

（2）已完成工程量的实际费用（ACWP – Actual Cost for Work Performed）。ACWP是到前锋期实际完成的工程量所消耗的实际费用。ACWP主要是反映项目执行的实际消耗指标。

（3）已完工程量的预算成本（BCWP – Budgeted Cost for Work Performed）。BCWP是到前锋期实际完成工程量及按预算定额计算出来的费用，是实际工程价值。BCWP的计算公式为：

$$BCWP = 已完工程量 \times 预算定额 \tag{9－12}$$

对业主而言，BCWP是完成工程预算费用或实现了的工程投资额，如果采用单价合同，也就是应付给承包商的工程价款，对承包商来说就是他有权能够从业主处获得的工程价款，即他的"挣得值"（Earned Value）。

2. 挣值法的3条曲线

在项目的成本模型图中将过去每个控制期末的上述3个值标出，则形成3条曲线：

（1）BCWS曲线，即计划工作量的预算值曲线，简称计划值曲线。它是按照批准的项目进度计划（横道图），将各个工程活动的预算成本在活动的持续时间上平均分配，然后在项目持续时间上累加得到的，即前面所述的S曲线（项目成本模型）。这条曲线是项目控制的基准曲线。

（2）BCWP曲线，即已完工程量的预算值曲线，亦称挣得值曲线。它按控制期统计已完工程量，并将此已完工程量的值乘以预算单价，逐月累加得到。挣得值与实际消耗的费用无关，它是用预算定额或单价来计算已完工程量所取得的实物进展的值，能较好地反映工程实际进展所取得的绩效。

（3）ACWP曲线，即已完工程量的实际费用消耗曲线，简称实耗值曲线。按照对应已完工程量实际消耗的费用，逐项记录，逐月累加得到。

3. 挣得值方法的评价指标

BCWS、BCWP、ACWP 3 条曲线的对比可以直观地综合反映项目费用和进度情况（图 9 - 2）。

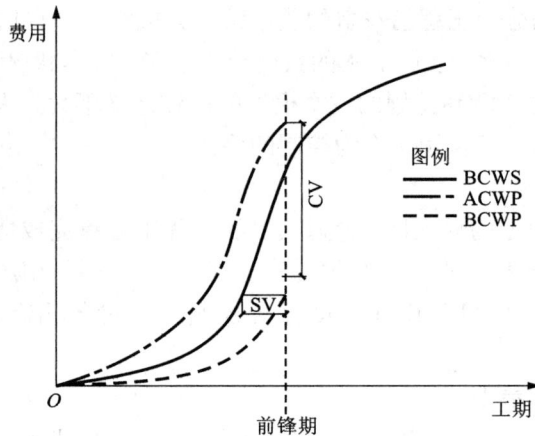

图 9 - 2　项目费用和进度情况

（1）费用偏差值（CV - Cost Variance）。

①CV，是指前锋期的 BCWP 与 ACWP 之间的差异，其计算公式为：

$$CV = BCWP - ACWP \tag{9-13}$$

由于两者均以已完工程量作为计算基准，因此两者的偏差即反映出项目的费用差异。

当 CV 为负值时表示执行效果不好，即实际费用超过"挣得值"，即费用超支。反之，当 CV 为正值时表示实际费用低于"挣得值"，表示有费用节余或效率高。CV = 0，表示实际消耗费用与"挣得值"相等。

②CPI（Cost Performed Index）是指"挣得值"与实际费用值之比：

$$CPI = BCWP/ACWP \tag{9-14}$$

它反映费用执行指标。当 CPI > 1 时，表示实际费用低于"挣得值"，说明效益好或效率高；当 CPI < 1 时，表示实际费用超出"挣得值"，说明效益差或效益低；当 CPI = 1 时，表示实际费用与"挣得值"吻合，说明效益或效率达到预定目标。

（2）进度偏差分析。

①进度偏差值 SV（Schedule Variance）。SV 是指 BCWP 与 BCWS 之间的差异。

$$SV = BCWP - BCWS \tag{9-15}$$

BCWP 是已完的工程量按预算单价结算的费用值，而 BCWS 是按计划应完成工程量的预算费用。由于两者均以预算单价作为计算基础，因此两者的偏差即反映出前锋期完成工程量的差异，即进度差异。

当 SV 为正值时，表示到前锋期，实际完成工程量多于计划应完成工程量，进度提前；当 SV 为负值时，表示进度延误；当 SV = 0 时，表示项目实际进度与计划进度相吻合。

②SPI（Schedule Performed Index）是进度执行指标。公式如下：

$$SPI = BCWP/BCWS \qquad\qquad (9-16)$$

当 SPI > 1 时，表示进度提前；

当 SPI < 1 时，表示进度延误；

当 SPI = 1 时，表示实际进度等于计划进度。

4. 挣值法的应用

运用挣值法原理可以对成本和进度进行综合控制。

(1)挣值法的优点。

①可以形象地用 S 曲线对整个项目和各项活动的计划费用、实际支出与"挣得值"相比较，可以很直观地发现项目实施过程中实际和计划的工程量和单价的差异，能对项目的实施情况进行客观的评估，有利于查找问题的根源，并能判断这些问题对进度和费用产生影响的程度。

②在项目的费用、进度综合控制中引入挣值法，可以克服以往进度、费用分开控制的缺点，使控制更加准确、有效。

③便于分清责任。

(2)挣值法应用于工程项目中存在的问题。

①应用对象要有明确的能够度量的工程量和单位成本(或单价)，但在工程中有许多工程活动是不符合这一要求的。

②它仅适用于工程量变化的情况，而工程中不仅有工程量的变更，还会有质量、工作条件和难度的变化以及外界的不可抗力的影响。它们都会导致实际成本的变化。

③在前锋期，许多已开始但未完成的分项工程的完成程度，以及已领用但未完全消耗的材料等的量度的准确性，都会影响挣值法的分析结果。虽然对此可采用折算的办法，但人为因素对分析效果的影响较大，从而产生偏差。

三、成本超支的原因分析

经过对比分析，发现某一方面已经出现成本超支，或预计最终将会出现成本超支，则应将它提出，做进一步的原因分析。成本超支的原因可以按照具体超支的成本对象(费用要素、工作包、工程分项等)进行分析。原因分析是成本责任分析和提出成本控制措施的基础，成本超支的原因是多方面的，如出现以下几种情况。

(1)原成本计划数据不准确，估计错误，预算太低，不适当地采用低价策略；承包商(或分包商)报价超出预期的价格(如标底)；原工作范围定义不正确。

(2)外部原因，如上级、业主的干扰，阴雨天气，物价上涨及不可抗力事件等。

(3)实施管理中的问题，例如：

①不适当的控制程序，费用控制存在问题，有许多预算外开支，或被罚款。

②成本责任不明，实施者对成本没有承担义务，缺少成本(投资)方面限额的概念，同时又缺乏节约成本的奖励措施。

③劳动效率低，工人频繁地调动，施工组织混乱。

④采购了劣质材料，工人培训不充分，材料消耗增加，浪费严重，发生事故，返工，周转资金占用量大，财务成本高。

⑤合同不利，在合同执行中存在失误，承包商(分包商、供应商)提出赔偿要求。

（4）工程范围的增加，设计修改，功能和建设标准提高，以及工程量大幅度增加等。

成本超支的原因很多，不胜枚举。一旦在项目的目标设计、可行性研究、设计和计划、施工等某一阶段，或者在技术、组织、管理和合同等某一方面出现问题，都会反映在成本上，造成成本超支。

原因分析可以采用因果关系分析图进行定性分析，在此基础上又可利用因素差异分析法进行定量分析。

四、降低工程项目成本的措施

成本偏差若影响了项目目标的实现，就要采取措施纠正偏差，使成本偏差控制在允许的范围内。

通常，要压缩已经超支的成本，且不损害其他目标是十分困难的，压缩成本的措施必须与工程的功能、工期、质量和合同等目标统一考虑。

1. 降低成本的具体措施

（1）寻找更经济、更高效的技术方案，采用符合规范而成本较低的原材料。

（2）购买部分产品，而不采用完全由自己生产但其成本较高的产品。

（3）重新选择供应商，以降低采购费用，但会产生已签订合同的供应商索赔，造成供应风险，且重新选择需要时间。

（4）改变实施过程，改变工程质量标准，如降低工程装修档次。

（5）变更工程范围，删去部分工程活动，减少项目范围内的工程量。这可能损害工程的最终功能，降低质量。

（6）索赔，如向业主、承（分）包商、供应商索赔以弥补费用超支等。

2. 采取降低成本的措施应注意的问题

（1）一旦成本失控，要在原计划成本范围内完成项目是非常困难的。因此在项目一开始，就必须牢固树立成本观念，密切关注导致成本超支的任何迹象，提倡事前控制。

（2）发现成本超支时，人们常常通过其他手段，在其他工作包上节约开支。这会损害工程质量和工期目标，甚至有时贸然采取措施，主观上企图降低成本，最终却导致更大的成本超支。

（3）在设计阶段采取降低成本的措施是最有效的，不会引起工期问题，且对质量的影响较小。

（4）成本的监控的重点应放在：

①超支最大的工作包或成本项目；

②近期将要实施的活动；

③具有较大的预算成本的活动。

（5）成本计划（或预算）的修订、成本措施的选择应顾及项目的其他目标和工作（如进度、实施方案、设计、采购），注意与项目参与各方的沟通协调。

铁路工程成本控制相关案例（网址及二维码）：

http：//www.worlduc.com/SpaceShow/Blog/More.aspx？cid＝489324&sid＝2654316&uid＝177251

任务9.3 相关案例

案例：某项目成本控制报告

报告期：某年8月31日

至控制期成本状况如下。

(1)总收支情况。

工程款总额：4418529元，其中包括费用追加343000元

实际成本额：3574710元

计划成本（新计划）：3206729元

完成原投标工程价：2997128元

(2)经营成果。

	绝对差	差异率（比工程款）
工程款 - 实际成本 = 843819元		19.1%
工程款 - 计划成本 = 1211800元		27.4%

(3)生产成果。

	差值	差异率
计划成本 - 实际成本 =	-367931元	-11.5%（比计划成本总额）
		-8.3%（比工程款）

该工程主要成本项目差异分析见表9-3。

表9-3 主要成本项目差异分析表

成本项目	计划值	实际值	偏差	偏差率 （比本项计划成本值）	偏差率 （比计划成本总额）
直接费			-335982		-10.5%
其中：					
(1)人工费	…	…		…	
(2)机械费	…	…		…	
(3)材料费	…	…		…	
(4)现场管理费			-31999		-1.0%
(5)总部管理费			0		0
合计			-367981		-11.5%

该工程各分项工程直接成本比较见表9-4。

表 9-4 各分项工程直接成本比较

分项工程编号	分项名称	计划值	实际值	偏差	偏差率(比本项计划成本值)	偏差率(比计划成本总额)	完成程度
	负偏差分项			-48030	-78.7%	-1.6%	98%
	工地临时设施	…	…	-23410	-192.2%	-0.8%	85%
	工地清理	…	…	-24792	-15.3%	-0.8%	95%
	正偏差分项	…	…				
…	…	…					

该分析表仅列出了成本偏差大于 +5% 以上的分部工程。

思考与练习

1. 如何理解施工项目成本管理成本最低化原则?

2. 要加强施工项目成本管理,必须做好哪些工作?

3. 施工项目成本计划的依据是什么? 如何编制成本计划?

4. 成本差异分析的目的是什么? 如何进行成本差异分析?

5. 已知某施工项目中某种材料的计划消耗总额是 15483 元,实际消耗总额为 12792 元,试分析实际消耗总额节约的原因。由资料得工程计划工程量是 150 m³,单位工程消耗量 397 kg/m³,单价为 0.26 元/kg,而实际工程量为 130 m³,单位工程消耗量 410 kg/m³,单价为 0.24 元/kg。

项目 **10**

铁路工程项目健康、安全和环境(HSE)管理

拟实现的教学目标

1. 能力目标

通过本项目的学习，学生能够根据项目的特点及现场条件编制相应的安全技术措施，组建安全保障体系；能够编制文明施工及环境保护措施。

2. 知识目标

了解施工健康、安全与环境(HSE)管理的目的及任务；掌握施工安全管理的主要内容，掌握安全技术措施的主要方法和主要内容；掌握文明施工及环境保护的主要内容。

3. 素质目标

培养学生分析施工过程中安全隐患的能力；提高学生针对安全隐患编制安全技术措施的能力；培养学生文明施工及环境保护的意识。

任务 10.1　认知施工健康、安全与环境(HSE)管理体系

一、施工健康、安全与环境(HSE)管理的概念

施工健康、安全是指影响工作场所内员工、临时工作人员、合同方人员、访问者和其他人员健康安全的条件和因素。它包括为制订、实施、实现、评审和保持职业健康安全方针所需的组织结构、计划活动、职责、惯例、程序、过程和资源。

环境是指组织运行活动的外部存在，包括空气、水、土地、自然资源、植物、动物、人，以及它们之间的相互关系。环境管理体系是整个管理体系的一个组成部分，包括为制订、实施、实现、评审和保持环境方针所需的组织结构、计划活动、职责、惯例、程序、过程和资源。

工程项目健康、安全和环境管理是为了实现项目职业健康安全管理目标，针对危险源和风险的管理活动，包括组织机构、策划活动、职责、惯例、程序过程和资源等。管理的基本理念是以人为本，系统化的实施风险预防。

二、施工健康、安全与环境(HSE)管理的目的和任务

1. 施工健康、安全与环境(HSE)管理的目的

铁路工程施工健康、安全管理的目的是防止和减少生产安全事故，保护产品生产者的健

康与安全，保障人民群众的生命和财产免受损失。要控制影响工作场所内员工、临时工作人员、合同方人员、访问者和其他人员健康和安全的条件和因素，考虑和避免因使用不当对使用者造成的健康和安全问题。

铁路工程施工环境管理的目的是保护生态环境，使社会的经济发展与人类的生存环境相协调。要控制作业现场的各种粉尘、废水、废气、固体废弃物以及噪声、振动对环境的污染和危害，考虑能源节约和避免资源的浪费。

2. 施工健康、安全与环境(HSE)管理的任务

施工健康、安全与环境(HSE)管理的任务是：组织(企业)为达到铁路工程施工安全、健康与环境管理的目的而进行的组织、计划、控制、领导和协调的活动，包括制订、实施、实现、评审和保持职业健康安全与环境方针所需的组织结构、计划活动、职责、惯例、程序、过程和资源，并为此建立健康、安全与环境管理体系。表 10 – 1 构成了实现施工健康、安全和环境方针的 14 个方面的管理任务。

表 10 – 1　安全、健康与环境管理体系构成要素

体系	组织机构	计划活动	职责	惯例(法律法规)	程序文件	过程	资源
职业健康安全体系							
环境管理体系							

三、工程项目职业健康安全与环境管理体系

职业健康安全管理体系(OHSAS18001)、环境管理体系(ISO14000)与质量管理体系(ISO9000)并列为三大管理体系，是目前世界各国广泛推行的一种先进的现代化生产管理方法。

1. 职业健康安全管理体系

职业健康安全管理体系是组织全部管理体系中专门管理健康安全工作的部分。组织实施该体系的目的是辨别组织内部存在的危险源，控制风险，从而避免或减少事故的发生。

2. 环境管理体系

ISO14000 环境管理体系标准是一个庞大的标准系统，由环境管理体系、环境审核、环境标志、环境行为评价、生命周期评价、术语和定义、产品标准中的环境指标等系列标准构成。

3. 质量管理体系

ISO9000 质量管理体系是由国际标准化组织(ISO)制定，成立的目的是在世界范围内促进标准化及有关工作的开展，以利于国际贸易的交流和服务，并发展在知识、科学、技术和经济活动中的合作，以促进产品和服务贸易的全球化。

四、建立职业健康安全与环境管理体系

为适应职业健康安全管理的需要，达到预防和减少生产事故和劳动疾病的目的，建立符合 OHSAS18001 要求的职业健康安全管理体系，施工项目管理体系的运行模式采用了一个动态循环并螺旋上升的系统化管理模式(图 10 – 1)。

铁路施工企业与项目部要结合企业与项目的实际，根据 OHSAS18001 管理体系要求，按

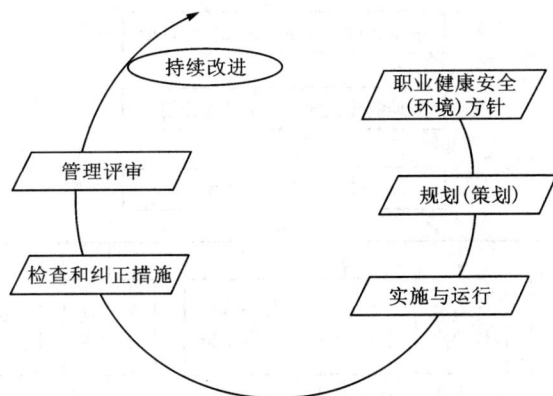

图 10 – 1　职业健康安全与环境管理体系运行模式图

照以下 6 个步骤建立：

(1)领导决策与准备：领导决策、提供资源、宣贯培训。

(2)初始安全评审：识别并判定危险源、识别并获取安全法规、分析现状、找出薄弱环节。

(3)体系策划与设计：编制职业健康安全方针、目标、管理方案；确定体系结构、职责及文件框架。

(4)编制体系文件：编制职业健康安全管理手册、有关程序文件及作业文件。

(5)体系试运行：各部门、全体员工严格按体系要求规范自己的活动和操作。

(6)内审和管理评审：体系运行 2 个多月后，进行管理体系内部审核和管理评审，自我完善并改进。

任务 10.2　铁路工程项目安全管理

一、施工项目安全控制概述

施工项目安全控制是为满足生产安全，对生产过程中的危险进行控制的计划、组织、监控、调节和改进等一系列管理活动。安全控制的目标是减少和消除生产过程中的事故，保证人员健康安全和财产免受损失。施工项目安全控制的特点是控制面广、控制的动态性、控制系统交叉性以及控制的严谨性。

1. 施工项目安全控制的程序

建设工程项目施工项目安全控制的程序如图 10 – 2 所示，具体控制程序为：

(1)确定建设工程项目施工项目安全目标。

(2)编制建设工程项目施工项目安全技术措施计划。

(3)施工安全技术措施计划实施。

(4)施工项目安全技术措施计划的验证。

(5)持续改进，直至完成建设工程项目的所有工作。

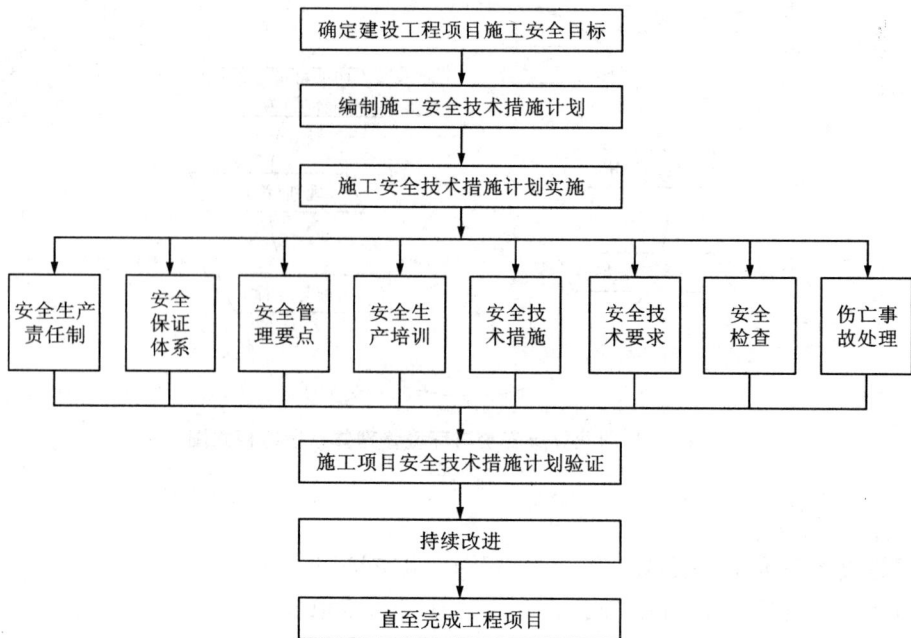

图 10 - 2　工程项目施工安全控制程序

2. 工程施工安全控制的基本要求

（1）施工单位在取得安全行政主管部门颁发的"安全施工许可证"后才可开工。

（2）总承包单位和每一个分包单位都应经过安全资格审查认可。

（3）各类作业人员和管理人员必须具备相应的执业资格才能上岗。

（4）所有新员工必须经过三级安全教育，即进项目部、进工区和进班组的安全教育。

（5）特殊工种作业人员必须持有特种作业操作证，并严格按规定定期进行复查。

（6）对查出的安全隐患要做到"五定"，即定整改责任人、定整改措施、定整改完成时间、定整改完成人、定整改验收人。

（7）必须把好安全生产"六关"，即措施关、交底关、教育关、防护关、检查关、改进关。

（8）施工现场安全设施齐全，并符合国家及地方有关规定。

（9）施工机械（特别是现场安设的起重设备等）必须经安全检查合格后方可使用。

（10）保证安全技术措施费用的落实，不得挪作他用。

二、施工安全技术措施计划及其实施

（1）工程项目安全计划的内容。

工程项目安全计划的内容：项目概况、安全控制和管理目标、安全控制和管理程序、安全组织机构、职责权限、规章制度、资源配置、安全措施、检查评价及奖惩制度。

（2）编制施工项目职业健康安全技术措施计划时，对于某些以下应考虑特殊情况：

①对结构复杂、施工难度大、专业性较强的工程项目，除制订项目总体安全保证计划外，还必须制订单位工程或分部分项工程的专项安全技术措施；

②对高处作业、井下作业等专业性强的作业，以及电气、压力容器等特殊工种作业，应制订专项安全技术规程，并对管理人员和操作人员的安全作业资格和身体状况进行合格检查；

③制订和完善施工安全操作规程，编制各施工工种特别是危险性较大工种的安全施工操作要求，作为规范和检查考核员工安全生产行为的依据；

④施工安全技术措施包括安全防护设施的设置和安全预防措施，主要有 17 个方面的内容，如防火、防毒、防爆、防洪、防尘、防雷击、防触电、防坍塌、防物体打击、防机械伤害、防起重设备滑落、防高空坠落、防交通事故、防寒、防暑、防疫、防环境污染等。

三、施工项目安全检查制度

安全检查是消除安全隐患、防止事故、改善劳动条件及提高员工安全生产意识的重要手段，是进行职业健康安全管理措施中的一项重要内容。通过安全检查可以发现工程中的危险因素，以便有计划地采取措施，保证安全生产。施工项目的安全检查应由项目经理组织，且定期进行。

1. 安全检查的基本要求

(1)要坚持"谁检查、谁签字、谁负责"的原则，要做好事故隐患排查的跟踪复查工作。作业队长、专业工程师和安质检员及现场带班监控人员对所管辖的区域实行日巡检制度。工区安全管理部门负责人对上述人员的活动情况实施监督与检查。

(2)作业队和外协劳务队伍必须建立各自的安全检查制度，除参加项目部组织的检查外，必须坚持自检，及时发现、纠正、整改本责任区的违章、隐患。对危险和重点部位要跟踪检查，做到预防为主。

(3)施工作业队要做好班前、班中、班后和节假日前后的安全自检工作，尤其作业前必须对作业环境进行认真检查，做到身边无隐患，班组不违章。

(4)要充分发挥广大员工的主观能动作用，对显现的重大事故隐患，员工有权向上级主管部门提出投诉，主管部门要认真查询，督促及时消除事故隐患。

(5)建立安全生产检查记录和隐患整改档案，安全检查发现的隐患，要逐项登记，根据隐患信息，及时对安全生产进行动态分析，从管理上、技术上分析原因，发现和诊断安全通病和管理缺陷，有效予以纠正，并制订预防措施，为加强安全管理提供依据。

(6)各级检查都必须有明确的目的，凡在安全检查中发现的隐患应及时填写《安全质量检查整改通知书》，以督促整改单位消除隐患，《安全质量检查整改通知书》要做到"四定"，即定整改责任人、定整改完成时间、定整改措施和定整改验收人，落实整改并复查，做好检查记录。

(7)对查出重大隐患或发现有突发性事故危险的隐患及可能导致人员伤亡或设备损坏时，检查组或检查人员有权责令其立即停工，限期整改达标，待整改验收后方可恢复施工。重大隐患要在规定期限内百分之百的整改完毕。

(8)被检查单位收到《安全质量检查整改通知书》后应立即进行整改，整改完成后将《安全质量检查整改反馈单》报检查人员并及时通知有关部门进行复查。有关部门复查并书面确认整改合格后，在《隐患整改反馈单》上签署复查意见，复查人签名，即行销项。检查出的违章、严重违章及重大隐患，凡不按期限整改销项者，依照有关规定给予处罚，造成经济损失或生产安全事故的，必须按照有关规定及"四不放过"的原则，严肃追究项目负责人和有关责任人的责任。

（9）对业主、监理和上级来工地检查中下达的隐患和重大隐患通知书所列项目，是否如期整改和整改情况应分册进行登记存档，以备查用。

（10）认真开展安全检查的考核和评比，安全检查结果要与项目岗位效益考核挂钩，好的要予以表扬，给予奖励；差的要批评，给予处罚。

2. 安全检查的主要内容

（1）查思想。主要检查企业的领导和职工对安全生产工作的认识。

（2）查管理。主要检查工程的安全生产管理是否有效，主要内容包括安全生产责任制、安全技术措施计划、安全组织机构、安全保证措施、安全技术交底、安全教育、持证上岗、安全设施、安全标志、操作规程、违规行为、安全记录等。

（3）查隐患。主要检查作业现场是否符合安全生产、文明生产的要求。

（4）查整改。主要检查对过去提出的问题的整改情况。

（5）查事故处理。对安全事故的处理应查明事故原因、明确责任并对责任者作出处理、明确和落实整改措施等。同时还应检查对伤亡事故是否做到及时报告、认真调查、严肃处理。

3. 安全检查的方法

随着安全管理科学化、标准化、规范化的发展，目前安全检查大多采用安全检查表和一般检查方法，进行定性或定量的职业健康安全评价。

（1）职业健康安全检查表是一种初步的定性分析方法，它通过事先拟定的职业健康安全检查明细表或清单，对职业健康安全生产进行初步的诊断和控制。

（2）职业健康安全检查一般方法主要是通过看、量、测、现场操作等手段进行检查。看：主要查看管理资料、持证上岗、现场标志、交接验收资料、检查"安全三宝"使用情况、"洞口"防护情况、"临边"防护情况、设备防护装置等。量：主要是用尺实测实量。测：用仪器、仪表实地进行测量。现场操作：由工作人员对各种限位装置进行实际运作，检验其灵敏程度。

四、铁路施工单位安全责任

中国铁路总公司依照《建设工程安全生产管理条例》《铁路运输安全保护条例》等国家安全法规，制定《铁路建设项目安全生产管理办法》（铁总建设〔2014〕168号），对铁路施工单位的安全责任做出了具体规定。

（1）施工单位从事铁路建设工程活动，应当具备相应等级的资质证书，依法取得并持有安全生产许可证，单位负责人、拟任项目负责人、专职安全管理人员安全培训考试合格且无重大安全事故记录，方可在其资质等级许可的范围内承揽铁路施工业务。

（2）施工单位主要负责人依法对本单位的安全生产工作全面负责。施工单位应当建立健全安全生产责任制度和安全生产教育培训制度，制订安全生产规章制度和操作规程，保证本单位建立和完善安全生产条件所需资金的投入，对所承担的铁路工程进行定期和专项安全检查，并做好安全检查记录，组织制订本单位安全事故应急救援预案等。

（3）铁路建设工程的项目负责人应当由取得相应执业资格的人员担任，对铁路建设工程项目的安全施工负责。项目负责人负责落实安全生产责任制度、安全生产规章制度和操作规程，根据工程的特点组织制订安全施工措施，消除安全隐患，确保安全生产费用的有效使用，并组织制订本项目安全事故应急救援预案，及时、如实报告安全事故等。

（4）施工单位在投标报价中应当包含工程施工安全作业环境及安全施工措施所需费用；对纳入合同的安全作业环境及安全施工措施费用，应当用于安全生产，不得挪为他用。

（5）施工单位应在铁路施工现场配备与其生产规模相适应、具有工程系列技术职称的专职安全生产管理人员。

专职安全生产管理人员负责对安全生产进行现场监督检查，督促作业人员遵守安全操作规程和技术标准，及时制止并纠正违反施工安全技术规范、规程的行为，发现安全事故隐患，应及时向项目负责人和安全生产管理机构报告。

（6）施工单位在营业线施工时，应严格执行营业线施工的各项规章制度，根据批准的施工组织设计，科学制订施工方案，建立完善的安全施工责任制，落实施工安全措施和责任。

施工方案经建设单位审核、铁路局或铁道总公司主管部门批准后方可实施，施工单位应严格按照批准的施工方案组织施工。

（7）施工现场的安全管理由施工单位负责。铁路建设工程实行施工（工程）总承包的，由总承包单位对施工现场的安全生产负总责。

总承包单位依法将建设工程分包给其他单位的，分包合同中应当明确各自的安全生产权利、义务。总承包单位和分包单位对分包工程的安全生产承担连带责任。

（8）施工单位的主要负责人、项目负责人和专职安全人员应接受铁道总公司组织的安全培训，考试合格后方可任职。

垂直运输机械作业人员、安装拆卸工、电气焊（割）作业人员、爆破作业人员、起重信号工、登高架设及水上（下）作业等特种作业人员，必须经过专门的安全作业培训，在取得特种作业操作资格证书后，方可上岗作业。

（9）施工单位应将安全生产作为施工组织设计的内容，对下列达到一定规模的工程应编制专项施工方案，进行安全检算，经技术负责人签字，总监理工程师审核后实施，并由施工单位专职安全生产管理人员进行现场监督：

①基坑支护与降水、基桩开挖、围堰、沉井工程。

②高坡、陡坡土石方开挖工程。

③模板工程。

④起重吊装工程和钢结构安装工程。

⑤脚手架工程。

⑥拆除、爆破工程。

⑦高空、水上、潜水作业。

⑧高墩、大跨、深水和结构复杂的桥梁工程。

⑨隧道工程。

⑩铺轨、架梁工程。

⑪既有线工程。

⑫其他危险性较高的工程。

（10）施工单位应在施工现场入口处和施工起重机械、临时用电设施、脚手架、桥梁口、隧道口、基坑边沿等危险部位，设置明显的安全警示标志。安全警示标志必须符合国家标准。

（11）铁路建设工程前，施工单位负责本项目的技术人员应就有关安全施工的技术要求向施工作业班组、作业人员作详细说明，并由双方签字确认。

作业人员有权对施工现场的作业条件、作业程序和作业方式中存在的安全问题提出批评、检举和控告，有权拒绝违章指挥和冒险作业。

（12）施工单位应向作业人员提供安全防护用品和安全防护服装，并书面告知危险岗位的操作规程和违章操作的危害。

施工单位在施工现场搭建临时建筑物的选址和结构等应当符合安全使用要求，施工现场使用的装配式活动房屋应具有产品合格证。

（13）作业人员应当遵守安全施工的强制性标准、规章制度和操作规程，正确使用安全防护用具、机械设备等，做好自身防护工作。

（14）施工单位采购、租赁的安全防护用具，机械设备、施工机具及配件，应当具有生产（制造）许可证、产品合格证，特种劳动防护用品、用具还应具有安全鉴定证，并在进入施工现场前进行查验。

施工现场的安全防护用具、机械设备、施工机具及配件必须由专人管理，定期进行检查、维修和保养，建立相应的资料档案，并按照国家有关规定及时报废。

（15）施工单位应合理选择施工机械，保证施工需要和安全生产。禁止使用不合格的机械设备、施工机具及配件。

（16）既有线施工应选择与既有线施工相适应、保证既有线运输安全的机械设备。隧道工程应使用与施工方法匹配的施工设备和机具，需要实施工程地质超前预报的，必须配备相应的人员和设备；有瓦斯的隧道，必须按相关规定配置机电设备。不得使用与既有线和隧道施工不匹配的施工机具。

（17）施工单位在使用施工起重机械和整体提升脚手架、模板等自升式架设设施前，应委托具有相应资质的检验检测机构进行验收；使用承租的机械设备和施工机具及配件的，由施工总承包单位、分包单位、出租单位和安装单位共同进行验收，验收合格方可使用。

（18）施工单位应当对管理人员和作业人员每年至少进行一次安全生产教育培训，教育培训情况记入个人档案。安全生产教育培训考核不合格的人员，不得上岗。

施工单位在采用新技术、新工艺、新设备、新材料时，应当对作业人员进行相应的安全生产教育培训。

铁路工程安全管理专项方案（网址及二维码）：

http：//www. worlduc. com/SpaceShow/Blog/More. aspx？ cid ＝489312&sid ＝2654310&uid ＝177251

铁路工程安全管理相关视频（网址及二维码）：

http：//www. worlduc. com/SpaceShow/Video/Custom ＿ More. aspx？cid ＝489714&uid ＝177251&sid ＝371728

任务 10.3　铁路工程项目环境管理

铁路工程项目环境管理的工作内容包括项目经理负责施工现场环境管理工作的总体策划和部署，建立项目环境管理组织机构，制订相应制度和措施，组织培训，使各级人员明确环境保护的意义和责任。

一、施工项目环境管理概述

1. 环境保护目标责任制的实行

环境保护目标责任制是指将环境保护指标以责任书的形式，层层分解到有关部门和人员，并列入岗位责任制，形成环境保护自我监控体系。项目经理是环境保护的第一责任人，是项目环境保护自我监控体系的领导者和责任者。

2. 检查和监控工作的强化

项目对环境的影响程度需要通过不断检查和监控加以掌握。只有掌握了项目环境的具体状况才能采取有针对性的措施。例如在工程项目进行过程中，就应加强对项目现场的粉尘、噪声、废气、污水等的监测和监控工作，并根据污染情况采取措施加以消除。

3. 综合治理的及时推进

施工环境是一项综合性的管理工作。一方面要采取措施控制污染，另一方面应与外部的有关单位、人员及环保部门保持联系加强沟通。要统筹考虑项目目标的实现与环境保护问题，使两者达到高度的统一。

4. 相关法律法规的严格执行

国家、地区、行业和企业在环境保护方面颁布了相应的法律、法规，作为项目管理者应掌握这些法律、法规并在项目进行过程中严格执行。

二、施工阶段施工单位环境保护的主要工作

施工期是建设项目的实施阶段，这时国家环境保护部和项目经过地区的环保行政主管部门将履行监督管理职责，同时中国铁路总公司环保办作为行业环保主管部门对建设项目进行环境保护管理。

根据国家环境保护部要求，大型建设项目需实行工程环境监理制度，这项制度自青藏铁路建设过程开始推行，对青藏铁路建设中从环境影响评价到施工期的各阶段加强监督管理。

（1）施工单位主要负责具体环境保护方案和措施的制订和实施。施工前，施工单位要制订施工期间详细的环境保护措施报监理批准。

（2）施工单位应全面落实《环境影响报告书》及其批复意见建议的各项环境保护措施，严格控制施工期及运营期的环境污染。

（3）施工图纸现场核对及参加设计交底时应了解施工现场的环境特点，熟悉施工图中列入的环境保护工程内容，掌握设计对环境保护的工程措施及要求。

（4）施工单位应编制施工期环境污染监测计划，配合地方环境保护行政主管部门进行施工期的环境监测和监督检查工作。

（5）制订专人负责环境保护方面的管理协调、投诉受理等工作。

（6）由于施工单位的过失、疏忽、未及时按图纸规定和监理工程师指示完成环境保护措施（永久性或临时性），导致另外采取保护措施而发生的费用由施工单位承担。

三、铁路施工的主要环境问题及控制措施

铁路的主要环境问题表现在铁路基础设施建设和铁路运输的过程中，它对环境的影响主要有三大类：自然环境、社会文化环境和经济环境。自然环境主要包括大气质量、水资源、土壤和地质、生态资源、植被等。社会文化环境主要包括土地使用、房屋拆迁、对相邻道路及建筑物的影响、噪声与振动、学校、文化娱乐、公园、历史文化古迹、国防设施、景观等。经济环境主要包括沿线经济发展、就业和居民收入、商业、公用事业、基础设施、造价及营运费等。

（一）对重要生态系统的保护

铁路对生态环境的影响主要是施工期改变地貌、占用土地、破坏植被、影响水环境、影响野生动植物生存环境等。对于生态敏感目标的保护，关键是要加强认识和区别，分析铁路建设可能产生的影响，并根据生态敏感目标的具体特点提出应采取的保护措施。

1. 热带雨林

单位面积的热带雨林所赋存的植物和动物物种最多，若铁路通过热带雨林，则可能由于各种生态（危害）效应综合作用，对热带雨林产生损害。

2. 天然林地

我国残存的天然森林已经很少，因而格外珍贵。目前，残存的天然林地大多在峡谷深处、峻岭之巅，这些林地不仅是重要的物种保护库，而且是科学研究的基地。铁路建设应尽量避让天然林地，因为铁路通过天然林地（包括次生林、自然化的人工林等）时，受到各种生态危害效应的综合作用，可能会成为导致森林消失或损坏的主要因素之一。

3. 湿地

按照《国际重要湿地特别是水禽栖息地公约》的定义，湿地是指沼泽地、沼原、泥炭地或水域（无论是天然的或人工的、永远的或暂时的，其水体是静止的或流动的，是淡水、半咸水或咸水），还包括落潮时深不超过 6 m 的海域。当铁路不得已必须通过湿地（国家或当地确认的湿地）时，保护的措施应首选建桥梁跨越。如果铁路以填土路基形式穿过湿地，则铁路占用、阻隔湿地就会严重损害湿地生态系统。

4. 自然保护区

自然保护区内一般分为核心区、缓冲区和实验区三部分。核心区是保护区的精华所在，是保护对象最集中、特点最明显的地域，需要严格保护，属于绝对保护区。缓冲区是为保护核心区而设置的缓冲地带，在核心区的外围，一般只允许进行科研观测活动。实验区在缓冲区的外围，可以在不破坏生态环境与自然资源的条件下，进行科学试验、教学实习、参观考察、旅游以及驯化、繁殖珍稀、濒危野生动植物等活动。按照国家法规规定，一般铁路不应进入自然保护区及其他各种保护区。如无条件避让时，也只能从实验区的边缘地带通过，同时应根据保护区的性质、保护对象、地点及地质、地貌等采取保护措施。

（二）对重要自然资源的保护

1. 土地资源保护

土地资源是人类和生物赖以生存的基本资源。通常土地资源是指土地总量中，能为人们

所利用的土地。其中耕地、草地、各种水产养殖地和林地、果园等是农林牧副渔业的基本生产资料。我国的特点是人多、山多、平地少、人均耕地少,人均耕地仅 1.5 亩(1 亩 = 666.67 m²),已到人均占有耕地的警戒线。

铁路建设对土地资源的影响主要有以下几个方面。

(1)铁路永久性占地。

我国在平原和山涧地等地区的铁路大多采用高填土路基,因而路基占地面积很大。当然部分铁路并不占用耕地。铁路建设占用土地已成为我国社会经济可持续发展中的突出问题。铁路建设部门、管理部门、设计部门和研究部门,对此问题应足够重视,采取有效的措施保护土地资源。如路基的高度,立交的设置与形式,利用旧路改造,路线的线位布置等。

(2)取土场占地。

高填土路基的填土数量很大,取土场的占地面积约为工程占地面积的 70% 在平原地区,尤其是东南沿海省市,缺乏取土源,路基填土一般由路线两侧农田取土,取深度 3.0 ~ 3.5 m,取土后的土地不能复耕,只能复垦为其他用处(如水产养殖)。

(3)施工期临时用地。

施工期临时用地包括施工便道、拌合场、施工营地、预制场地等。如临时用地使用耕地,因施工作业,不仅使这些耕地的农业功能暂时受到限制,而且因土壤受到损害,特别是大型预制场的混凝土基础和地面等,使耕地损失了农耕功能。因此,为保护耕地资源,材料拌合场、预制场等应设在铁路工程征地范围内,如互通式立交场地、服务区用地等。施工便道等临时用地,施工结束应监督施工单位作场地清理,土地整治(松土、整平、覆盖耕作土),以便交还农民复耕。

2. 水资源保护

水资源是指可以被人类利用的淡水资源。衡量一个地区淡水资源是否缺乏的指标是淡水消耗量占该地区可利用淡水量的百分比,其值为 20% ~40% 表示中高度缺水,超过 40% 为高度缺水。我国的河川径流量为 27210 亿 m³,地下水约 8300 亿 m³,水资源绝对量居世界前列,但人均占有量只为世界平均水平的 1/4。目前我国已接近严重缺水状态,在全国 668 个建制城市中,有 400 多座城市缺水,其中 130 多个城市严重缺水。

铁路建设对水资源的影响主要为对地表水流、水质的影响和地下水流、水质的影响。

(1)对地表水流的影响。

改变地表径流的自然状态。铁路路基的阻隔作用改变了地表径流汇水流域,使地域内地表水体的水量或质量发生变化;在山区还可能因土壤侵蚀而导致河道淤塞,甚至会引发洪水,这些是铁路设计中需要统筹考虑的重点问题之一。此外,路面会降低雨水的渗透性,从而增加路面的径流量,对铁路两侧的土地造成冲刷,这是铁路排水设计需解决的问题之一。

对地表水体的水文条件产生影响。弃渣侵占河道,沿河而建的铁路,或跨越河流、湖泊的桥梁等会影响水流的过水断面,从而改变流量、流速等水文状况,有可能引起区域性的洪涝灾害。有些铁路建设项目还可能使河流改道,池塘、湖泊、水库被毁,改变地区的水文条件,对地表水资源产生危害。

(2)对地下水流的影响。

铁路挖方路段若位于地下水水位线以下,则会导致路基边缘及开挖的山坡出现渗水,最终导致地下水位下降,地表植被萎缩或枯死,进而破坏生态,破坏景观。在填方路段,路基会使地下水上游水位抬高，下游水位下降，最终导致类似的结果。铁路隧道的渗水有时也会产生类似的后果。

（3）对水质的影响。

铁路建设对水质的影响包括服务区、停车场等地生活污水及铁路路面径流对河流、湖泊水质的污染；施工阶段的水土流失及桥梁施工导致的河流、湖泊水质浑浊、悬浮物浓度增高等，在水源地保护区这种影响更加敏感。

3. 野生动植物资源的保护

（1）陆地野生动物保护措施。

野生动物通道。在野生动物保护区、自然保护区或经常有野生动物（特别是濒危的珍稀野生动物）活动的地区，常用修筑动物通道来保护动物的栖息环境。动物通道分下穿式和上跨式两种。

下穿式动物通道。下穿式动物通道的设计可与涵洞或其他水利设施结合起来。动物通行的台阶高度应满足在最大水流量时不被淹没，台阶的两端筑成缓坡与原地面相接，并种植灌草，以保持原有地貌。

上跨式动物通道。上跨式动物通道又称动物桥，桥面铺设 1 m 厚的松土，并种植野生植物。为防止夜间车灯光的照射，在动物桥的两侧设置植物围栏并种树。

由于铁路切断了栖息在森林中野生动物的迁徙路径，为了保护动物的生态环境，可建拱洞，在拱洞顶上填足够厚的土，两端呈缓坡与原地面相接，并栽植当地野生植物和树，供动物通行用。

由上可见，上跨式动物通道的工程量较大，造价较昂贵，如需建造应作深入的调查研究，做出合理的设计。

（2）野生动植物综合保护措施。

用隧道、桥梁取代深开挖或高填土路基不仅可以避免高填深挖造成的水土流失、滑坡等灾害，还可较好地保护植被，保全山区的自然景观，保护自然生态环境。

植树造林。在铁路路界内或相邻区域植树有利于当地的动植物保护。在一些场合，植树不仅可防止水土流失，还可为当地的动物提供更多的栖息地或迁徙路径。所植树木应尽量采用本土植物，以便在最小的维护工作量下达到维护生态环境的效果。

穿过林地、山区的铁路，设计时要尽量保护现有的植被，如采用上、下行线分离式路基，可以使铁路两侧的树木在铁路上空相接触，为生活在树冠上的动物提供一种过路的途径。

（3）水生生物的保护措施。

铁路建设同时也存在着对水生生物的影响，其主要减缓措施如下：在跨越河流、水渠、湖泊等水体时，尽量采用桥涵，不采用填土式的路基。尽量避免现有河流的改道，加强水域路段的路堤防护，桥梁施工挖出的泥渣不弃于河道，防止大量泥渣进入水体引起水质污染及河道淤塞，影响水生生物的生存环境。涵洞设计时应考虑水生生物迁徙回游的需要，必要时，应设置消力墩来降低流水速度，以便鱼类能逆流回游，涵洞底部标高应低于河床标高。

（三）铁路与水土保持

1. 铁路对土壤侵蚀的影响因素

铁路项目对土壤侵蚀的影响主要是施工期的巨大土石方工程，造成对土壤侵蚀强度大为增强。

(1)铁路施工期产生的裸露坡面。

(2)铁路施工期取弃土场地、临时用地损坏植物。

(3)扰动不良地质山体诱发地质灾害。

2.铁路的水土保持措施

铁路的水土保持措施,也是铁路路基防护、保持路基稳定和保证交通安全的需要。因此,铁路的水土保持措施常与路基防护工程结合实施,主要措施包括路基边坡植物防护、多级路堑边坡防护、风化严重或较破碎岩石(或土石)坡面的防护网、砌石护坡、封面等防护。

3.铁路排水

铁路排水是防止土壤侵蚀和河道淤塞的主要措施之一,其可控制地表径流流量、水流方向以及水流速度。铁路采用有组织的排水系统,用以控制铁路用地范围和沿线的地表径流方向、流速及排水去向,是控制铁路水土流失的主要措施之一。铁路排水工程应按有关规范进行设计。

4.施工期水土流失防护措施

施工期水土流失防护措施要求包括:

(1)降水时路基两侧边坡的泥土不侵入农田、河流、湖泊、池塘及沟渠等。

(2)降水时材料拌合场的泥土不侵入周围农田、河流、湖泊、池塘及沟渠。

(3)不遗留陡坡、滑坡、塌陷等隐患。

(4)施工损坏的水利、水保设施应及时修复(包括改移)。

5.雨季防护措施

铁路施工期雨季水土流失防护措施,应根据地区降雨和施工现场的实际情况,制订雨季施工计划及各项水保措施。

(1)施工单位应随时与气象部门联系,及时了解降雨的时间和强度,采取适当的防护措施。

(2)雨季填筑路堤时,应随挖、随运、随填、随压,以保证路基的质量。每层填土表面铺成2%~5%的横坡,并应平整,雨前和收工前将铺填的松土碾压密实。

(3)当暴雨来临前,在路基边坡铺防护物,如用草席、土工布、草编袋等进行遮盖。雨季防护与泥土沉淀池两项措施同时实施,效果很好,可较好地防止水土流失。

6.工程弃土水土流失防护措施

山岭重丘区的铁路工程,尤其是隧道工程弃土(渣)量较大。据有关资料报道,在黄河流域废弃的土方量有10%~30%成为水土流失量,南方降水及暴雨较多地区,弃土的冲刷程度可能更严重。因此,工程弃土的堆置场地,防止水土流失的措施等应认真设计,在工程施工期应严格执行,防止形成新生水土流失源。

(四)地表植被保护与绿化

1.绿化类型

(1)保护环境绿化。保护环境绿化是指通过绿化栽植以降噪、防尘、保持水土、稳定边坡。包括以下三部分:

①防护栽植。在风大的铁路沿线或多雪地带,有条件时宜栽植防护林带。

②防污栽植。在学校、医院、疗养院、住宅区等附近,宜栽植防噪、防空气污染林带。

③护坡栽植。铁路路基、弃土堆、隔声堆筑体等边坡坡面应设置绿化带,保持水土以增

强边坡稳定。

（2）改善环境绿化。改善环境绿化是指通过绿化栽植以改善视觉环境，增进行车安全。通常包括以下几部分：

①诱导栽植。在小半径竖曲线顶部且平面线形转弯的曲线路段，应在平曲线外侧以行植方式栽植中树（1~3 m高）或高树（3 m以上）。

②过渡栽植。可在隧道洞口外两端光线明暗急剧变化的路段栽植高大乔木（10 m以上），予以明暗过渡。

③防眩栽植。在中央分隔带、主线与辅道或平行的铁路之间，可栽植常绿灌木、矮树（1.5 m以下），以遮挡对向车流的眩光。

④缓冲栽植。在低填方且没有设护栏的路段，或互通式立交出口端部，可栽植一定宽度的密集灌木或矮树。

⑤遮蔽栽植。对铁路沿线各种影响视觉景观的物体，宜栽植中低树进行遮蔽，铁路声屏障宜采用攀援植物予以绿化并遮蔽。

⑥标示栽植。当沿线景观或地貌缺少变化，难以判断所经地点时，宜栽植有别于沿途植被的树木等，形成明显标志，预告设施位置。

⑦隔离栽植。在铁路用地边缘的隔离栅内侧，宜栽植刺藜、常绿灌木及攀援植物等，防止人或动物的进入。

2. 绿化原则

铁路绿化应与沿线环境和景观相协调，并考虑总体环境效果，设计时应遵守下列原则：

（1）尽量保留原有林木。铁路通过林地、果园时，除因影响视线、妨碍交通或砍伐后有利于获得视线景观者外，应充分保留原有林木。

（2）与环境植被相融合。通过草原、林地或湿地时，宜选择当地植物并且以相似的方式进行绿化。

（3）绿化种植应序中有变，变中有序。铁路绿化应结合当地区域特征，分段栽植不同的树种，但应避免不同树种、不同高度、不同冠形与色彩频繁交换，产生视觉景观的杂乱。

（4）以自然生态型绿化为主。铁路绿化应以自然生态型为主。城镇附近互通式立交区及服务区范围内绿化，可适当采用园林设计方式。

（5）绿化覆盖率。填方路段的边坡植被覆盖率在秦岭、淮河以南地区应达到70%以上；在秦岭、淮河以北地区应达到50%以上；其余部位的绿化覆盖率应根据情况确定。

3. 绿化植物选择原则

绿化植物应根据铁路所在地区的气候、土壤特性，绿化种植部位及类型等因素进行选择。选择原则如下：

（1）满足绿化设计功能的要求。

（2）具有较强的抗污染和净化空气的功能。

（3）具有初期成长快、根部发枝性强、能迅速稳定边坡的能力。

（4）易繁殖、移植和管护，抗病虫害能力强。

（5）具有良好的景观效果，能与附近的植被和景观协调。

（6）适地适时，以当地乡土植物为主，应谨慎引进外来物种。

（五）古文化遗址

主要依据《中华人民共和国文物保护法》和《文物保护法实施条例》来规范施工期文物保护工作。

我国历史悠久、人文古迹和地下文物丰富，建设铁路时，应尽可能在开工前完成可能埋藏地下文物区段的勘探、发掘工作，以免开工后在施工过程中发现地下文物，需要采取抢救发掘而延误工期。如果发现重大文化遗迹需要局部改线时，对工程的影响会更大。

（六）运输、施工机械的扬尘和噪声振动

施工便道上车辆行驶的扬尘覆盖在便道两旁的农作物和经济作物的叶片上，在作物盛花期扬尘有可能阻碍花粉传播造成农作物和经济作物的减产，甚至绝收。因而施工便道应该经常洒水，防止扬尘。油品发放点应该设置漏油收集设施，以免污染地面。

在居民集中地区附近施工时，应尽可能把噪声、振动大的施工机械布置在远离居民区的地方。根据《中华人民共和国环境噪声污染防治法》，国家已经开始征收噪声超标排污费。

四、案例——××铁路涵洞工程环境保护及水土保持措施文明施工措施

（一）环保水保目标

严格按国家和地方政府有关规定及设计要求做好环保、水保工作，坚持"三同时"（同时设计、同时施工、同时竣工），防止水土流失和空气污染，控制施工噪声。

（二）保证体系

建立以分部经理为首的，安全质量部门为主责部门，各施工班组为主体的生态环境保障体系。根据施分部域的生态环境特点，依据有关法律、法规及京沪铁路环保有关规定，实行生态保障领导负责制。制定详细的环境保护措施（包括保护自然保护区、水土流失、水污染、野生动植物、维护生态平衡系统、维护土壤生物即避免土壤沙化、避免人为恶化环境等），从思想、组织、过程、检查、效果、目标、经济七个方面控制环保工作，实现总体环保目标。保证体系管理机构框图见图 10 - 3。

（三）环境保护措施

全体施工人员要进行《中华人民共和国环境保护法》《中华人民共和国大气污染防治法》等国家、地方政府有关环境保护的法规教育，认真学习有关环境保护的要求，提高环境保护意识，自觉做好环境保护工作。

加强对环境保护的监测，控制环境保护要求的各种指标，施工部分区域和施工现场设烟尘、噪声等环境保护的监测仪器表，发现问题及时反馈处理。

重点要抓好空气、水、噪声等环境保护及地面建筑、道路和地下管线的安全工作。

1. 控制排污

（1）节约用水，提高水源利用率。施工废水、生活污水不排入居民区、饮用水源和灌溉渠道，按要求进行废水处理。施工场地内设置沉淀池，废水、污水经滤网过滤后，通过污水管输入池中沉淀，再经出油处理后，达到排放标准后才能排放。

（2）涵洞基础施工，特别是开挖过程中会有大量的泥土处理，为防止污染水源，破坏环境。开挖的泥土先集中后排放，严禁乱扔、乱倒。涵洞临时排水应与周边、相邻的排水沟渠形成一个完善的排水网络。

（3）施工现场及生活区内的废料、垃圾应及时清理，运到指定地点进行处理。车辆运输

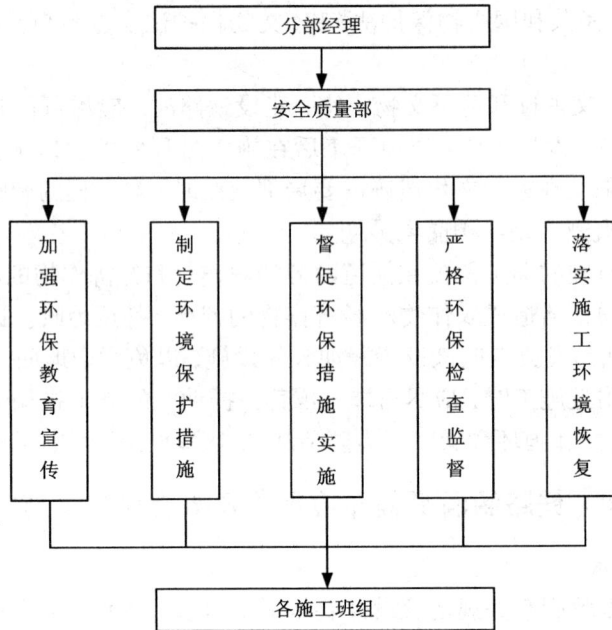

图 10 – 3　保证体系管理机构框图

垃圾和废物时，要用篷布覆盖，避免沿途散落污染环境，车辆出场前要对轮胎进行冲洗。在驻地场内设垃圾回收站，生活垃圾集中回收、集中运弃，严禁随意倾倒。不用的材料和机具及时清退出场，保持场内清洁。

（4）现场存放油料及其他污物时，仓库要进行防渗处理，防止跑、冒、滴、漏，污染水源和空气，易燃、易爆及其他污染废物，必须按国家有关规定封存管理，严禁乱丢乱弃，注意计量和回收。

（5）施工现场、临时道路等易产生粉尘部位定期洒水，减少灰尘对周围环境的污染。

2. 降低施工噪声，减少振动

施工噪声主要包括施工现场、机械作业时和车辆运输时产生的噪声。为减少噪声影响，机械设备选型配套时优先考虑低噪声设备，尽可能采取液压设备和摩擦设备代替振动式设备，并采取消声、隔声、安装防震底座等措施。加强机械设备的维修保养，保证机械设备的完好率，确保施工噪声达到环境保护标准要求。

合理布置施工和生活区域。进入施工现场的机械车辆少鸣笛、不急刹、不带故障运行，减少噪声。按规定对机械设备进行定期保养，以减少声源。

（四）水土保持措施

涵洞施工过程中会有大量的泥土和混凝土废弃物排放，为防止污染水源、土源，破坏环境。施工过程中的泥土及废弃物先集中处理，符合要求后排放，严禁乱流、乱淌。

任务 10.4　铁路工程文明施工管理

文明施工是指保持施工现场良好的作业环境、卫生环境和工作秩序。铁路工程文明施工管理主要包括:规范施工现场的场容,保持作业环境的整洁卫生;科学组织施工,使生产有序进行;减少施工对周围居民和环境的影响;遵守施工现场文明施工的规定和要求,保证职工的安全和身体健康。

实现文明施工,不仅要着重做好现场的场容管理工作,而且还要相应地做好现场材料、机械、安全、技术、保卫、消防和生活卫生等方面的管理工作。

一个工地的文明施工水平是该工地乃至所在企业各项管理工作水平的综合体现。

一、现场布局要求

生产、生活设施要充分考虑施工现场的自然条件,进行总体规划和布局。并结合生产规模,做到互相协调,合理安排,形成有利于工程项目按计划正常施工的氛围,以提高工作效率。

(1)作业区、办公区、生活区规划和布局要适当分离,体现以人为本、注重环保的原则。房屋、地面、道路、围墙、供排水、电力、消防、环保等设施要科学规划,合理布局,功能齐全,统一规格,美观实用。布局要按"先考察、再设计、经比选、后实施"的原则进行。

(2)临时房屋应选择离工地较近、水源充沛、水质良好且地势较高处设置,不受洪水和泥石流威胁,避开坍方、落石、滑坡、危岩、爆破区等地段。符合当地环保要求,并考虑防寒、防暑、防火、防洪等。临时房屋结构力求简单,尽量做到定型化、拼装化,便于拆装倒运。

(3)易燃、易爆物品的临时库房距其他施工设施和人员住房应在规定的安全距离之外。选址后要征得当地公安部门的同意并备案。同时,消防、通信、保卫等设施要配套齐全。

(4)拌合站应就近建设,尽量减少运输距离。地材场、水泥(散装)罐、外加剂桶、拌合楼、给排水设施、进出场道路要布局合理,便于操作,场地要硬化。

二、场容场貌

施工单位应按照批准的施工组织设计,认真进行施工现场场容场貌、文明形象的总体策划、设计、布置、使用和管理,做到布局合理、文明施工、安全有序、整洁卫生。

(1)施工现场应设置临时围挡,实行封闭式管理。

(2)施工现场标牌:在重点工程施工现场主要进出口的醒目位置处,应设置有"一图七牌"(施工总平面布置图;工程概况牌,安全生产、环境保护、文明施工、消防保卫领导小组成员名单牌,安全生产制度牌,消防保卫制度牌,环境保护制度牌,文明施工制度牌,危险源公示牌)。

(3)施工单位驻地和办公区要设企务公开栏(防雨面积达 3 m² 以上),宣传栏(含光荣榜、劳动竞赛、卫生评比等),读报栏,黑板报,学习园地,标语口号(大门有对联、围墙和院内墙上有标语,院内择地立有宣传牌),各种组织机构、管理规定上墙。

(4)施工现场应有畅通的排水系统,做到场地平顺、不积水、不积泥,必要时做硬化处理,料场必须硬化。

(5)施工道路要保持坚固耐用,主要道路应做硬化处理。满足施工车辆的行车速度、密度和载重重量等要求,施工便道要达到全天候施工要求的标准,晴雨畅通,同时完善道路排水设施,保持路面清洁无杂物。

(6)施工现场水泥库内外散落灰尘,应及时清理,保持搅拌站、搅拌机四周等无砂浆及混凝土残渣。

三、施工人员

（1）进入施工现场的人员必须配戴安全帽，安全帽按人员类别分四种样式以示区别：上级领导（含来宾）、现场管理人员、监理人员、现场施工人员。

（2）袖标：现场专职安全员应配戴安全袖标。袖标规格尺寸：红色袖标，黄色字样，宽 10 cm。

（3）进入施工现场的施工人员应统一着装，工作服应美观舒适，并符合安全要求。工作服分男女款式，按春（秋）、冬、夏装三种设计，并绣单位标志。

（4）所有施工人员均应佩带上岗证上岗，上岗证应由项目部规定统一样式。

（5）特种作业人员应随身携带从业资格证或复印件，持证上岗，随时备查，坚决杜绝"三违"（违章指挥、违章作业、违反劳动纪律）现象的发生。从事高空作业或危险作业的人员，安全设施必须配戴齐全。

四、材料、机械设备

（1）各类建筑材料必须经检验验收合格后方可进场，并建立完整的台账。建筑材料的存储应符合防火、防雨、防盗、防风、防潮、防变质的要求。

（2）材料堆放：各种建筑材料应按照施工平面布置图指定的位置堆放，按品种、规格、型号等分门别类，储存码放整齐，限宽限高，上架人箱，并悬挂标志牌，标明编号、名称、数量、批号、标号、厂家、出厂日期、检验状态等。材料存放场地应平整夯实，有排水设施。

（3）水泥和其他细颗粒等可能产生尘埃污染的建筑材料，应当密闭存放或采取严密遮盖、防潮、防雨等措施。

（4）爆破器材库房设置，选址要与居民区、工厂、公共建筑保持安全距离。

（5）进入施工现场的施工机械设备、运输车辆必须检验合格，符合安全使用性能要求，并应建立采购、使用、检查、维修、保养的责任制，有专人统一管理指挥。

（6）施工机械设备应当停放有序，挂有安全操作规程标牌和司机职责、设备状态标牌。

（7）机械操作人员，必须经过培训，考试合格后，发给机械操作证，方可上岗。

五、卫生防疫

施工驻地必须设置办公室、传达室（门卫室）、宿舍、食堂、厕所、盥洗设施、洗浴间、开水房、卫生、文体活动室、密闭式垃圾箱等临时设施。并不得存放易燃、易爆、剧毒、放射源等化学危险物品。办公区、生活区卫生工作应有专人负责，明确责任，保持整洁卫生。

（1）生活区宿舍内应有必要的生活设施和必要的生活空间，设置可开启式窗户，保持整洁和通风。宿舍夏季应有防暑降温和灭蚊蝇措施，冬季应有取暖和防煤气中毒措施。生活区内应有除"四害"措施，控制"四害"滋生。

（2）施工现场设置的临时食堂必须有食堂卫生许可证、炊事人员身体健康证、卫生知识培训证。

（3）施工现场生活饮用水必须符合规定，供应卫生饮水应有固定的盛水容器和专人管理，并定期清洗消毒。

（4）办公区、生活区垃圾应存放在封闭式容器内，定期灭蝇，及时清运。生活垃圾和建筑垃圾不得混放、混运。

(5)厕所应根据人数合理确定坑位，离食堂应在 50 m 以外，居生活区下风口，接有供水管，设化粪池和沉淀池，并加盖密封。厕所应有专人负责清扫，定期消毒。

(6)生活区和大型工地应设卫生室，并配具有执业资格的医务人员，巡回医疗，并制订卫生急救制度和措施，配备常用药品及急救器材。从事有毒有害工作的作业人员应配备有效的防护用品。

(7)现场必须开展卫生防病宣传教育工作，制订急救措施，培训急救人员，便于及时抢救，以减少不必要的损失。

(8)施工现场一旦发生传染病和食物中毒等，应立即报告，同时采取必要的措施，并积极配合卫生防疫部门进行调查处理。

六、消防保卫

施工现场应根据工程规模，建立相应的保卫、消防组织，配备保卫、消防人员，负责施工现场的治安保卫和消防工作。

(1)施工现场和生活区应建立门卫制度，根据需要设置保安员，负责保卫和外来人员出入登记工作，并采取必要的防盗措施，建立巡逻护场制度和治安保卫制度。

(2)施工单位应加强对施工现场劳务人员的管理。

(3)施工单位应建立和执行防火管理制度。

(4)施工现场用明火要有审批手续，动用明火处经批准后应设专人负责监护并有记录。

七、环境保护

施工项目部应当按规定制订防治扬尘、噪声、固体废物和废水等污染环境的有效措施。

(1)施工道路应配备相应的洒水设备，及时洒水清扫，减少扬尘污染。搅拌设置，必须配备降尘、防尘装置。热水锅炉、炊事炉灶等必须使用清洁燃料。

(2)搅拌机前台及运输车辆清洗处应设置沉淀池，施工现场的泥浆和运输车辆冲洗的污水，未经处理不得直接排入城市排水设施和河流、湖泊、池塘。

(3)除符合规定的装置外，不得在施工现场熔化沥青或者焚烧油毡、油漆以及其他会产生有毒有害烟尘和恶臭气体的物质，禁止将有毒有害废弃物作土方回填。

(4)施工垃圾、渣土应在指定地点堆放、及时清理。高空施工的垃圾及废弃物应采取密闭式专用垃圾道或者采用容器吊运，严禁随意抛撒。施工现场应当设置密闭式垃圾站用于存放施工垃圾。施工垃圾应当按照规定及时清运。

(5)生产、生活设施要充分考虑施工现场的自然条件，进行总体规划和布局。并结合生产规模，做到互相协调，合理安排，形成有利于工程项目按计划正常施工的氛围，以提高工作效率。

任务 10.5　相关案例 1

案例：××铁路涵洞工程安全目标、安全保证体系及措施

(一)安全目标

坚持"安全第一，预防为主"的方针，建立健全安全管理组织机构，完善安全生产保证体

系(图10-4)。杜绝安全特别重大、重大、大事故,杜绝死亡事故,防止一般事故的发生。消灭一切责任事故,确保人民生命财产不受损害,创建安全生产标准工地。

（二）安全生产保证体系

1. 安全组织机构

建立安全组织机构,落实安全生产责任制,分部经理为第一安全责任人。

分部和架子队建立安全生产领导小组,分部安全员由具有安全员证书的人员担任。其他所有负责安全的人员,都必须具有相应的施工安全经验和防火知识,或从事安全工作多年的专职安全人员。

2. 安全管理工作

（1）安全生产责任制。

建立健全各级部门的安全生产责任制,责任落实到人。各项经济承包有明确的安全指标和包括奖罚办法在内的保证措施。

（2）安全教育培训。

工人在上岗前,进行安全教育,针对本工程的特点,定期进行安全生产教育,培养安全生产必备的基本知识和技能。有计划地对重点岗位的生产知识、安全操作规程、安全生产制度、施工纪律进行培训和考核。

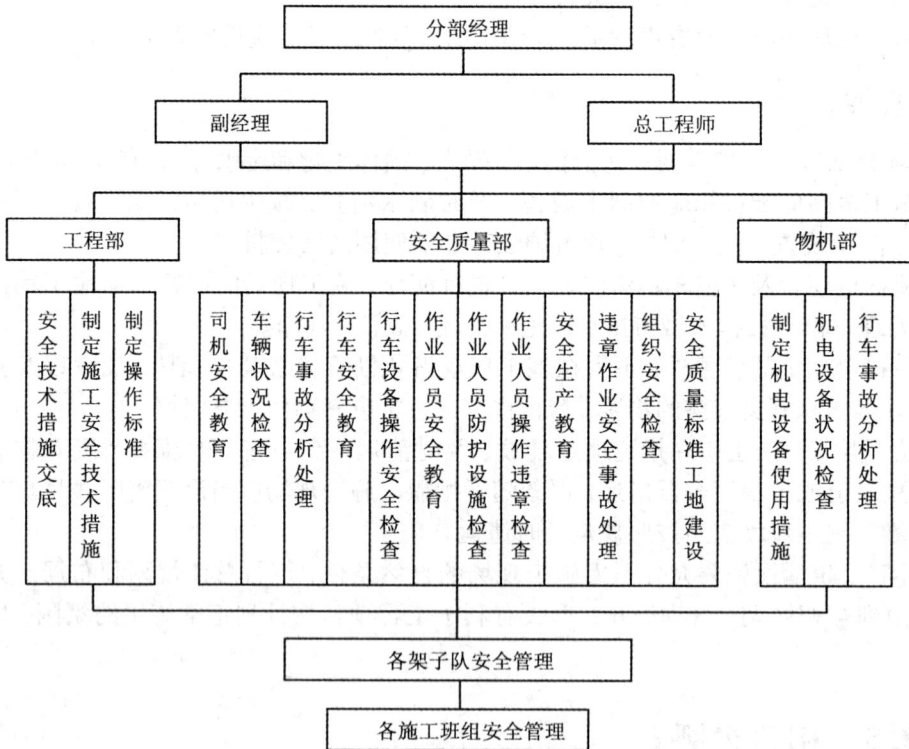

图10-4 安全生产保证体系框图

（3）特殊工种持证上岗作业。

对专职安全员、班组长、从事特种作业的架子工、起重工、混凝土工、电工、机动车辆驾驶员等,必须严格按照《特种作业人员安全技术考核管理规则》(GB 53011—85)进行安全教育、考核、复验,经过培训考试合格,获取操作证者才能持证上岗。对已取得上岗证者,要进行登记存档,操作证必须按期复审,不得超期使用,名册应齐全。

(4)安全检查制度。

建立定期安全检查制度,规定定期检查日期、参加检查的人员。项目分队每半月检查一次,作业班组每天检查一次,非定期检查视工程情况在施工准备前、危险性大、采取新工艺、季节变化、节假日前后等情况下要加强检查。

对检查中发现的安全问题、安全隐患,要建立登记、整改、消项制度。定人、定措施、定经费、定完成日期,在隐患没有消除前,必须采取可靠的防护措施。如果有危及人身安全的险情,须立刻停止使用,处理合格后方可施工。

安全检查与完善和修订安全管理制度结合起来。把安全生产责任制与各级管理者的经济利益挂钩,严明奖惩。

(5)施工现场安全用电措施。

现场移动式电器设备使用橡皮绝缘电缆,横过通道时穿管埋地敷设。

配电箱、开关箱使用 BD 型标准电箱,电箱内开关电器必须完整无损,接线正确,电箱内设置漏电保护器,选用合理的额定漏电动作电流进行分级匹配。配电箱设总熔丝、分开关,动力和照明分别设置。金属外壳电箱作接地或接零保护。开关箱与用电设备实行一机一闸保险。同一移动开关箱严禁有 380 V 和 220 V 两种电压等级。

架空线必须设在专用电杆(水泥杆、木杆)上,严禁架设在树或脚手架上,架空线装设横担和绝缘子。架空线离地 4 m 以上,机动车道为 6 m 以上。

对高压线路、变压器要按规程安置,设立明显的标志牌。

所有电气设备按规定安装漏电保护装置,并有良好的接地保护措施。接地采用角钢、圆钢或钢管,其截面不小于 48 mm²,一组二根接地线之间间距不小于 2.5 m,接地电阻符合规定,电杆转角杆,终端杆及总箱,分配电箱必须有重复接地。

各种机电设备检修、维护时应断电、停运转;如要试运转,须有针对性保护措施。

安装、维修或拆除临时用电工程,必须由电工完成,电工必须持证上岗,实行定期检查制度,并做好检查记录。

(6)施工机械安全保证措施。

各种机械操作人员和车辆取得操作合格证,不准将机械设备交给无本机操作证的人员操作,对机械操作人员要建立档案,专人管理。

操作人员按照机械说明规定,严格执行工作前的检查制度和工作中注意观察、工作后的检查保养制度。

保持机械操作室整洁,严禁存放易燃易爆物品。不酒后操作机械,机械不带病运转、超负荷运转。

起重作业严格按照《建筑机械使用安全技术规程》(JGJ 33—2001)和《建筑安装工人安全技术操作规程》规定的要求执行。

定期组织机电设备、车辆安全大检查。对检查中查出的安全问题按照"三不放过"原则进行调查处理,制订防范措施,防止机械事故的发生。

(7)高空作业的安全措施。

从事高空作业人员，定期进行体格检查，凡不适宜高空作业的人员，不得从事此项工作。作业人员拴安全带、戴安全帽、穿防滑鞋。

高空作业人员配给工具袋。小型工具及材料应放入袋内，较大的工具，拴好保险绳。不得随手乱放，防止堕落伤人，严禁从高空向下乱扔乱丢。

双层作业或靠近交通要道施工时，设置必要的封闭隔离措施或设置防护人员及有关施工标志。

（8）安全技术交底。

为了加强施工过程中作业班组的安全责任意识，应对个每个分部工程及每个作业班组下发安全专业技术交底。

（9）交通安全措施。

在施工场地出入口设置规范、醒目的交通标志，夜间开启灯光示警标志。

《铁路工程安全管理方法》（网址及二维码）：

http：//www.worlduc.com/blog2012.aspx？bid=12234816

任务10.6 相关案例2

案例：××铁路涵洞工程文明施工措施

（一）施工场地美化

（1）按批准的施工组织设计平面布置图，修建生产和生活设施，合理布局，"五牌一图"到位，形象宣传上墙，施工现场四周设置排水沟，及时完成"三通一平"，创造良好的施工环境，建设文明工地。

（2）施工现场内加工场地、预制场地、材料堆放场地、机械停放场地采用混凝土硬化，地坪硬化质量符合有关规定。水电管线按照规范架设，生产、生活区分开布置。

（3）施工现场悬挂"五牌一图"即：工程概况牌、管理人员名单及监督电话牌、消防保卫牌、安全生产牌、文明施工制度牌和施工平面图。"五牌一图"齐全、美观、整齐，按照规定的材料、式样、颜色、内容等标准格式统一加工制作。

（4）严格按照施工组织设计平面布置图划定的位置堆放成品、半成品及原材料，所有材料堆放整齐，并应悬挂标识牌。

（二）生活和环境卫生

制定生活和环境卫生管理制度，搞好职工宿舍卫生和食堂的饮食卫生，生活垃圾集中纳入城市垃圾处理系统。生活污水、基坑降水的排放要经过沉淀池处理后排入城市下水管道。

（三）现场文明气氛

施工临时用地内经常性开展多种形式的宣传活动，张贴宣传标语。所有施工人员都应穿戴整齐，行为文明，胸前佩戴工作证（标明姓名、职务、身份及编号）。

思考与练习

1. HSE 管理的含义是什么?

2. HSE 管理的主要任务是什么?

3. 职业健康安全管理体系的运行模式是什么?

4. 工程施工安全控制的基本要求有哪些?

5. 简述铁路工程项目的主要环境问题及控制措施。

6. 铁路工程项目文明施工主要包括哪几个方面?

项目 **11**

铁路路基工程施工组织设计

拟实现的教学目标

1. 能力目标

通过本项目的学习，学生能够进行区间路基土石方调配，能够周密安排施工进度计划；能够独立编制铁路路基工程实施性施工组织设计。

2. 知识目标

了解铁路路基的主要特点，掌握路基土石方工程量的计算、区间路基土石方调配的方法；掌握路基劳动力及机械需要量的计算及进度计划的编制方法。

3. 素质目标

培养学生综合分析问题、解决问题的能力；培养学生组织协调的能力。

任务 11.1　计算区间路基土石方工程量

路基是轨道的基础，是以土石材料为主建造的一种条形建筑物，承受着轨道和列车的荷载，它与桥梁、隧道和轨道形成铁路线路的一个整体，是铁路线路的重要组成部分。

路基工程具有工程规模大、耗费投资高、占用土地广、使用劳动力多、施工期限长等特点。在各种不同地形条件下，路基工程所需的费用可达到总工程费的 25%～60%，而且重点路基土石方工程往往是控制新线铁路按期铺轨的关键。铁路路基工程主要包括以下内容。

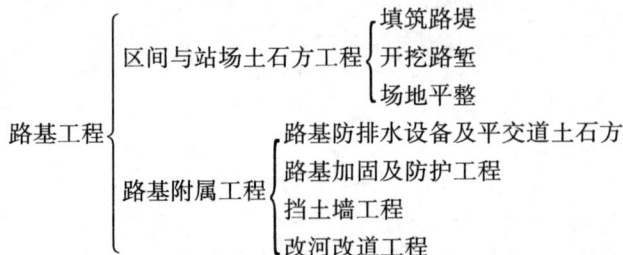

$$
\text{路基工程} \begin{cases} \text{区间与站场土石方工程} \begin{cases} \text{填筑路堤} \\ \text{开挖路堑} \\ \text{场地平整} \end{cases} \\ \text{路基附属工程} \begin{cases} \text{路基防排水设备及平交道土石方} \\ \text{路基加固及防护工程} \\ \text{挡土墙工程} \\ \text{改河改道工程} \end{cases} \end{cases}
$$

路基工程实施性施工组织设计编制程序：

(1)根据原始资料和设计文件，认真分析施工条件。

(2)经过技术经济比较确定施工方法和机具设备，计算土石方工程量，并合理进行土石方调配，绘制区间、站场土石方调配图，编制土石方调配表。

（3）计算劳、材、机需要量。

（4）绘制线路平面、纵断面图。

（5）编制施工进度计划图、表。

（6）绘制劳动力动态图（人力施工）、机械使用动态图（机械施工）。

（7）编制技术作业规程。

（8）绘制运土机械运行图。

（9）编制施工场地平面布置图。

（10）编制说明书。

一、区间路基土石方工程量计算方法

路基是修筑在地球表面的条形建筑物，由于地形的随机性，精确计算路基本体的土石方工程数量是极其困难的，所以常采用平均面积法或平均距离法等近似方法进行计算。

1. 平均面积法

在实际工作中，一般均采用此法进行计算，计算如下：

$$\sum V = \frac{A_1 + A_2}{2} \times L_1 + \frac{A_2 + A_3}{2} \times L_2 + \cdots + \frac{A_{n-1} + A_n}{2} \times L_{n-1} \qquad (11-1)$$

式中：$A_1, A_2, \cdots, A_i, \cdots, A_n$——路基横断面积；

$L_1, L_2, \cdots, L_i, \cdots, L_{n-1}$——两相邻断面间距离；

n——计算区段横断面总数；末端横断面积编号 A_n，区段末分段长度编号为 L_{n-1}。

2. 平均距离法

它是由式（11-1）变换而得到，如下所示：

$$\sum V = A_1 \times \frac{L_1}{2} + A_2 \times \frac{L_1 + L_2}{2} + \cdots + A_n \times \frac{L_{n-1}}{2} \qquad (11-2)$$

二、路基横断面积计算

按式（11-1）、式（11-2）计算土石方工程量时，关键是求算路基横断面积。求算横断面积的方法很多，主要有以下几种。

1. 用定型表确定路基横断面积

路基土石方面积表，是将各种情况下的路基横断面积，利用几何图形的方法绘制成的定型表。根据中心填挖高度，地面横坡及路基本体的形状，即可查得与之相对应的路基横断面积。

使用路基土石方面积表，在地形起伏较大，地面横坡陡及中心填挖高度大的山区铁路，在这小比例图上取值，受人为因素的影响较大，其精度亦较低，不能满足施工图设计的需要。

2. 用路基横断面图计算横断面积

在施工设计阶段，一般利用路基实测的横断面进行横断面积计算。初步设计阶段必要时，可用线路平面图点绘横断面，在横断面图上计算面积。

在横断面图上计算面积的方法较多，有卡规法、求积仪法和分块计算法等。

卡规法是用平行于线路中心线的垂直线系，将横断面分为若干个高度等于 1 m 的梯形，然后用卡规量出每个梯形的中心长，按顺序累计起来求横断面积的方法。

分块计算法是将路基分成若干个底面水平的梯形或三角形来进行计算的方法。

3. 用电子计算机计算

（1）路基横断面积。计算的数学模型图 11－1 所示路基横断面，y 轴与线路中心线重合，x 轴则在地表以下通过。路基横断面设计线与 x 轴之间的面积 $A_设$，地面线与 x 轴之间的面积 $A_地$，$A_设$ 与 $A_地$ 之差即为路基横断面面积 A。

（2）计算原理。$A_设$ 与 $A_地$ 的计算，是将路基横断面，分别按其设计线上的变化点与地面线上的变化点，划分为若干个直角梯形，各梯形的面积相加，即可求得 $A_设$ 及 $A_地$。

如图 11－1 所示，将设计线上每个点的坐标储存在数组 A_x 和 A_y 中，其起点下标 m_1，终点下标 n_1；地面线上每个变化点的坐标及与设计线相交点的坐标储存在数组 B_x、B_y 中，其左交点下标为 m_2，右交点下标为 n_2。则路基横断面积 A 可按式（11－5）计算：

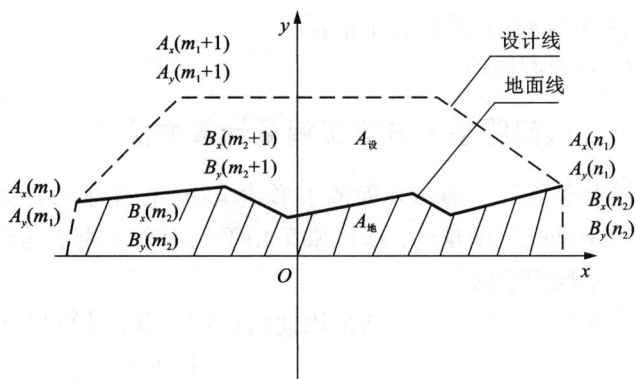

图 11－1 路基横断面积计算示意图

$$A_设 = \sum_{i=m_1}^{n_1-1} \left\{ \left[A_x(i+1) - A_x(i) \right] \cdot \left[A_y(i+1) + A_y(i) \right]/2 \right\} \tag{11－3}$$

$$A_地 = \sum_{i=m_2}^{n_2-1} \left\{ \left[B_x(i+1) - B_x(i) \right] \cdot \left[B_y(i+1) + B_y(i) \right]/2 \right\} \tag{11－4}$$

$$A = A_设 - A_地 \tag{11－5}$$

式中：A_x、A_y——设计线上变化点坐标；

B_x、B_y——地面线上变化点坐标。

三、土石方工程量计算结果汇总

将土石方工程量计算结果汇总于表 11－1。

表 11－1 路基土石方工程量汇总

序号	里程	挖方面积 F_W	填方面积 F_T	挖方量 V_W	填方量 V_T	备注

任务 11.2　区间路基土石方调配

路基工程施工的主体工程是土石方工程。土石方工程施工的方式有人工施工和机械施工。采用何种方式进行施工，取决于土石方工程量的大小。工程量大且集中时，在目前情况下，土方施工优先选择机械施工的方式。石方施工则应根据岩石的类别、施工条件等选择爆破方法，将岩体松动、破碎后进行机械施工，而人工施工通常用于土石方工程量不大，且零星分散的情况，作为机械施工的补充，完成一定的辅助性工作。

在铁路建设中，路基土石方工程所占比重较大，所需劳力和机具较多，取弃土占用的土地也较多。为合理地节约投资和劳力，少占农田，对土石方进行合理调配和取弃土的合理设置是十分必要的。因此铁路路基设计规范总则 1.0.9 条文明确规定："路基土石方调配，应移挖作填，减少施工方，节约用地。"

路基土石方调配有区间路基土石方调配和站场路基土石方调配两种情况。其中站场路基土石方调配的方法本书从略。

《站场路基土石方调配》(网址及二维码)：

http://www.worlduc.com/blog2012.aspx? bid = 55790469

一、区间路基土石方调配原则

(1)施工方最少。最好的施工方案是把从路堑挖出的土石用来填筑路堤。如此，则土石方施工数量仅计挖方，不计填方，达到减少施工方、节约用地的目的。

(2)节约用地。铁路用地必须贯彻十分珍惜、合理利用土地和切实保护耕地的基本国策，遵循经济合理、节约土地、少占良田的原则。合理的土石方调配能最大限度地减少施工方，减少了施工方也即减少了取弃土数量，从而节约了区间路基的临时用地。

(3)技术经济条件：

①在经济运距范围内，充分利用移挖作填。

②尽量利用荒地、劣地作为取弃土场地，少占耕地，并结合施工改地造田。

③充分利用改河、改路等附属工程土方。

④土石方挖、装、运、卸的能耗最小。

(4)环境保护：

①取弃土与路基排水、农田灌溉和改地造田相结合，避免引起河岸冲刷，阻塞河流、压缩桥孔等现象的产生。

②营造绿化带。

二、区间路基土石方调配原理和方法

区间路基土石方调配，常采用线调配法。线调配法主要是根据土石方经济运距确定沿线路中心线纵向移挖作填和横向取弃土的合理范围。

从经济观点来分析，当由路堑挖一方土纵向运到筑堤地点的费用，比在该路堑挖一方土就近横向运到弃土堆和再从取土坑挖一方土横向运到筑堤地点的总费用低时，则纵向移挖作填是经济的；当纵向移挖作填的运距大到一定距离时，即路堑挖一方土运去筑堤的费用，比将该一方土运到弃土堆，再从取土坑挖一方土运到来筑堤的总费用大时，则纵向移挖作填是不经济的，应采用横向取、弃土的施工方式。当两种施工方式的费用相等时，纵向运土的范围称为纵向移挖作填的最大范围（或称极限范围），而纵向移挖作填的最大范围的平均运距称为最大经济运距（或称极限平均运距）。因此，线调配法的首要任务是经济运距的确定。

（一）最大经济运距的计算

最大经济运距是根据工程费用计算的，即根据纵向移挖作填和横向取弃土这两种方案在价格相等的条件下来决定的，如图 11 - 2 所示。

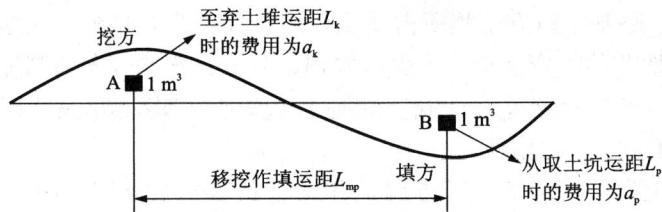

图 11 - 2　最大经济运距

设路堑 A 处挖 1 m³ 土体横向运往弃土堆时的单价为 a_k 元（弃方的平均单价）；从取土坑挖 1 m³ 土体横向运往路堤 B 处时的单价为 a_p 元（借方的平均单价）；路堑 A 处挖 1 m³ 土体纵向运往路堤 B 处时的单价为 A_{mp} 元（利用方的平均单价）。根据调配原理，路堑 A 处土体运往路堤 B 处则应满足：

$$A_{mp} \leqslant a_k + a_p \tag{11-6}$$

上式每一单价均包括挖土费用和运土费用，因此

$$A_{mp} = a_0 + b_0 L_{mp} \tag{11-7}$$

$$a_k = a_1 + b_1 L_k \tag{11-8}$$

$$a_p = a_2 + b_2 L_p \tag{11-9}$$

式中：a_0——纵向移挖作填时，在路堑中开挖 1 m³ 土体的费用（元）；

　　　b_0——纵向移挖作填时，1 m³ 土体运送 1 m 距离的费用（元）；

　　　L_{mp}——纵向平均运距（m）；

　　　a_1——横向弃土时，在路堑中开挖 1 m³ 土体的费用（元）；

　　　b_1——横向弃土时，1 m³ 土体运送 1 m 距离的费用（元）；

　　　L_k——路堑至弃土堆的横向运距（m）；

　　　a_2——横向取土时，在取土坑开挖 1 m³ 土体的费用（元）；

　　　b_2——横向取土时，1 m³ 土体运送 1 m 距离的费用（元）；

　　　L_p——取土坑至路堤的横向运距（m）。

根据式（11 - 10），即可用下式求得最大经济运距 L_{mp}：

$$L_{mp} = \frac{(a_1 + b_1 \cdot L_k) + (a_2 + b_2 \cdot L_p) - a_0}{b_0} \tag{11-10}$$

当路堑与取土坑的土质相同并采用同一施工方法时，则土体的开挖单价相等，运输单价也相等，即 $a_0 = a_1 = a_2$，$b_0 = b_1 = b_2$，上式可简化为：

$$L_{mp} = \frac{a_0 + b_0(L_k + L_p)}{b_0} \tag{11-11}$$

在取土和弃土时，有的要占用农田，损毁青苗，因此还要将相应的购地费和青苗补偿费计算在内。

$$L_{mp} = \frac{a_0 + b_0(L_k + L_p) + AF + A'F'}{b_0} \tag{11-12}$$

式中：F——取土 1 m³ 和弃土 1 m³ 占用耕地的总面积(m²)；

A——1 m² 耕地的购地费(元)；

F'——取土 1 m³ 和弃土 1 m³ 占用的青苗总面积(m²)；

A'——1 m² 的青苗费(元)。

式中的各个单价可以由定额和单价表中查得，只需确定两个运距 L_k 和 L_p。

（二）横向运距的确定（图 11-3）

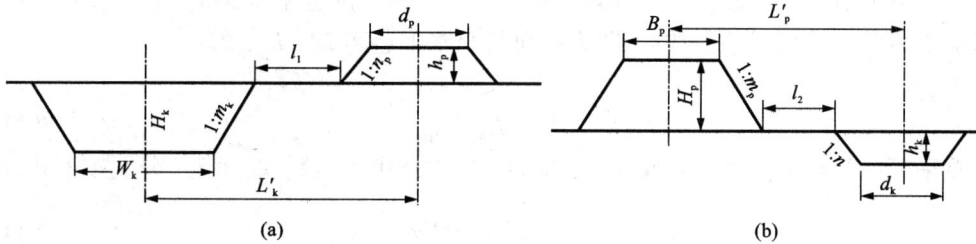

图 11-3　路基横向运距

1. 横向水平运距的计算

横向运距应根据路堑中心线到弃土堆中心线间的距离 L_k'，或路堤中心线到取土坑中心线间的距离 L_p' 来计算。

如图 11-3 所示，当横向运距没有上、下坡时，L_k'、L_p' 即为横向水平运距。即

$$L_k' = \frac{W_k}{2} + m_k H_k + L_1 + n_p h_p + \frac{d_p}{2} \tag{11-13}$$

式中：W_k——路堑底宽(m)；

m_k——路堑边坡；

H_k——路堑挖深(m)；

L_1——隔带宽(m)；

n_p——弃土堆土边坡；

h_p——弃土堆高度(m)；

d_p——弃土堆顶宽(m)。

$$L_p' = \frac{B_p}{2} + m_p H_p + l_2 + n_k h_k + \frac{d_k}{2} \tag{11-14}$$

式中：B_p——路堤顶宽(m)；

m_p——路堤边坡；

H_p——路堤填高(m)；

l_2——护道宽(m);

n_k——取土坑边坡;

h_k——取土坑深度(m);

d_k——取土坑底宽(m)。

2. 横向实际运距的计算

(1)横向斜距离的计算。

设横向弃土的斜距离为$L_k''(m)$;横向取土的斜距离为$L_p''(m)$;弃土堆重心与路堑重心间的高度差为$H_1(m)$,近似按$0.4(H_k + h_p)$计算;取土坑重心与路堤重心间的高度差为$H_2(m)$;近似按$0.4(H_p + h_k)$计算,则:

$$L_k'' = \sqrt{(L_k')^2 + H_1^2} \qquad (11-15)$$

$$L_p'' = \sqrt{(L_p')^2 + H_2^2} \qquad (11-16)$$

(2)横向折合水平距离L_k、L_p的计算。

当重载方向有上、下坡时,应根据不同的运输方法,按运土斜距离L_k''、L_p''乘以重载坡度折算系数K_h(也称升高折平系数),即为横向折合水平运距L_k、L_p,即:

$$L_k = K_h \cdot L_k'' \qquad (11-17)$$

$$L_p = K_h \cdot L_p'' \qquad (11-18)$$

根据采用的运输方法及坡度值i,在表$11-2$中查出K_h值,坡度值i分别按下式计算:

$$i_1 = \frac{H_1}{L_k'} \times 100\% \qquad (11-19)$$

$$i_2 = \frac{H_2}{L_p'} \times 100\% \qquad (11-20)$$

表 11 -2　重载坡度折算系数(K_h)表

运输方法	坡度/%		系数 K_h
推土机 铲运机	上坡	≤5	1.0
		6 ~ 10	2.0
		11 ~ 20	3.0
		21 ~ 30	3.5
轨道车运输 (轻轨斗车)	上坡	≤0.3	1.0
		0.4 ~ 1.5	1.7
		>1.6	2.4
架子车运输 (手推车)	上坡	≤2	1.0
		3 ~ 10	2.5
		>11	4.0
	下坡	≤10	1.0
		≥11	2.0

续表 11 - 2

运输方法	坡度/%		系数 K_h
人力挑抬	上坡	≤4	1.0
		5 ~ 30	1.8
		≥31	3.5
	下坡	≤15	1.0
		16 ~ 30	1.3
		≥31	1.9

【例 11 - 1】 某段路堤采用推土机施工,由取土坑取土填筑,路堤和取土坑断面如图 11 - 4 所示,计算其横向运距。

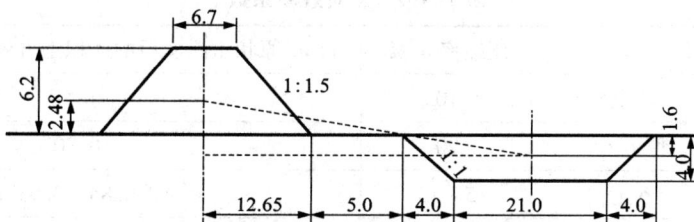

图 11 - 4 某路基断面示意图(单位:m)

【解】 横向水平距离按式(11 - 14)可得:

$$L_p' = 6.7/2 + 1.5 \times 6.2 + 5 + 1 \times 4 + 21.0/2 = 32.15(\text{m})$$

取土坑与路堤重心的高度差:

$$H_2 = 0.4 \times (H_p + h_k) = 0.4 \times (6.2 + 4) = 4.08(\text{m})$$

横向取土斜距离按式(11 - 16)可得:

$$L_p'' = \sqrt{(L_p')^2 + H_2^2} = \sqrt{32.15^2 + 4.08^2} = 32.41(\text{m})$$

横向坡度:

$$i = H_2/L_p' = 4.08/32.15 = 12.7\%$$

查表 11 - 2 得折算系数为 3.0,则推土机施工的折合水平运距按式(11 - 13)计算可得:

$$L_p = 3.0 \times 32.41 = 97.23(\text{m})$$

故按定额采用运距为 100 m。

(三)调配数量计算

根据调配原则,按土石类别确定土石松方系数(涨余率,见表 11 - 3)、效率系数(压缩系数见表 11 - 4)、沉陷系数和压陷系数(见表 11 - 5),并计算调配数量,以绘制土方调配示意图。

表 11 - 3 土石松方系数

序号	土石类别	可松性系数 K_1
1	(一类土)砂土、亚砂土	1.08 ~ 1.17
2	(一类土)种植土、泥炭	1.2 ~ 1.3
3	(二类土)亚黏土、黄土、砂土、混合卵石	1.14 ~ 1.28
4	(三类土)轻黏土、重亚黏土、砾石土、亚黏土混合卵石(碎石)	1.24 ~ 1.30
5	(四类土)重黏土、卵石土、黏土混卵(碎)石,压密黄土、砂岩	1.26 ~ 1.32
6	(四类土)泥炭岩	1.30 ~ 1.37
7	(五~七类)次硬质岩石(软质)	1.30 ~ 1.45
8	(八类土)硬质岩石	1.45 ~ 1.50

表 11 - 4 土质效率系数

土质类别		压缩率 a/%	每 m^3 原状土压实后的体积土方效率系数 $K_2 = 1 - \alpha$
松土	一般土质	10	0.9
	种植土	20	0.80
	砂土	5 ~ 15	0.85 ~ 0.95
普通土或硬土	一般土质	5	0.95
	天然湿度黄土	12 ~ 17	0.85
	干燥坚实黄土	5 ~ 7	0.94

注:①深土层埋藏的潮湿红胶土,开挖采空后水分散失,碎裂成 2 ~ 5 cm 的小块,机械不易压碎,填筑压实后有 5% 的涨余。

②胶结密实的砂砾土及含石量接近 30% 的坚密砂黏土或黏砂土有 3% ~ 5% 的涨余。

表 11 - 5 地面压陷系数

地基土质	C_1
沼泽土	0.10 ~ 0.15
凝滞的土、细粒砂	0.18 ~ 0.25
松砂、松湿的黏土、耕地	0.25 ~ 0.35
大块胶结的砂、潮湿的黏土	0.35 ~ 0.60
坚实的黏土	1.00 ~ 1.25
泥灰石	1.30 ~ 1.80
人力夯填土	0.40 ~ 0.60

在计算路基土石方数量时,根据路基断面计算所得数值称作断面方属自然状态土。断面方扣除移挖作填的利用方(包括涨余率)后的为施工方。施工方包括路堑开挖方数和取土坑

开挖方数之和。而路堑开挖的部分，其一部分用以填筑路堤，另一部分则弃于弃土堆。因此，施工方数亦即利用方、弃土方与借土方的总和。

$$挖掘土方量 = 断面方/效率系数$$
$$运输土方量 = 断面方 × 松方系数/效率系数$$

此外，还应预计施工中可能产生的地面压陷因素，按地面压陷系数(kg/cm^3)和土方机械施工中对地面的有效作用压力$(6 \sim 8~m^3$铲运机为 26 $kg/cm^2)$；100 HP 推土机为 4 kg/cm^2换算得地面压陷量(cm)，用以修正施工方。

(四)区间路基土石方概略调配法

采用在经济运距范围内的概略调配法进行区间路基土石方调配，其宗旨是在经济运距范围内，最大限度地移挖作填，减少施工方数。

路基土石方的概略调配法，是在较熟练地掌握调配原理和符合经济条件的前提下，在每 100 m 的土石方数量图上进行的。现以实例说明，如图 11 - 5 所示。

1. 计算调配数量

土石方数量图的横坐标为距离(以百米标表示)，纵坐标为每百米标的土石方数量，挖方画在上面，填方画在下面。按比例画成矩形，并在矩形内注明土石方数量。

当综合考虑了各种因素和确定了纵向调配的最大经济运距之后，即可在土石方数量图上进行具体调配。由图 11 - 5 可看出 DK120 + 500 ~ DK121 + 400 间为挖方，其余前后两段为填方。该段挖方可调往前一段，也可调往后一段填筑路堤作为利用方，究竟怎样调，能调配多少方，主要取决于经济运距。

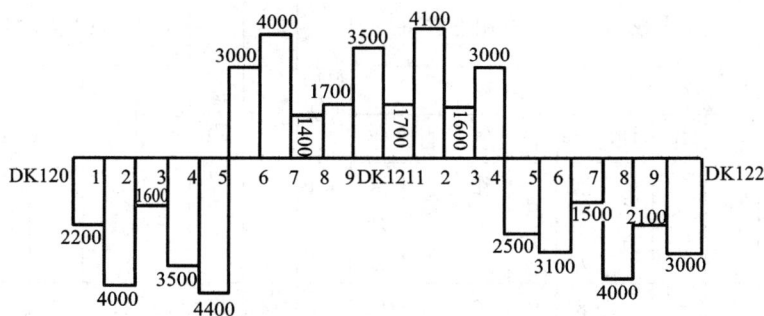

图 11 - 5　百米标土石方数量图

在调配时，可由填挖交界处向两边进行土石方累计，每累计一次则计算一次纵向平均距离，同时观察其是否接近经济运距，经过几次试算后，至接近，即将两边累计的土石方数量(即挖与填的数量)调整到相等，并定出两段的桩号，这两个桩号之间的距离即为纵向调配范围。在此范围以外，则采取横向取、弃土。

本段线路处于荒野，取弃土不占农田，无青苗可损，从有关单价表中查得挖土单价为 0.20 元/m^3，运 1 m^3 = 0.05 元/m，$L_k = 196$ m，$L_p = 200$ m。

根据式(11 - 12)计算得：

$$L_{mp} = \frac{0.20 + 0.05(196 + 200)}{0.05} = 400(m)$$

根据以上所述，经过试算，就可以较容易地定出该路段路基纵向移挖作填和横向取土的范围。调配结果是：

将 DK120 + 500 ~ DK120 + 972 处挖方 12620 m³ 纵向调至 DK120 + 122 ~ DK120 + 500 处作填方是经济的。其纵向平均运距可以较精确地用各百米标内土石方数量与距离的加权平均值计算其填挖方各重心间的距离。即：

平均运距 $L_{cp} = \{[3120 \times 339 + 1600 \times 250 + 3500 \times 150 + 4400 \times 50] + [2520 \times 436 + 1700 \times 350 + 1400 \times 250 + 4000 \times 150 + 3000 \times 50]\}/12620 = 395.9(m) < 400(m)$

同理，将 DK120 + 996 ~ DK121 + 400 处挖方 10540 m³ 纵向调至 DK121 + 400 ~ DK121 + 786 处作填方也是经济的。其平均运距为：

$L_{cp} = \{[140 \times 402 + 1700 \times 350 + 4100 \times 250 + 1600 \times 150 + 3000 \times 50] + [3440 \times 343 + 1500 \times 250 + 3100 \times 150 + 2500 \times 50]\}/10540 = 399.5(m) < 400(m)$

根据上述结果，从理论上讲，DK120 + 972 ~ DK120 + 996 处挖方 840 m³ 应作横向弃土，DK120 + 000 ~ DK120 + 122 处所需填方 3080 m³ 和 DK121 + 786 ~ DK122 + 000 处所需填方 5660 m³ 均需横向取土填筑。

2. 填写调配明细表及汇总表

根据以上方法计算并确定调配数量后，填入以下的调配明细表（表 11 - 6）。

表 11 -6 路基土石方数量调配明细表

_____线_____段_____设计 第   页共   页

起迄里程	段落编号	断面方数/m³		施工方数/m³		利用方数/m³						自何处来往何处去	土石等级	运距/m	施工方法及数量/m³						
		路堤	路堑	路堑		路堤																
				往路堤	往弃土堆	自取土坑		自路堑		自其他												
						紧方	涨余方	紧方	涨余方	紧方	涨余方											
1	2	3	4	5	6	7	8	9	10	11	12	13	14	15	16	17	18	19	20	21	22

填表   年   月   日   复核   年   月   日

注：①本表适用于技术设计和施工图阶段。技术设计阶段将表名字"明细"二字涂掉；
  ②"自其他"指来自隧道，改河（沟）等弃土。

调配明细表填写步骤：

（1）将划分的段落填入表中第 1 栏。

（2）根据土石方数量计算，将每段落内的填方和挖方数量，分别填入表中第 3 与第 4 栏。

（3）确定纵向利用和横向取弃土数量。一般先挖方（运往路堤或运往弃土堆），后填方

（采用利用方或取土方）。纵向利用和弃土数量的确定：

确定段落内本断面利用或纵向利用（即运往路堤）数量，并按不同运距、施工方法、运输方法和土石等级分别填入表中 5 及 13 ~ 22 栏；

将弃土数量，按上述要求，分别填入表中 6 及 13 ~ 22 栏。

（4）取土数量的确定：

将来自路堑的利用方数量填入表中 9、10 及 13 栏；

来自其他（即隧道、路基加固防护工程等）利用方数量，填入表中 11 ~ 13 栏；其中，如隧道弃渣运距离洞口超过 200 m 时，应将超过部分的数量和接运的平均运距单独列出，填入表 11 ~ 13 栏，并在 15 栏中填"接运 × × m"；

来自取土坑的数量，按不同运距、施工方法、运输方法、土石等级，分别填入表中 7、8，13 ~ 22 栏内。

（5）表中 13 栏：往何处去，应把运往何段路堤的起讫里程写出；自何处来，应把来自某段路堑或取土坑的起讫里程写出。利用隧道弃渣应注明利用 × × 隧道弃渣；自取土坑运来或运往弃土堆，除注明起讫里程外，还应注明线路的左右侧。

（6）调配时，施工方、断面方数量，要有千米计、区间计或施工段落计。

（7）调配完毕后，按概（预）算要求的段落汇总施工方和断面方数，并填入路基土石方数量调配汇总表内（表 11 - 7）。其中施工方按不同土的类别、施工方法、运输方法和运距等分别填列；断面方不论填挖按土、石类别分列。

表 11 - 7　路基土石方数量调配汇总表

____线____段____设计　　　　　　　第　　页　共　　页

起讫里程				
土石类别	施工方法	运距/m	施工方数/m³	备注

任务 11.3　路基施工机械的选择及数量的计算

工程机械是装备工业的重要组成部分。凡土石方施工工程、路面建设与养护、流动式起重装卸作业和各种建筑工程所需的综合性机械化施工工程所必需的机械装备，称为工程机械。

"工程机械"（"土方机械"）按我国标准规定为 16 种类型。其中包括：

（1）挖掘机械（包括单斗、多斗挖掘机，挖掘装载机，掘进机等）。

（2）铲土运输机械（包括装载机、推土机、铲运机、平地机、掘进机等）。

（3）压实机械（包括压路机、夯实机等）。

路基工程土方施工机械，包括挖、装、运、压实、整平等工艺的主机、辅机及其可换的工作装置等，应按工程需要配套使用。

选择施工机械应考虑路基工程特点、土石种类、土方数量、地形、挖填高度、运距、气候条件、工期等因素，经济合理地确定。

一、施工机械选择

各种不同类型施工机械的选择，应考虑工程数量的规模、运输距离的远近以及工程土质、设备配套、工期、气象等情况的影响。

1. 选择原则

（1）机械的适用范围。

（2）实用经济性。

（3）具有先进的生产能力和效率。

（4）合理配套性。

2. 按适用范围选择土石方工程机械

（1）土方机械适用范围见表11-8。

表11-8 土方机械适用范围

名称	准备工作	基本工作	辅助作业
推土机	1. 修临时便道； 2. 推树拔根； 3. 铲除草皮； 4. 清理碎屑； 5. 推缓陡坡； 6. 洞穴翻挖回填	1. 高度3 m以内路基土石方； 2. 运距100 m以内土方挖运、铺填与压实； 3. 半挖半填路基土石方	1. 路堤缺口土方回填； 2. 路面粗平； 3. 取、弃土堆平整； 4. 土层压实； 5. 配合松土； 6. 斜坡挖台阶
拖行铲运机	1. 铲草皮； 2. 移运孤石运距60～700 m内土方挖、运、铺填与压实	1. 路基面、场地粗平； 2. 取、弃土堆平整	
自动平地机	1. 铲草皮； 2. 除积雪； 3. 松土层路堤0.75 m高，路堑0.6 m以内深土方挖、运	1. 挖排水、截水沟； 2. 场地、路面平整； 3. 刮边坡	
拖行松土机	1. 翻松旧道路面； 2. 除树根、树墩和灌木丛	1. 翻松砾石土、硬土； 2. 破碎0.5 m冻土层	
挖掘机	1. 土方挖掘及卸弃； 2. 自卸汽车装土远运	1. 挖沟槽、基坑； 2. 捞水下土石	

（2）石方机械适用范围见表11-9。

表 11 – 9　石方机械适用范围

名称	规格	技术特征	效率
潜孔钻机	YQ – 150A YQ – 150B	效率高，适用于大型石方施工	35 m/台班
	YQ – 100B 东方红 – 100	轻便灵活，中小型石方施工	21.6 m/台班
挖掘机	上海 Wl001 长江 Wl001 抚顺 Wl001	斗容量 1 m³，可用于石方施工	160 m/台班
	波兰 KV1026	斗容量 1.26 m³， 可用于石方施工 180 m/台班	
倾卸汽车	上海交通 SH361 天巾 TJ360	载重 15 t	50～80 m/台班
	黄河 QD351	载重 7.5 t	
	日本小松	载重 18 t	

3. 按工作限额选择土石方工程机械

机械工作限额见表 11 – 10。

表 11 – 10　机械工作限额表

顺序	机械名称	规格	工作限额
1	挖掘机	0.25～0.5 m³	6000～10000 m³
2	挖掘机	1～2 m³	15000～40000 m³
3	铲运机	2～2.5 m³	5000 m³
4	铲运机	6.0 m³	5000～16000 m³
5	铲运机	6.0 m³ 以上	20000～40000 m³
6	推土机	C – 80，C – 140	不限制
7	拖式卷扬机		5000 m³

4. 按适用运距选择土石方施工运输方法

表 11 – 11 为几种施工运输方法。

表 11 – 11　几种运输方法的运距适用范围

运输方法	适用运距	起码运距	附注
人力挑抬运	一般在 50 m 以内	20 m（增运每级为 10 m）	在困难情况下使用
手推车运输	一般在 300 m 以内	50 m（增运每级为 50 m）	

续表 11－11

运输方法	适用运距	起码运距	附注
轻轨斗（平）车运输	一般在 300 m 以上	200 m（增运每级为 100 m）	
推土机	20～100 m	20 m（增运每级为 10 m）	
拖式铲运机	100～700 m	200 m（增运每级为 100 m）	自行式铲运机 300～4 000 m
自卸 1 t 机功翻斗车	150～1000 m	200 m（增运每级为 200 m）	
倾卸汽车运输	大于 500 m	1 km（增运每级为 1 km）	

二、主要施工机械的注意事项

1.挖掘机施工

任何型号的挖土机施工，它都必须配备自卸汽车进行运土，并配备其他机械，如推土机、压路机等进行平整与压实。

2.铲运机施工

由于铲运机是一种能独立、综合地完成铲装、运输、卸土 3 个工序的土方机械，所以它是应用最广泛的土方机械之一。

铲运机的挖土、装土、运土、卸土和摊铺土等过程，均为自行单独连续地完成，因而具有较高效率和经济性。其铲斗容量较大（目前最大的有 30 m³ 以上），运距可较远（自行式铲运机的运距可达 5000 m），操作人员少，一台铲运机仅需一名司机。

铲运机主要用于大量轻质土方的填挖和运输工作。特别是地形起伏不大，坡度在 20°以内的大面积场地平整，土质含水量不超过 27%，平均运距在 800 m 左右，以铲运机施工将可获得最高的技术经济效益。

3.推土机施工

推土机的特点是操作灵活，运转方便，所需工作面小，功率较大，行驶快，易于转移，能爬 30°左右的缓坡，因此用途较广。

推土机适用于挖土深度不大的场地平整，铲除腐蚀土，并推送到附近的弃土区；推筑高度在 1.5 m 以内的修堤；平整其他机械卸置的土堆；配合铲运机、挖土机等机械工作。

推土机的生产率主要决定于推土刀推移土壤的体积及切土、推土、回程等工作循环时间。为此，可采用顺地面坡度下坡推土；2～3 台推土机并列推土；分批集中一次推送；开槽推土等方法来提高生产效率。

三、劳动力、机械及运输工具需要量的计算

在土石方调配和土石方机械确定以后，就可据此计算劳动力、机械及运输工具的需要量。

（一）劳动力需要量的计算

人力施工劳动力的需要量可按下式计算：

$$p = \frac{W \cdot q}{T_z} \qquad (11-21)$$

式中：W——人工施工的土石方数量（m^3）；

　　　q——土石方劳动定额（工日$/m^3$）；

　　　T_z——日历施工期内的工作天数。它等于日历天数 T_c 乘以工作日系数 0.71［除去星期日和国家法定假日，即 $(365 - 104 - 7)/(12 \times 30) = 0.71$］，再乘以气候影响系数 K，即：$T_z = T_c \times 0.71K$。

对于在挖土机械和运输机械上工作所需的工人人数，可从机械手册或操作作业规范中查得。

【例 11 - 3】　某路基土石方工程施工方数为 5000 m^3，采用人力挖土，双轮车运输施工。土质为普通土，其中 3000 m^3 运距为 50 m，2000 m^3 运距为 100 m，一班制作业，工期要求为 2 个月，该地区气候影响系数为 0.9。求该工程所需劳动力数量（出工率为 90%）。

【解】　查《铁路工程预算定额》路基分册可得：

LY – 128——人力施工挖普通土劳动定额 q：9.92 工日/100 m^3；

LY – 138——双轮车运普通土（运距≤50 m）劳动定额 q：16.87 工日/100 m^3；

LY – 139——双轮车运普通土（每增运 50 m）劳动定额 q：3.74 工日/100 m^3。

则运距为 50 m 的 3000 m^3 普通土所需总工天数：

$$\sum W \cdot q = (3000/100) \times (9.92 + 16.87) = 803.7 (工日)$$

运距为 100 m 的 2000 m^3 普通土所需总工天数：

$$\sum W \cdot q = (2000/100) \times (9.92 + 16.87 + 3.74) = 610.6 (工日)$$

日历工期内的工作天数：$T_z = 2 \times 30 \times 0.71 \times 0.9 = 38 (天)$

劳动力需要数量：$p = \dfrac{803.7 + 610.6}{38 \times 90\%} = 41.35 (取 42 人)$

（二）挖土机械需要量的计算

挖土机械台班需要量可用下式计算：

$$M = W_j \cdot q_j (台班) \qquad (11 - 22)$$

式中：W_j——某种机械施工土石方数量（m^3）；

　　　q_j——某种机械施工土石方的时间定额（台班$/m^3$）。

求出施工中所需各种机械的台班数后，再按下式求机械的需要量：

$$N = \frac{\sum M}{T_z \cdot a} \qquad (11 - 23)$$

式中：$\sum M$——各个地段上同一种机械所需的台班总数；

　　　a——每昼夜的工作班数；

　　　T_z——同公式（11 – 21）。

按照计算所需的机械数量，应再增加 10% ~ 15% 的备用量，以备修理之用。

【例 11 - 4】　某路基工程土石方量为 10000 m^3，采用≤8 m^3 拖式铲运机施工，土质为硬土，运距为 400 m，两班制作业，工期为一个月，施工地区气候影响系数为 0.90，求机械需要量。

【解】　查《铁路工程预算定额》路基分册可得：

LY – 105——≤8 m^3 拖式铲运机铲运土（硬土、运距小于或等于 200 m）定额 $q_铲$：

0.55 台班/100 m^3;

LY – 106——≤8 m^3 拖式铲运机铲运土(硬土、增运100 m)定额 $q_{铲}$: 0.095 台班/100 m^3;

则铲运机所需台班数为:

$$M_{铲} = W_{铲} \cdot q_{铲} = \frac{10000}{100} \cdot (0.55 + 0.095 \times 2) = 74(台班)$$

日历工期内的工作天数:

$$T_Z = 1 \times 30 \times 0.71 \times 0.90 = 19(d)$$

铲运机需要量: $N_{铲} = \dfrac{74}{19 \times 2} = 1.95(台)$,备修理之用,增加10% ~15%的备用量,采用3台。

(三)运输工具需要量的计算

有些挖土机械,需要配备一定数量的运输工具(如汽车、运土列车车辆等),所需的运输工具可根据运输量及运输工具的能力计算。

计算公式为

$$N_y = \frac{Q_w}{q_w} \qquad (11-24)$$

其中

$$q_w = \frac{q_1 \cdot T}{t' + t'' + \dfrac{2L}{v_{cp}} + t_d} \cdot k_t \qquad (11-25)$$

式中:N_y——运输工具的需要量(辆);

Q_w——在所计算时间内的运输量(t、m^3 等);

q_w——在所计算时间内一辆运输工具的生产率(t、m^3 等);

q_1——运输工具的额定载重量(t);

T——完成运输量 Q_w 所规定(或所计算)的工作时间(min);

t'——装车时间(min);

t''——卸车时间(min);

t_d——等待时间(min);

L——运距(m);

v_{cp}——往返的平均运行速度(m/min);

K_t——运输时间利用系数0.80 ~0.95。

根据运输工具的种类和具体条件,对计算出的运输工具需要量,一般尚应增加10%的备用量,以备部分运输工具进行定期检修或不定期的修理。

【例11 – 5】 某路基土石方工程,根据工程量和工期,要求每天完成1000 m^3 的土方施工任务,运距为8 km,采用载重量为12 t 的自卸汽车配合斗容量为1 m^3 的挖掘机施工,两班制作业。求自卸汽车需要量。

【解】 根据施工现场测定资料:

$t' = 4.9$ min, $t'' = 1.4$ min, $t_d = 2.6$ min

$v_{cp} = 31.8$ km/h = 530 m/min

另据已知条件:

$Q_w = 1000 \text{ m}^3$

$T = 2 \times 8 \times 60 = 960 \text{ min}$

$q_1 = 12 \text{ t}($每车定额容量为 $6.3 \text{ m}^3)$

$K_t = 0.80 \qquad L = 8 \text{ km}$

将以上数据代入式(11 – 24)和式(11 – 25)得:

$$q_w = \frac{6.3 \times 960}{4.9 + 1.4 + \dfrac{2 \times 8 \times 1000}{530} + 2.6} \times 0.80 = 123.78 (\text{m}^3)$$

$$N_y = \frac{1000}{123.78} = 8 (\text{辆})$$

增加 10% 的备用量,按 9 辆配备。

任务 11.4　选择路基施工方法及施工工艺

　　铁路路基土石方工程的特点是工程量大、战线长、劳动强度大、质量要求高,因此应优先采用机械化施工方法,以达到又快、又省、又好的目标。在工程量小且受施工条件限制而不宜采用机械化施工的工点,也可采用人力配合小型机具的施工方法。

　　施工方法的选择与土石方调配有着密切联系,当调配与施工方法合适,二者统一解决后,才能得到理想的方案。尤其在复杂地段,需采用不同的施工方法和调配方式,以达到经济合理的目的。

一、选择施工方法应考虑的因素

1. 工程数量

　　工程量大时采用机械化施工和效率高的大型机械;工程量小且分散的工点,可采用机动灵活的小型机械或人力施工。

2. 工程期限

　　工程期限直接影响到施工方法的选择。一般在工期紧且工程量又较集中的地段使用较大型、高效的土方机械;而工期不紧,工程量又分散的地段,就采用小型机械及人工方法。

3. 土壤性质

　　土壤的性质对施工方法有一定的限制。如路堑为石质土体就需用爆破松动办法再进行开挖,各种开挖机械也要受到土壤的类别和粒径的影响。

4. 路堤路堑的填挖高度及深度

　　路堤路堑的高度和深度,对发挥机械效率有较大影响。如在浅路堑中,不宜用土斗容量较大的挖土机,因为掌子面低浅,机铲挖土时需重复转动,再加上要时常移动笨重机械,工作效率会大大降低。又如推土机和铲运机只适宜路堤和浅路堑,否则也影响工效。各种小型机具的采用也要受到填挖高度和深度的影响。

5. 其他条件

　　如地形条件、当地气候情况和运土工具及运距等都与施工方法选择有关,应综合予以考虑。

二、选择施工方法的原则

（1）首先考虑条件困难复杂及控制工期的关键工点，然后解决一般工点。

（2）先解决正线路基，后解决站场及附属工程。

（3）先定机械化工点，后定人力施工工点。

（4）技术经济条件。

三、主要施工方案和施工方法

路基工程施工方案应根据工程项目施工条件、工期要求、机械配置、环境要求、工程费用等进行综合比选确定。

（一）铁路填土路堤施工工艺流程

路基工程路堤填筑施工包含基床以下路堤本体填筑施工和基床填筑施工。

1. 路堤本体填筑施工工艺流程

路基工程路堤填筑按照"三阶段、四区段、八流程"的施工程序组织施工，这是已经成熟的施工经验，如图 11 –6 所示。

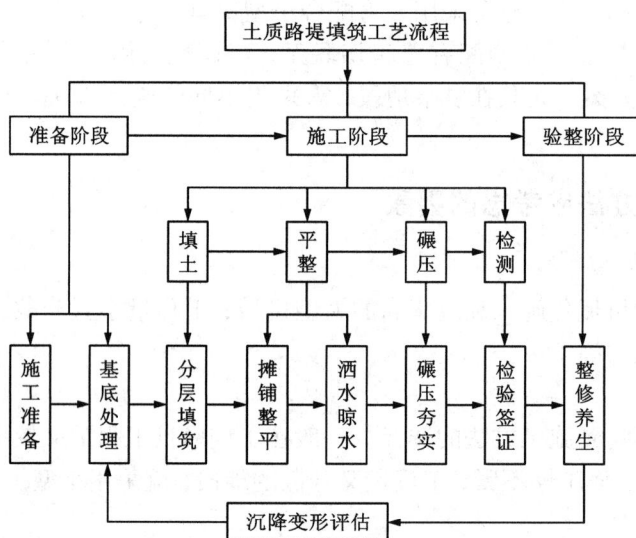

图 11 –6　路堤填筑施工工艺流程

2. 路堤基床机械化施工工艺流程

路堤基床机械化施工工艺包括施工准备、填料的拌合及运输、填料摊铺、机械碾压等作业。基床施工工艺流程如图 11 –7 所示。

（二）土方路堑施工

1. 土方路堑开挖方式及施工机械

（1）土方路堑开挖方式。

根据路堑土方量的大小、路堑深度及路堑地段的长度，其开挖作业可采用下列方式进行：

```
┌──────────┐   ┌──────────┐   ┌──────────┐   ┌──────────┐
│ 验收基床底区段│→  │ 搅拌运输区段│→  │ 摊铺碾压区段│→  │ 检测修整区段│
└──┬────┬──┘   └──┬────┬──┘   └──┬────┬──┘   └──┬────┬──┘
   │    │         │    │         │    │         │    │
┌──┴┐┌──┴┐   ┌──┴┐┌──┴┐   ┌──┴┐┌──┴┐   ┌──┴┐┌──┴┐
│测量││修整│   │拌合││运 │   │摊 ││碾 │   │检测││修整│
│放样││基床│   │混合││   │   │铺 ││压 │   │试验││养护│
│检测││底层│   │料 ││输 │   │   ││   │   │   ││   │
└──┬┘└──┬┘   └──┬┘└──┬┘   └──┬┘└──┬┘   └──┬┘└──┬┘
```

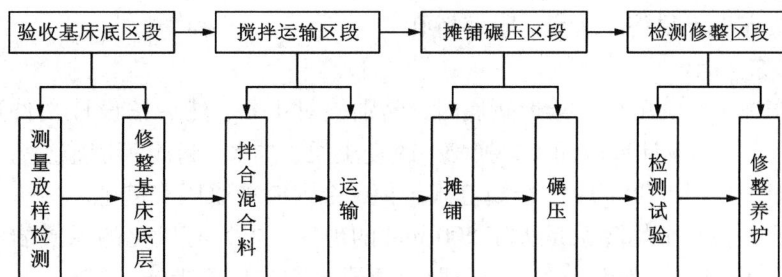

图 11 - 7　基床表层填筑施工工艺流程

①全断面开挖方式。

常用于土方量大且集中、深度大长度短的路堑开挖。又分为一次性全断面开挖方式与分层全断面开挖方式。

②纵向开挖方式。

常用于土方量大路堑长度较长的地段。又分为分层纵向开挖方式与分段分层纵向开挖方式。

③纵向分段全断面开挖方式。

(2)施工机械。

全断面开挖路堑时，常采用挖掘机开挖，自卸汽车运土；每层台阶高度可取 3 ~ 4 m。也可用推土机或配合装载机、自卸汽车施工。

路堑纵向开挖时，可采用推土机、铲运机、挖掘机配合自卸汽车运土。当路堑长度较短，不超过 100 m，深度较小，不超过 3 m，地面坡度较陡时，可用推土机按分层纵向开挖方式开挖。当路堑长度超过 100 m，运距在 100 ~ 400 m 时，使用履带式拖式铲运机(铲斗容积为 2 ~ 8 m³)；运距为 100 ~ 700 m 时，采用铲斗容积为 9 ~ 12 m³ 的拖式铲运机；运距在 400 ~ 5000 m 时，采用自行式铲运机施工。运距较大，超过 5 km 时，宜采用挖掘机配合自卸汽车施工。

2. 土方路堑施工注意事项

(1)挖方土料管理。

①将路堑开挖出的地表种植土作定点堆存，以备改地造田之用。

②开挖出的土料应分别处理：

a. 各类适用于填筑路堤的土料不应混杂，以使满足路堤分层填筑时每一分层只填筑同一种土质的要求。

b. 不适于填筑路堤的土料应按事先确定的弃土方案处理。

③弃土堆设置：

a. 弃土堆设置不应影响山体和边坡稳定，其内侧坡脚至堑顶的距离应根据路堑土质条件和边坡高度确定，宜为 5 m，有条件时可适当减小，但不得小于 2 m。

b. 弃土堆边坡不应陡于 1∶1.5，顶面向外做成不小于 2% 的横坡，堆高不应大于 3 m。

c. 弃土堆如置于山坡上侧，应连续堆填成防洪堤；如置于山坡下侧，应间断堆填，每隔 50 ~ 100 m 设不小于 1 m 的排水缺口。

④沿河弃土时，应防止加剧下游路基与河岸的冲刷，避免阻塞污染河道，必要时应设置挡护设施。桥头弃土不得挤压桥墩，阻塞桥孔。

（2）路堑基床。

①路堑基床施工，应在开挖接近堑底时，鉴别核对土石，然后按设计文件进行断面测量放样，开挖整修，或按设计采取压实、换填、改良土质、排水、封闭等措施。

②基床表面土的压实度不应小于规范规定值，否则应采取压实措施。

③基床表层土在年平均降水量大于 500 mm 的地区，当为易风化的泥质岩石和塑性指数大于 12，液限大于 32% 的黏性土时，应采取换填或土质改良等措施。

④基床底层为软弱土层时，其静力触探比贯入阻力 P_s，其值不得小于 1 MPa。

⑤路堑应于路肩两侧设置侧沟，其横断面除需按流量计算以外，一般采用底宽 0.4 m，深 0.6 m，靠线路一侧边坡可采用 1:1，外侧边坡与路堑边坡相同；沟底纵坡一般不应小于 2‰，困难时可减至 1‰。

⑥当基床土受水影响时，应增设地面或地下排水设备，拱截、引排或降低、疏干基床范围内的水。

⑦当降水量大，同时基床土为亲水性强的填料时，可在路基面铺设不透水的土工膜或复合土工膜；当水源为地下水时，可在路基面铺设透水的无纺土工织物；当基床土为软弱土层时，可在基床表层铺设土工格室。

（三）石方路基施工特点

1. 石方路堑施工

石方路堑应根据岩石类别，节理发育及风化程度等因素确定其开挖施工方式。岩土施工工程分级见表 11 - 12。

表 11 - 12 岩土施工工程分级

等级	类别	名称	钻 1 m 需时			抗压强度/MPa	开挖方法
			车，机/min	风枪/min	双人打眼/天		
Ⅰ	松土	砂类土、种植土、未经压实土					铁锹脚蹬下底；普通装载机能满载
Ⅱ	普通土	粉黏土，塑黏土，膨胀土，粉土，黄土 Q₃、Q₄，角砾土，圆砾土，松碎石土，卵石土，压密填土，风积砂					镐松锹挖；挖掘机，带齿装载机能满载；普通装载机不满载
Ⅲ	硬土	硬黏土，膨胀土，密碎石土，卵石土，黄土 Q₁、Q₂，密圆砾土，角砾土，各种风化土状岩石					镐刨，锹挖，松土器松后，才能挖掘装运
Ⅳ	软石	块石土、漂石土、密碎石土、卵石土、盐岩、较软岩、软岩、泥质岩、煤、云母片岩、千枚岩	<7	<0.2		<30	撬棍，大锤；单钩裂土器，液冲镐解碎或爆破松动，挖掘机

续表 11 – 12

等级	类别	名称	钻 1 m 需时			抗压强度 /MPa	开挖方法
			车, 机 /min	风枪 /min	双人打眼 /天		
V	次坚石	硬质岩、硅质页岩、钙质岩、白云岩、石灰岩、泥灰岩、玄武岩、片岩、片麻岩、正长岩、花岗岩	≤10	7 ~ 20	0.2 ~ 1.0	30 ~ 60	冲击镐能解碎；大部需爆破法开挖
VI	坚石极	硬岩、硅质砂岩、硅质砾岩、石灰岩、石英岩、大理岩玄武岩、闪长岩花岗岩	>10	>20	>1.0	>60	冲击镐解碎困难；需用爆破法开挖

注：若岩体极破碎、节理很发育或强风化时，则其等级应相应降低一个等级。

对于软石或强风化石料，凡能用机械直接开挖的均采用机械开挖，凡不能采用机械直接开挖的，则采用爆破方式开挖。

（1）石方爆破方法。

根据药包的形状、大小和埋设方法，可分为下列爆破方法：

①炮眼法，又称浅眼法，炮眼直径 25 ~ 75 mm，深度 1 ~ 5 m。炮眼法适用于各种不同石质和复杂的工作条件，爆破岩石比较均匀，便于使用和搬运，爆破力小，飞石距离近，在铁路石方路堑开挖中广泛采用。

②潜孔爆破，又称深孔爆破，孔径 75 ~ 300 mm，孔深 5 ~ 20 m，潜孔爆破有光面爆破、预裂爆破、深孔控制爆破等，配合使用可获得均匀块度，便于机械装运；可以减少超挖，使路堑边坡平整稳定；可使用于接近城市，附近建筑物多的石方路堑施工。

③蛇穴法，又名小型洞室药包法，蛇穴直径 30 ~ 40 cm 或方形断面，深度 2 ~ 5 m。

④药壶法，又称葫芦炮，是将炮眼底部采用连续多次爆破扩大成为球状药室，以装置集中药包。炮眼深度 2 ~ 10 m。

⑤裸露药包法，又称扒炮、贴炮、明炮。除应用于孤石或第二次爆破大块石外，也可用于炸除树根、爆毁建筑物等。

⑥洞室药包法，又称大爆破，是将每个药包的炸药量由几百千克至几十吨，分别装在若干个洞室内，同时进行爆被，用作扬弃，抛掷、松动或崩塌，定向等爆破开挖路堑。采用大爆破时，必须做好技术设计，进行详细的技术经济论证和路堑边坡稳定性分析，报批获准。

按爆炸力大小分类：炮眼法为小爆破，潜孔法、蛇穴法、药壶法、裸露药包法等为中爆破。在铁路工程施工中，常用者为炮眼法。潜孔爆破特别是光面爆破、预裂爆破目前已被普遍采用。

（2）石方路堑爆破施工。

①路堑开挖及爆破应按岩性、产状、边坡高度选择适当方法，严格控制药量。爆破后边坡和堑顶山体稳定，基床和边坡平顺、不破碎、不松动；凹凸不平处应用混凝土或浆砌片石补齐。

路堑开挖应按设计断面测量放样，采用炮眼法、潜孔法（统称炮孔法）爆破，边开挖边整形。

台阶法开挖的台阶高度与钻孔机械、工程规模、开挖深度、装载设备能力、边坡稳定和技术经济效益等因素有关，应综合考虑决定。一般为 7～10 m，当路堑深度大于 10 m 时，样段应分层开挖。

多孔或多排炮孔宜采用微差爆破。

②石方路堑边坡开挖应采用光面爆破和预裂爆破。炮孔的倾斜度应与设计坡度一致，每层炮孔底应在同一平面上。

预裂炮孔和主炮孔在同一网路中起爆时，预裂炮孔超前主炮孔的时间：遇坚硬岩石 50～80 ms；次坚岩石 80～120 ms；松软岩石 150～200 ms。

光面爆破可预留光爆层，光面炮孔与主炮孔在同一网路中起爆时，主炮孔应在光面炮孔之先起爆。

（3）石方路堑爆破施工要求。

①石方路堑边坡的要求：

a. 边坡应顺直、圆滑、大面平整。边坡上不得有松石、危石。凹凸不平不超过 ±20 cm。

b. 边坡应自上往下分级清刷，清刷后的石质路堑边坡不应陡于设计边坡。

c. 石质路堑边坡如因过量超挖而影响上部岩体稳定时，应用浆砌片石补砌超挖的部分。

②石方路堑基床的要求：

a. 石方路堑基床高程应符合设计要求。

b. 不易风化硬质岩石基床，表面应做成 4% 向两侧排水坡，且表面平顺，肩棱整齐，大于 10 cm 凹凸不平处宜用等级不低于 C25 的混凝土补齐。

强风化硬质岩石、软质岩石，应如土质路堑那样，将某床表层换填级配碎石。

当有裂隙水时，则在填补前采用渗沟连通。

c. 石方路堑基床顶面宜使用密集小型排炮施工，炮眼底宜低于基床顶面设计高程 10～15 cm。在孔底留出 5～10 cm 空眼装药，炸药用量按松动爆破计算。

（4）开挖石料清运。

①如运距小于 100 m 时，可用推土机推运。

②运距较大时，可采用铲运机、汽车、火车等装运。

③有装运和使用的大块石可集中于挖方区进行二次爆破。

④石方路堑施工应分段组织，按打炮眼装药、爆破、石料清运等流水作业。

2. 填石路堤施工

填石路堤的施工工艺基本与填土路堤相同，只是填料不一样，一些具体要求不一样，现按施工工艺流程简述于后。

（1）填石料的选择。

①一般采用石方路堑开挖或隧道弃渣。

②填石料虚按规定进行鉴定，确定其最佳密实度，最大干容量及其他物理力学性能，按其选取填石料，并确定施工方案。

③严重风化的软岩不得用于填筑路堤。

（2）基底处理。

①基底应按规定进行清理、平整和碾压作业，使基底土层强度和密实度达到设计标准。

②基底应按规定做出地面横坡，以利排水。

（3）边坡码砌。

①与分层填筑同时进行，以保证边坡填石料的碾压密实。

②码砌边坡的路堤每侧应加宽 0.2 m。

（4）分层填筑。

①应采用按横断面全宽，纵向分层填筑压实，分层厚度一般取 1.0 m 左右。

②每层填石料应用不同粒径的岩块混合填筑。

③填筑时应安排好运行路线，有指挥卸渣，水平分层填筑。

（5）摊铺平整。

卸料先用推土机摊铺，使之大致平整，每层表面填筑厚 10 cm 的砾石或料径不大于10 cm
的碎石，层面基本平整，以保证碾压密实。

（6）振动碾压。

①应采用重型振动压路机碾压。

②分层碾压时，相邻碾带应重叠不小于 1/3 带宽。

③填石路堤 K_{30} 值与碾压遍数的关系可参考表 11 – 13 所列。

表 11 – 13　填石路堤 K_{30} 值及碾压遍数

填筑部位	K_{30}	碾压遍数
基床表层	140 ~ 170	6 ~ 7
基床底层	120 ~ 140	4 ~ 5
基床以下	100 ~ 120	3 ~ 4

（7）检验签证。

要做到准确及时、内容齐全、合格签证。

（8）路面整修。

路堤按设计高填筑完成后，恢复中线，进行水平高程测量，计算整修高度。整修合格后，
用平碾压路机碾压一遍，路基面平顺无浮面，横向排水坡符合设计要求。

任务 11.5　路基土石方工程施工进度计划及场地布置

一、路基土石方工程施工进度计划

路基土石方工程施工进度计划，是在路基土石方工程量计算、施工方案选择的基础上具
体安排施工进度的工作，内容包括施工进度、施工机械（或劳力）使用动态曲线等内容。

路基土石方工程一般与桥涵、隧道等工程相间相连，安排进度计划时，必须处理好整体
关系，理顺各专业及各区段之间的接口项目与配合关系，解决好相互间的施工干扰，做好施
工准备工作。

（一）路基土石方工程施工工期计算

路基土石方工程施工进度取决于取、弃土的位置，土壤种类、施工方法、机械设备、运输

机具以及季节等因素。

土石方集中地段的工期计算如下。

(1)该段土石方施工所需的工作天数:

$$T_z = \frac{W}{q \cdot a \cdot N} \qquad (11-26)$$

式中：T_z——该段土石方施工所需的工作天数(工作天)；

W——土石方集中地段的工程数量(m^3)按施工方计算；

q——某种机械设备的台班产量(若人工施工，则为人力施工产量定额)；

a——每昼夜工作班数；

N——每班机械台数(人力施工时，为每班施工人数)。

(2)该段土石方施工所需的日历施工期:

$$T_C = \frac{T_z}{0.71 \cdot K} \qquad (11-27)$$

式中：T_C——该段土石方施工所需的日历施工期(日历天)；

0.71——工作日系数；

K——气候影响系数。

(3)把上面的计算过程及结果填入路基土石方施工进度计算明细表(表11-14)。

表 11-14 路基土石方施工进度计算明细表

施工机械	区段位置	工程量/m^3	土壤种类	运距/m	定额/(台班·100^{-1} m^{-3})	需要台班/台班	机械数量	工作班数/(班·d^{-1})	工天/d	日历天/d	起止日期
推土机											
铲运机											
挖掘机											

(二)路基土石方工程施工工期与铁路施工总体的关系

(1)路基土石方工程在每一施工区段上，准备工作完成后或进度到一定程度时，即可开工。

（2）隧道洞口的路基应优先施工，也可以与小桥涵洞同时开工，但其竣工应落后于桥、涵工程。

（3）路基土石方工程必须在正线铺轨前至少半个月完成。

为此，若计算出来的工期，未能满足铺轨前半个月完工，就应采取措施，将开工日期提前或增加机械（人力）及工作班数，以确保施工任务如期完成。

（三）有关分项工程劳动力指标及综合指标

编制实施性施工组织设计时，土石方施工进度应按施工作业过程及组织进行安排。如土石方路堤填筑的工艺流程参见图 11 - 6 所示共 8 个工序，各道工序的时间，一般按所配备的机械类型和数量进行估算确定。

施工作业需划分作业区段进行，一般应划分为 4 个作业区段：填筑区段、平整区段、碾压区段、检验区段。每个区段的长度应按碾压机械的最佳距离确定，如受客观条件的限制，但最短不得短于 40 m。

由于机械压实是施工控制的关键，因此在配备施工机械时，应首先做到四个关键工序的作业时间大致相等。

分项工程劳动力指标如表 11 - 15 所列。

表 11 - 15　分项工程劳动力指标

项目	指标	备注	项目	指标	备注
土石方（人工、机械综合）	0.33 工日/m³	按断面方计，不包括附属土石方	机械开挖单线隧道	155 工日/m	石质每米综合，不包括辅助导坑
挡土墙、浆砌片石	1.5 工日/m³		人力开挖单线隧道	197 工日/m	土质每米综合，不包括辅助导坑
大桥	101 工日/m		铺轨（综合）	1350 工日/正线千米	包括站线及铺砟
中桥	94 工日/m		铺轨（单项）	395 工日/铺轨千米	
小桥	138 工日/m		铺砟	0.30 工日/m³	
涵管	35 ~ 46 工日/横米		架桥	6.5 工日/m	包括桥面系

注：以上指标不包括运输备料及施工管理人员。

按表 11 - 15 及施工工程量，即可估算劳力数量。

二、施工场地布置图

施工场地布置主要是把施工地区的简单地物、地貌、线路情况、施工房屋安排、运输道路、机械走行路线以及取弃土位置等反映在图纸上，如图 11 - 8 所示。

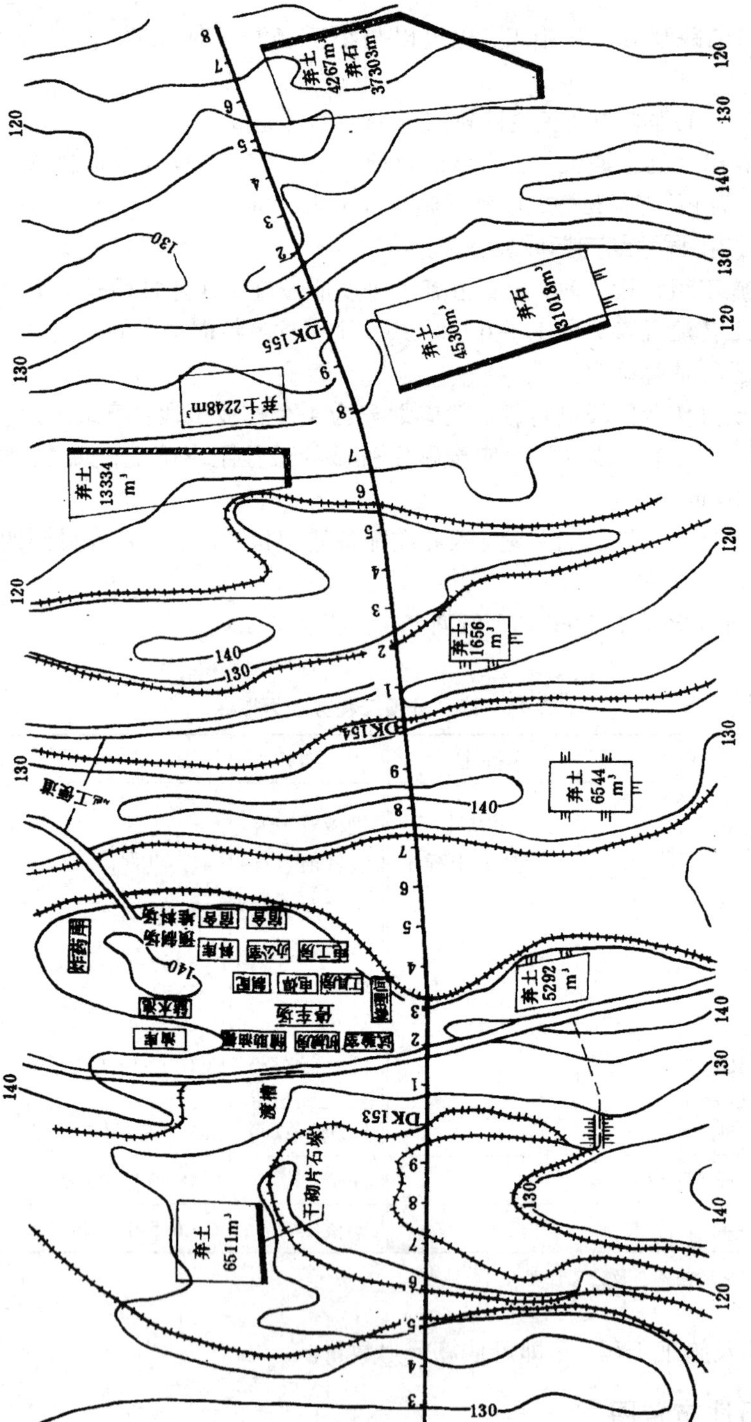

图11-8　施工场地平面布置图

任务 11.6　机械化土石方工程实施性施工组织设计示例

一、工程概况

1. 地形

本段铁路施工里程为 DK151 + 912 ~ DK155 + 700，经过地段为低缓丘陵区，地形起伏不大，相对高差 10 ~ 25 m，自然坡度 10° ~ 25°，部分地段穿越水田。线路走向与一国家公路大致平行，相距不远，交通方便。

2. 地质

地表植被较差，坡面冲刷较严重，上覆残坡积膨胀土厚 0 ~ 3 m，下伏第三系伏平组泥岩、泥质砂岩，为Ⅳ级软石，属中强膨胀岩土，具有失水收缩，吸水膨胀，并随之崩解的不良特征。稳定性很差，要求在施工中必须按有关规程办理。

3. 气候条件

工程所处地区为亚热带湿润气候，夏季长而炎热，冬季短而暖，5 - 9 月为雨季，雨量充沛，年平均降水量为 1171.7 mm，日降水量最大可达 140 mm。对机械施工产生不利的影响。

4. 工期

根据局、处指挥部的要求，本段土石方工程要求保证 2017 年"8.1"铺轨工期，因此根据现场施工条件及本单位的实际情况，工期安排为 12 个月，其中包括两个月施工准备的时间。

二、土石方调配

本段土石方工程断面方 428949 m³，其中挖方 270826 m³，填方 158123 m³，挖方多出填方 11270 m³。因此，在经济运距范围内尽量移挖作填，弃土时应多考虑造地，搞好对农业的支援。本段土石方工程分为两个段落进行调配，各段土石方数量及调配结果见土石方数量调配明细表（如表 11 - 15 所示）和土石方数量调配汇总表（如表 11 - 16 所示）。

表 11 - 15　路基土石方数量调配明细表

××线××段施工设计

起讫里程	段落编号	断面方数量/m³		施工方数量/m³						利用方数量/m³						自何处来往何处去	土石等级	运距/m	施工方法及数量/m³				
				路堑						路堤									推土机 100 m	铲运机 200 m	铲运机 300 m	铲运机 500 m	挖掘机挖自卸汽车 1000 m
						自取土坑		自路堑		自其他													
		路堤	路堑	往路堤	往弃土堆	紧方	涨余方	紧方	涨余方	紧方	涨余方								Ⅰ Ⅱ / Ⅳ	Ⅰ / Ⅱ	Ⅰ / Ⅱ	Ⅰ / Ⅱ	Ⅳ
1	2	3	4	5	6	7	8	9	10	11	12			13	14	15	16	17	18	19	20		
DK151 + 912 ~	Ⅰ	103528	124183	2688				2668						本段利用	Ⅱ	200		2688				
DK153 + 995	Ⅰ			1635						1635				本段利用	Ⅱ	100	1635					

续表 11 – 15

起讫里程	段落编号	断面方数量/m³ 路堤	路堑	施工方数量/m³ 路堑 往路堤	往弃土堆	利用方数量/m³ 路堤 自取土坑 紧方	涨余方	自路堑 紧方	涨余方	自其他 紧方	涨余方	自何处来往何处去	土石等级	运距/m	推土机100m（I II／IV）	铲运机200m（II）	铲运机300m（I／II）	铲运机500m（II）	挖掘机挖自卸汽车1000m（IV）
1	2	3	4	5	6	7	8	9	10	11	12	13	14	15	16	17	18	19	20
				5948				5948				本段利用	II	300			5948		
				22243				22243				本段利用	IV	300					22243
				2427				2427				本段利用	IV	100	2427				
					6511								I	300			6511		
				10554				10554				本段利用	II	500	10551				
				19297				19297				本段利用	IV	500					19297
				3562				3562				本段利用	IV	200					3562
					5292								I	300			5292		
				10827				10827				本段利用	II	300			10827		
				24367				24367				本段利用	IV	300					24367
					6544								II	200		6544			
				2308								调往II段	IV	100	2308				
第1段小计		103528	124183	105836	18347			103528							1635／4735	9212	11803／16775	10554	69469
DK153+995～DK155+700	II	54595	146643					2308				由I调来	IV	100	(2308)				
					1656								I	100	1656				
·				6285				6285				本段利用	II	200		6285			

续表 11 – 15

起讫里程	段落编号	断面方数量/m³ 路堤	断面方数量/m³ 路堑	施工方数量/m³ 路堑 往路堤	施工方数量/m³ 路堑 往弃土堆	利用方数量/m³ 路堤 自取土坑 紧方	自取土坑 涨余方	自路堑 紧方	自路堑 涨余方	自其他 紧方	自其他 涨余方	自何处来往何处去	土石等级	运距/m	推土机 100 m I II / IV	铲运机 200 m II	铲运机 300 m I / II	铲运机 500 m II	挖掘机挖自卸汽车 1000 m IV
1	2	3	4	5	6	7	8	9	10	11	12	13	14	15	16	17	18	19	20
				7601				7601				本段利用	IV	200					7601
					13334								II	300					
				31923				31923				本段利用	IV	300					31923
					2248								I	200		2248			
					4530								II	200		4530			
					31018								IV	200					31018
				3478				3478				本段利用	IV	100	3478				
					4267								II	200		4267			
					37303								IV	200					37303
				3000				3000				本段利用	IV	100	3000				
第Ⅱ段小计		54595	146643	52287	94356			54595							1656 / 6478 / 6478	2248 / 15082 / 92	13334 / 4		107845
合计 土石方		158123	270826	158123	112703			158123											
			428949		270826			158123							14504	26542	41912	10554	177314

表11－16　路基土石方数量调配汇总表

××线××段　施工设计

起讫里程 DK151＋912～DK155＋700

土、石类别	施工方法	运距/m	施工方数/m³	备注
Ⅱ	推土机施工	100	1635	
Ⅳ	推土机施工	100	4735	
Ⅱ	铲运机施工	200	9212	
Ⅰ	铲运机施工	300	11803	
Ⅱ	铲运机施工	300	16775	
Ⅱ	铲运机施工	500	10554	
Ⅳ	自卸汽车配合挖掘机	1000	69469	
第1段小计			124183	
Ⅰ	推土机施工	100	1656	
Ⅳ	推土机施工	100	6478	
Ⅰ	铲运机施工	200	2248	
Ⅱ	铲运机施工	200	15082	
Ⅱ	铲运机施工	300	13334	
Ⅳ	自卸汽车配合挖掘机	1000	107845	
第Ⅱ段小计			146643	
全段合计			270826	

填表　　年　月　日　　　　　　　　　　　　　复核　　年　月　日

三、施工方法的选择

本段土石方工程数量较大，土壤种类有松土、普通土和软石，岩土具有膨胀性，因此根据设计要求，采取分层开挖，分层填筑，实行及时开挖，及时封闭，决定采用人工、机械并用的施工方法，管段内的坞工采用人工砌筑。根据工程数量、土壤性质、工期、运距、路堤填高和路堑挖深等主要因素，土石方施工采取铲运、挖运和推运施工相结合的综合施工方法。软石采取先潜孔钻爆松动，然后进行土石方作业施工。

四、施工安排

（一）施工准备

2016年8、9两个月进行的施工准备工作，主要内容包括：

（1）租用当地外贸局招待所一年，作为项目经理部。

（2）在 DK153＋200 处修建临时房屋（包括宿舍、办公室、料库、试验室、发电房、修理间、水泥库、油库、炸药库、工具房等）共 120 m^2。

（3）分别在 DK153 + 200 和 DK154 + 100 两处扩建既有乡间公路 6 km，作为施工便道。

（4）修储水池一个，管道长 2.5 km。

（5）预制场、堆料场各一处，租地 7.1 亩。

（6）水电供应：采取地方电源，架设电力线至工点，前期内燃发电过渡并作平常备用；由于工点上严重缺水，生产生活用水困难，各工点采用水罐车拉水并修建蓄水池储水，解决施工期间用水问题。施工场地平面布置如图 11 - 9 所示。

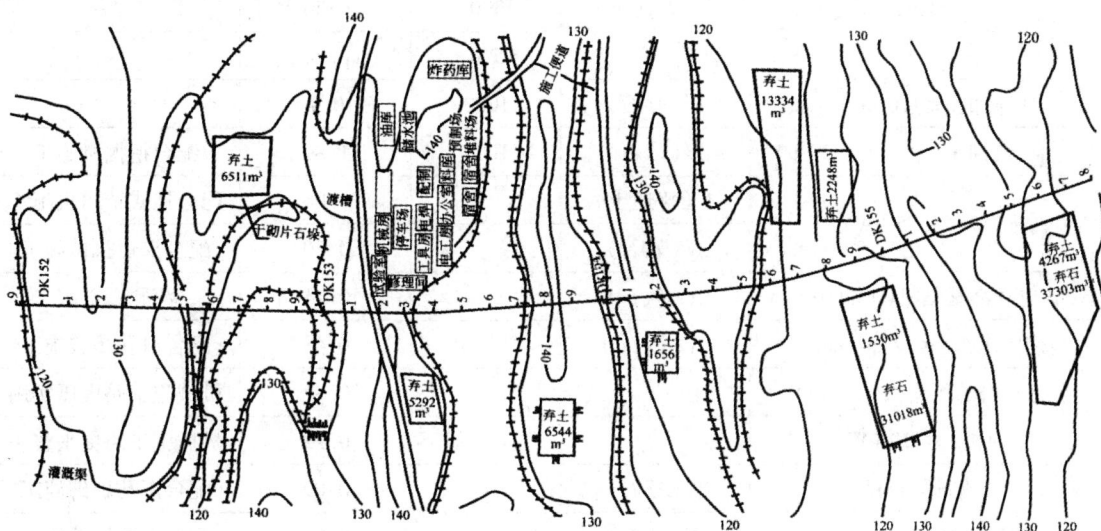

图 11 - 9　施工场地平面布置图

（二）施工进度安排

本段土石方工程分为两个区段进行施工安排，由一个机械筑路分队担负施工任务，采用两班制，每班工作 8 h，全月按 21 个工作日安排（周 40 h 工作制），施工期为 10 个月。

1. 机械需要量的计算

根据土石方调配结果，按照定额（见表 11 - 17）以及工期要求，计算机械需要量。

表 11 - 17　采用定额一览表

施工机械类型	土壤种类	运距/m	时间定额/（台班·100^{-1}m^{-3}）	说明
推土机（≤105 kW）	Ⅰ（松土）	100	0.63	
	Ⅱ（普通土）	100	66	
	Ⅳ（软石）	100	2.04	

续表 11 –17

施工机械类型	土壤种类	运距/m	时间定额/(台班·$100^{-1} \cdot m^{-3}$)	说明
拖式铲运机(≤8 m³)	Ⅰ(松土)	200	0.37	
		300	0.47	
	Ⅱ(普通土)	200	0.45	
		300	0.56	
		500	0.78	
挖掘机(≤1.0 m³)	Ⅳ(软石)	1000	0.4	
自卸车(≤10 t)	Ⅳ(软石)	1000	1.89	配合挖掘机施工
推土机(≤75 kW)	Ⅱ(普通土)		0.06	配合拖式铲运机施工
	Ⅳ(软石)		0.20	配合挖运机械施工
履带式电动潜孔钻机(d≤150 mm)	Ⅳ(软石)		0.24	深孔爆破眼
内燃空压机(≤12 m³/min)	Ⅳ(软石)		0.48	配合深孔爆破施工
自行式振动压路机(≤10 t)			0.37	机械施工路堤压实用
平地机(≤120 kW)			0.22	机械施工路堤平整用
气腿式凿岩机	Ⅳ(软石)		0.09	配合深孔爆破施工
气动锻钎机(d≤90 mm)	Ⅳ(软石)		0.01	配合深孔爆破施工

(1)第一段机械需要量的计算。

机械台班需要量计算公式

$$M = W_j q_j \qquad (11-28)$$

①主力施工机械台班需要量的计算。

铲运机(≤8 m³):

$$\sum M_{铲1} = 92.12 \times 0.45 + 118.03 \times 0.47 + 167.75 \times 0.56 + 105.54 \times 0.78 = 273(台班)$$

推土机(≤105 kW):

$$\sum M_{推1} = 16.35 \times 0.66 + 47.35 \times 2.04 = 107(台班)$$

挖掘机(≤1.0 m³):

$$\sum M_{w挖1} = 694.69 \times 0.4 = 278(台班)$$

自卸汽车(≤10 t):

$$\sum M_{w汽1} = 694.69 \times 1.89 = 1313(台班)$$

②辅助施工机械台班需要量的计算。

推土机(≤75 kW):

$$\sum M_{推1} = (92.12 + 167.75 - 105.54) \times 0.06 + 694.69 \times 0.20 = 161(台班)$$

潜孔钻机(d≤150 mm):

$$\sum M_{潜1} = (47.35 + 694.69) \times 2.04 = 178(台班)$$

内燃空压机($\leqslant 12\ m^3/min$)：

$$\sum M_{空1} = (47.35 + 694.69) \times 0.48 = 356(台班)$$

气腿式凿岩机：

$$\sum M_{凿1} = (47.35 + 694.69) \times 0.09 = 67(台班)$$

气动锻钎机($d \leqslant 90\ mm$)：

$$\sum M_{锻1} = (47.35 + 694.69) \times 0.01 = 7(台班)$$

自行式振动压路机($\leqslant 10\ t$)：

$$\sum M_{压1} = 1035.28 \times 0.37 = 383(台班)$$

平地机($\leqslant 120\ kW$)：

$$\sum M_{平1} = 1035.28 \times 0.22 = 228(台班)$$

③主力施工机械需要量计算公式。

$$N = \sum M/(T_z \cdot a) \tag{11-29}$$

铲运机($\leqslant 8\ m^3$)：$N_{铲1} = 273/10 \times 23 \times 2 = 0.59(台)$，采用 1 台。

推土机($\leqslant 105\ kW$)：$N_{推1} = 107/10 \times 23 \times 2 = 0.23(台)$，采用 1 台(与Ⅱ段倒用)。

挖掘机($\leqslant 1.0\ m$)：$N_{挖1} = 278/10 \times 23 \times 2 = 0.6(台)$，采用 1 台。

自卸汽车($\leqslant 10\ t$)：$N_{汽1} = 1313/10 \times 23 \times 2 = 2.85(台)$，采用 3 台。

(2)第Ⅱ段机械需要量的计算。

与前面计算同理可得：

①主力施工机械台班需要量。

$$\sum M_{铲2} = 151(台班)$$

$$\sum M_{推2} = 143(台班)$$

$$\sum M_{挖2} = 431(台班)$$

$$\sum M_{汽2} = 2038(台班)$$

②辅助施工机械台班需要量。

$$\sum M_{推2} = 238(台班)$$

$$\sum M_{潜2} = 274(台班)$$

$$\sum M_{空2} = 549(台班)$$

$$\sum M_{空2} = 103(台班)$$

$$\sum M_{锻2} = 12(台班)$$

$$\sum M_{压2} = 202(台班)$$

$$\sum M_{平2} = 120(台班)$$

③主力施工机械需要量。

$N_{铲2} = 151/10 \times 23 \times 2 = 0.33（台），采用 1 台。$

$N_{推2} = 143/10 \times 23 \times 2 = 0.31（台），采用 1 台（与 I 段倒用）。$

$N_{挖2} = 431/10 \times 23 \times 2 = 0.94（台），采用 1 台。$

$N_{汽2} = 2038/10 \times 23 \times 2 = 4.43（台），采用 5 台。$

根据上述计算及综合考虑，本段主力施工机械的配备情况是：铲运机（≤8 m³），2 台；推土机（≤105 kW），1 台（在 I、Ⅱ 施工段中相互倒用）；挖掘机（≤1.0 m³），2 台；自卸汽车（≤10 t），8 台。对于辅助施工机械，应根据各施工段所需台班数量、施工进度及施工机械相互配合施工等统筹考虑合理安排配备台数。根据本段具体情况安排如下：推土机（≤75 kW），2 台，I、Ⅱ 段各 1 台；潜孔钻机（d≤150 mm²）台，I、Ⅱ 段各 1 台；内燃空压机（≤12 m³/min），2 台，I、Ⅱ 段各 1 台；凿岩机 2 台，I、Ⅱ 段各 1 台；压路机（≤10 t），1 台；平地机（≤120 kW），1 台；锻钎机 1 台，根据施工需要在 I、Ⅱ 施工段内安排。

2. 进度安排

第 I 施工段采用 1 台铲运机、1 台推土机、1 台挖掘机、3 台自卸汽车等主要机械施工，于 11 月 1 日开工，次年 6 月 29 日完工；第 Ⅱ 段采用 1 台铲运机、1 台推土机、1 台挖掘机、5 台自卸汽车等主要机械，于 10 月 1 日开工，次年 7 月 20 日完工；全段需填筑渗水土 30433 m³，由于数量大、运距远（15～33 km）、工期紧，此项工作必须见缝插针，穿插安排，路基成型一段，则填筑一段，以保证铺轨工期。具体施工进度计算见表 11－18 和表 11－19，详细施工进度安排如图 11－10 所示。此外，本例还采用网络图安排施工进度，有关的计算安排详见表 11－20 和图 11－11。

表 11－18　路基土石方施工进度计算

序号	工程量/m³	土壤种类	运距/m	定额/(台班·1000⁻³)	需要台班/台班	使用土方机械数量	工作班数/(班·d⁻¹)	工天/d	日历天/d	起止日期
I－1	2668	普通（Ⅱ）	200	0.45	12			6	8	11.1—11.8
I－2	6511	松土（Ⅰ）	300	0.47	30.6			15.3	20	11.9—11.28
I－3	5948	普通（Ⅱ）	300	0.56	33.3			16.7	22	11.20—12.20
I－4	10554	普通（Ⅱ）	500	0.78	82.3	1 台铲运机	2	41.2	54	12.21—2.12
I－5	5292	松土（Ⅰ）	300	0.47	24.9			12.5	16	2.13—2.28
I－6	6544	普通（Ⅱ）	200	0.45	29.4			14.7	19	3.1—3.19
I－7	10827	普通（Ⅱ）	300	0.56	60.6			30.3	39	3.20—4.27
I′－1	22243	软石（Ⅳ）	1000	0.4	89			44.5	58	1.1—2.27
I′－2	19297	软石（Ⅳ）	1000	0.4	77.2	1 台挖掘机 3 台自卸汽车	2	38.6	50	2.28—4.18
I′－3	3562	软石（Ⅳ）	1000	0.4	14.2			7.1	9	4.19—4.27
I′－4	24367	软石（Ⅳ）	1000	0.4	97.5			48.8	63	4.28—6.29
I″－1	1635	普通（Ⅳ）	100	0.66	10.8			5.4	7	3.2—3.27
I″－2	2427	软石（Ⅳ）	100	2.04	49.5	1 台推土机	2	24.8	32	3.28—4.28
I″－3	2308	软石（Ⅳ）	100	2.04	47.1			23.6	31	4.29—5.29

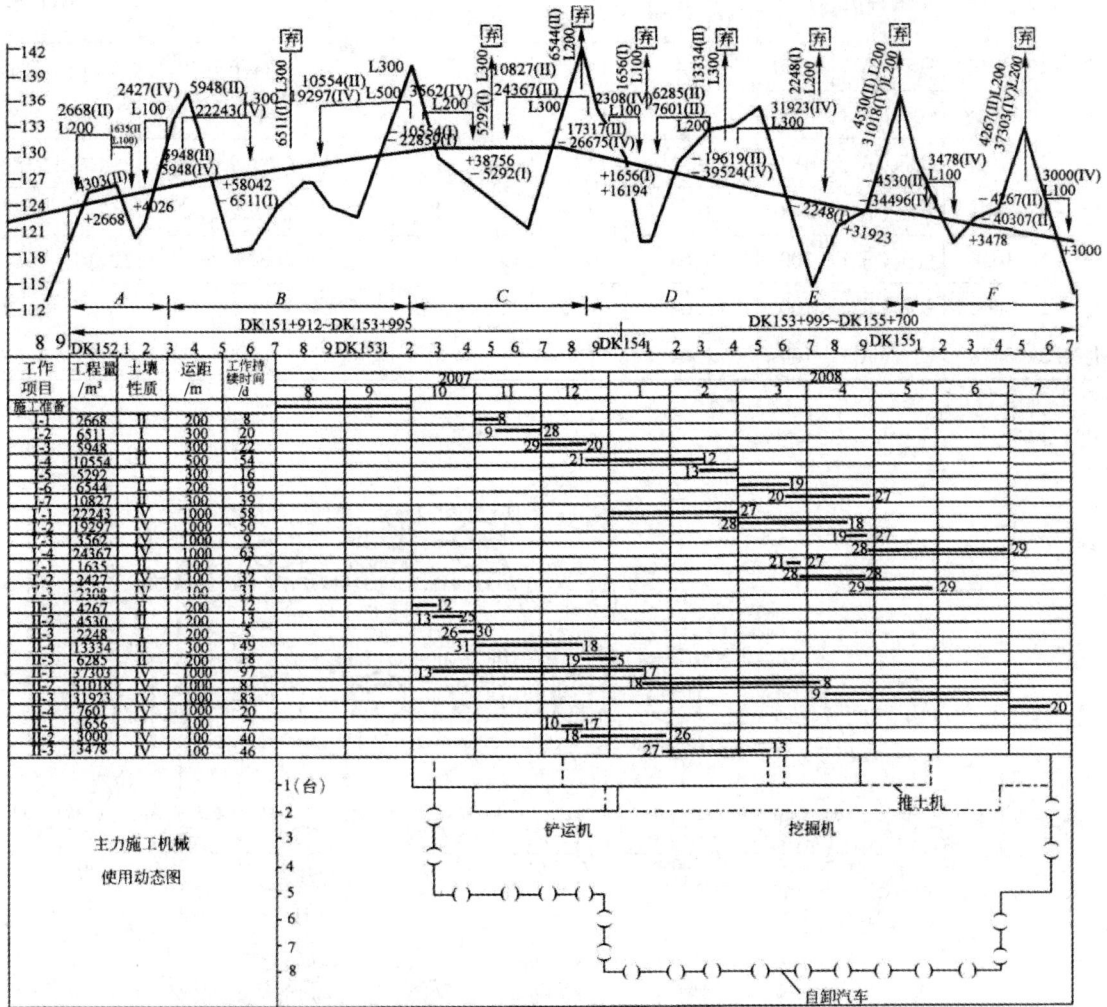

图 11－10　路基工程施工计划进度图

表 11－19　路基土石方施工进度计算

序号	工程量 /m³	土壤种类	运距 /m	定额/(台班· 1000⁻³)	需要台班 /台班	使用土方 机械数量	工作班数 /(班·d⁻¹)	工天 /d	日历天 /d	起止日期
Ⅱ－1	4267	普通土（Ⅱ）	200	0.45	19.2			9.6	12	10.1—10.12
Ⅱ－2	4530	普通土（Ⅱ）	200	0.45	20.4			10.2	13	10.13—10.25
Ⅱ－3	2248	松土（Ⅱ）	200	0.37	8.3	1 台铲运机	2	4.2	5	10.26—10.30
Ⅱ－4	13334	普通土（Ⅱ）	300	0.56	74.7			37.4	49	10.31—12.18
Ⅱ－5	6285	普通土（Ⅱ）	200	0.45	28.3			14.2	18	12.19—1.5

续表 11 – 19

序号	工程量 /m³	土壤种类	运距 /m	定额/(台班·1000⁻³)	需要台班 /台班	使用土方机械数量	工作班数 /(班·d⁻¹)	工天 /d	日历天 /d	起止日期
Ⅱ′–1	37303	软石（Ⅳ）	1000	0.4	149.2			74.6	97	10.13—1.17
Ⅱ′–2	31018	软石（Ⅳ）	1000	0.4	124.1	1 台挖掘机 5 台自卸 汽车	2	62.1	81	1.18—4.8
Ⅱ′–3	31923	软石（Ⅳ）	1000	0.4	127.7			63.9	83	4.9—6.3
Ⅱ′–4	7601	软石（Ⅳ）	1000	0.4	30.4			15.2	20	7.1—7.2
Ⅱ″–1	1656	松土（Ⅰ）	100	0.63	10.4			5.2	7	12.10—12.17
Ⅱ″–2	3000	软石（Ⅳ）	100	2.04	61.2	1 台推土机	2	30.6	40	12.18—1.26
Ⅱ″–3	3478	软石（Ⅳ）	100	2.04	71			35.5	46	1.27—3.13

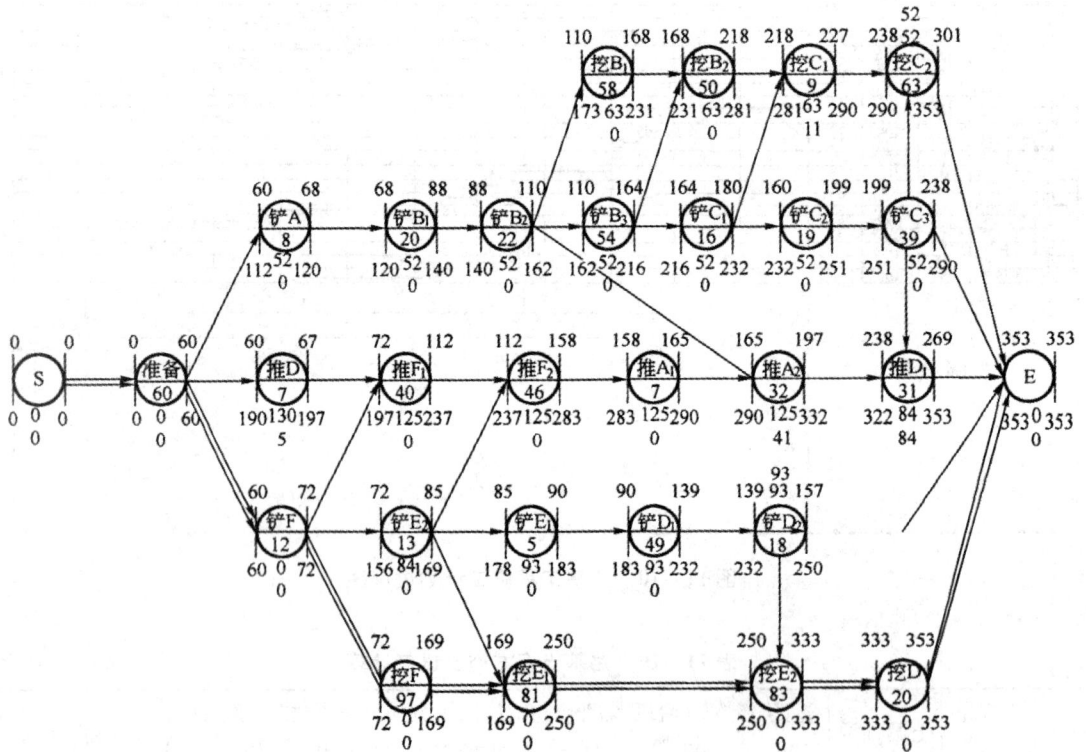

图例：

ES 最早可能开工时间　　EF 最早可能完工时间
LS 最迟必须开工时间　　LS 最迟必须完工时间
TF 总时差　　EF 局部时差　　——→ 关键线路

图 11 – 11　路基工程网络施工计划进度图

表 11 – 20　路基网络图施工工序划分及计算

分段	工序	施工方数量/m³	土壤种类	运距/m	定额(台班·1000⁻¹m⁻³)	需要台班/台班	使用主力机械数量	工作班数/(班·d⁻¹)	工作天/d	日历天/d
A	铲 A	2668	Ⅱ	200	0.45	12	1台铲运机	2	6	8
	推 A_1	1635	Ⅱ	100	0.66	10.8	1台推土机	2	5.4	7
	推 A_2	2427	Ⅳ	100	2.04	49.5	1台推土机	2	24.8	32
B	铲 B_1	6511	Ⅰ	300	0.47	30.6	1台铲运机	2	15.3	20
	铲 B_2	5948	Ⅱ	300	0.56	33.3	1台铲运机	2	16.7	22
	铲 B_3	10554	Ⅱ	500	0.78	82.3	1台铲运机	2	41.2	54
	挖 B_1	22243	Ⅳ	1000	0.40	89	1台挖掘机	2	44.5	58
	挖 B_2	19297	Ⅳ	1000	0.40	77.2	1台挖掘机	2	38.6	50
C	铲 C_1	5292	Ⅰ	300	0.47	24.9	1台铲运机	2	12.5	16
	铲 C_2	6544	Ⅱ	200	0.45	29.4	1台铲运机	2	14.7	19
	铲 C_3	10827	Ⅱ	300	0.56	60.6	1台铲运机	2	30.3	39
	挖 C_1	3562	Ⅳ	1000	0.40	14.2	1台挖掘机	2	7.1	9
	挖 C_2	24367	Ⅳ	1000	0.40	97.5	1台挖掘机	2	48.8	63
D	推 D_1	2308	Ⅳ	100	2.04	47.1	1台推土机	2	23.6	31
	推 D_2	1656	Ⅰ	100	0.63	10.4	1台推土机	2	5.2	7
	铲 D_1	13334	Ⅱ	300	0.56	74.7	1台铲运机	2	37.4	49
	铲 D_2	6285	Ⅱ	200	0.45	28.3	1台铲运机	2	14.2	18
	挖 D	7601	Ⅳ	1000	0.40	30.4	1合挖掘机	2	15.2	20
E	铲 E_1	2248	Ⅰ	200	0.37	8.3	1台铲运机	2	4.2	5
	铲 E_2	4530	Ⅱ	200	0.45	20.4	1台铲运机	2	10.2	13
	挖 E_1	31018	Ⅳ	1000	0.40	124.1	1台挖掘机	2	62.1	81
	挖 E_2	31923	Ⅳ	1000	0.40	127.7	1台挖掘机	2	63.9	83
F	推 F_1	3000	Ⅳ	100	2.04	61.2	1台推土机	2	30.6	40
	推 F_2	3478	Ⅳ	100	2.04	71	1台推土机	2	35.5	46
	铲 F	4267	Ⅱ	200	0.45	19.2	1台铲运机	2	9.6	12
	挖 F	37303	Ⅳ	1000	0.40	149.2	1台挖掘机	2	74.6	97

（三）施工要求

1. 路堑

精确测定施工开挖边桩，画出施工图，先施工天沟、护裙，阻止地表水渗入边坡，路堑边坡由于采用浆砌片石护坡全封闭防护，因此开挖时，留 0.3～0.5 m 厚保护层以利边坡稳定和精刷坡。开挖应自上而下，分层开挖，分段完成，及时封闭，施工至换填标高后，应及时用深水土换填基床，防止暴露过久。

（1）基底处理。

清除地面的树根腐殖土等杂物，并根据地面坡度，用推土机整平或自下而上挖台阶，并随挖随填筑压实，保持台阶的稳定，整平压实必须达到设计要求的密实度。水田地段应清除0.5 m厚淤泥和腐殖土后，整平、挖台阶碾压密实。水塘地段，挖除1 m厚淤泥，抛填2 m厚片石和0.25 m厚砂夹卵石反滤层，并采用振动式压路机碾压。

（2）填筑路堤。

按照《铁路路基填筑压实施工供应》有关规定，采用四区段、八流程，水平填筑的方法施工，分层厚度不宜大于30 cm，填料块经击碎15 cm以下，碾压时应保持最佳含水量，并配以相应的加强压实机械碾压，压实应先压两侧（靠路肩部分）后，再压中央，平行操作，行与行之间及相邻区段均应重叠压实。并应按规范要求进行压实密度的检验，对路基边坡部分（2.0 m内）的检验应单独进行，抽样点数应比《铁路路基施工规范》要求增加一倍。

五、与其他工程的配合

本段共有单孔箱涵12座，双孔涵上座，倒虹吸管5座，渡槽1座，此外还有大量档、护、沟等附属工程，而土石方工程按照通段施工、通断成型、通段竣工的原则安排施工。因此，根据路基开挖和填筑段落的先后顺序和时间安排，应紧跟安排档、护、沟等工程的施工，为路基填筑深水创造条件，赢得时间；涵洞工程应先行安排施工，保证其圬工按期达到承重强度，以配合机械填筑路堤的顺利进行。

六、劳、材、机需要量（表11-21）

表 11-21　主要劳、材、机需要量统计表

劳、材、机名称	单位	数量	劳、材、机名称	单位	数量
人工	工天	18306	内燃空压机（≤12 m³/min）	台班	905
合金工具钢	kg	377	气腿式凿岩机	台班	170
潜孔钻头96150	个	189	气动锻钎机（d≤90 mm）	台班	19
合金钻头	个	189	履带式推土机（≤105 kW）	台班	250
钻头键	个	94	拖式铲运机	台班	424
合金刀片	kg	38	履带式推土机（≤75 kW）	台班	394
硝铵炸药1号	kg	94264	履带式液压单斗挖掘机（≤1.0 m³）	台班	709
火雷管8号、金属壳	个	5656	自卸汽车（≤10 t）	台班	3351
非电毫秒雷管（导爆管长4 m）	发	47132	自行式振动压路机（≤10 t）	台班	585
导爆管 D3	m	28279	平地机（≤120 kW）	台班	348
履带式电动潜孔钻机（d≤150 mm）	台班	452	柴油	kg	343058

七、材料供应计划

（一）外来材料

由柳州局南宁材料厂供应油料、水泥、钢材、木材及火工产品等材料，运距 210 km。

（二）大堆材料的供应

1. 片石

从尤昌石场购买，运距 19 km。

2. 砂

从祥周砂场（河砂）购买，运距 16 km。由于砂价随时变动上涨且供应数量有限，因此应设堆料场，积蓄备用，并根据需要自行采集山砂。

八、质量、安全措施

（1）贯彻分级图纸会审制度，熟悉图纸，领会设计意图。

（2）坚持技术交底、工程日志记录制度。

（3）严格测量复核制，认真做好测量记录，准确控制路基边桩及路基尺寸，避免出现超填欠挖。

（4）严格按规范施工，及时检查路基压实密度，保证路基填筑质量。

（5）建立健全质量保证体系，积极开展 QC 攻关活动。

（6）贯彻执行工程检查签证制，凡未经监理工程师签证者，不得进行下道工序的施工。

（7）编制创优规划和目标管理图，定人定责，努力实现全优工程的目标。

（8）加强对职工的安全教育，并定期进行安全质量检查及评比活动，并加强对职工的劳动保护工作。

（9）执行机械司机持证上岗，对施工机械及车辆应勤检查、勤保养。运输车辆应遵守交通规则，文明行车，严禁酒后驾车。

（10）一旦发生质量安全事故，按"三不放过"原则处理。

九、重要网址及二维码

其他如桥涵、隧道、轨道、线路大修、高速铁路实施性施工组织设计的编制流程与铁路路基的实施性施工组织设计基本相同，不再赘述，自学参考：

铁路路基施工组织设计专项任务（网址及二维码）：

http：//www.worlduc.com/SpaceShow/Blog/More.aspx？cid = 366524&sid = 2654321&uid = 177251

《铁路工程施工组织与管理大作业》（网址及二维码）：

http：//www.worlduc.com/blog2012.aspx？bid = 11627981

《铁路桥涵实施性施工组织设计》（网址及二维码）：

http：//www.worlduc.com/blog2012.aspx？bid = 55790721

《铁路隧道实施性施工组织设计》（网址及二维码）：

http：//www.worlduc.com/blog2012.aspx？bid = 55790718

《铁路轨道实施性施工组织设计》（网址及二维码）：

http：//www.worlduc.com/blog2012.aspx？bid = 55790714

《线路大修施工组织设计》（网址及二维码）：

http：//www.worlduc.com/blog2012.aspx？bid = 55790637

任务 11.7　相关案例

案例：铁路路基工程实施性施工组织设计大作业

（一）工程概况

1. 地形

本段路基施工里程为 DK12 + 000 ~ DK14 + 000，经过地势较为平坦的丘陵地区，地势起伏不大，相对高差 12 ~ 25 m，自然坡度 9°~ 18°，位于荒野地区。线路与某国道走向大致平行，且距离较近，交通方便。

2. 地质

该路基所在地区地表植被较差，上覆松土厚 0 ~ 2 m，下覆第三系泥质砂岩，为Ⅳ级软石，属弱风化岩土，稳定性较好，在施工中可利用为路基填料。

3. 气候条件

工程所处地区为四川中部，属于中亚热带季风气候区，雨热同季，冬暖、夏长、春早、秋雨，云雾多，霜雪少，年平均气温 17 ~ 18.3℃，常年降水在 1000 mm 左右，主要集中在 5 - 9 月，占全年降水的 73%，安排施工时应考虑其不利影响。

4. 工期

根据相关部门及指挥部的要求，工程自 2016 年 11 月 1 日开始施工，至 2017 年 10 月 1

日铺轨，工期为 11 个月，施工准备时间为 1 个月。

5. 主要工程数量

本段路基土石方工程数量为 265500 m³，其中挖方为 147500 m³，填方为 118000 m³，具体分布见附图。在经济运距范围内尽量移挖作填，弃土时多考虑造地，搞好对农业的支援。

（二）设计要求

编制路基实施性施工组织设计时，完成以下四项工作：

（1）路基土石方调配表的编制。

（2）施工进度安排。

（3）绘制双代号网络图，施工进度横线图。

（4）质量、安全保障措施。

（三）编制路基工程实施性施工组织设计

为了叙述方便，将 DK12 +000 ~ DK12 +200 命名为 Ⅰ 区，DK12 +200 ~ DK12 +600 命名为 Ⅱ 区，DK12 +600 ~ DK12 +900 命名为 Ⅲ 区，DK12 +900 ~ DK13 +100 命名为 Ⅳ 区，DK13 +100 ~ DK13 +500 命名为 Ⅴ 区，DK13 +500 ~ DK13 +900 命名为 Ⅵ 区，DK13 +900 ~ DK14 +000 命名为 Ⅶ 区。

为了计算方便，将各填挖区间的土体间化为三角棱柱体，横向长度相等。经计算，各百米标内的土石方大约数量如图 11 – 12 所示。

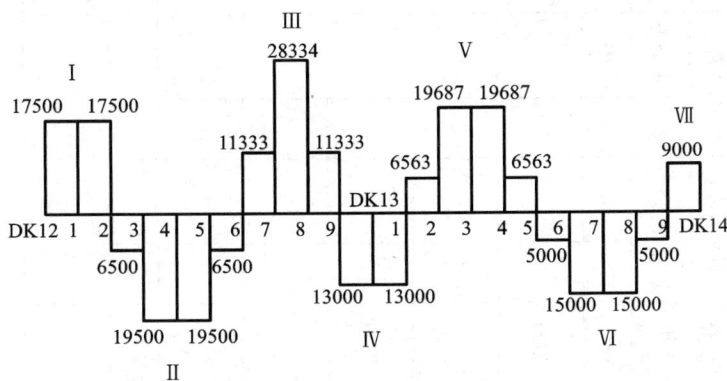

图 11 – 12　各百米标内的土石方数量

本段线路处于荒野，取弃土不占农田，无青苗可损，挖土单价 0.3 元/m³，运 1 m³ = 0.1 元/m，$L_K = 110$ m，$L_p = 100$ m，计算得：

$$L_{mp} = [0.3 + 0.1 \times (110 + 100)]/0.1 = 213(m)$$

调配情况示例如下：

将 DK12 +040 ~ DK12 +200 处挖方 28000 m³ 纵向调至 DK12 +200 ~ DK12 +410 处作填方是经济的。

平均运距 $L_{cp} = \{[10500 \times 130 + 17500 \times 50] + [6500 \times 50 + 19500 \times 150 + 2000 \times 205]\}/28000 = 210.7(m) < 213$ m。

调配结束后，请根据调配情况填写路基土石方数量调配明细表（表 11 –22 和表 11 –23）。

表 11－22　路基土石方数量调配明细表

DK12+000 ~ DK14+000　施工设计

起讫里程	区编号	断面方数量/m³ 路堤	路堑	施工方数量/m³ 路堑 往路堤	路堑 往弃土堆	自取土坑 紧方	自取土坑 涨余方	利用方数量/m³ 路堤 自路堑 紧方	自路堑 涨余方	自其他 紧方	自其他 涨余方	自何处来/往何处去	土石等级 I / IV	运距/m	施工方法及数量/m³ 推土机100m I/IV	铲运机200m I/IV	铲运机300m I/IV	铲运机500m I/IV
1	2	3	4	5	6	7	8	9	10	11	12	13	14	15	16	17	18	19
DK12+000 ~ DK12+040	Ⅰ		7000		7000							往弃土堆	I / IV	110	I / IV			
DK12+040 ~ DK12+200	Ⅰ		28000	28000								往Ⅱ区	I / IV	211				
第Ⅰ区小计			35000	28000	7000								I / IV					
	Ⅱ												I / IV					
	Ⅱ												I / IV					
第Ⅱ区小计													I / IV					
	Ⅲ												I / IV					
	Ⅲ												I / IV					
	Ⅲ												I / IV					

续表 11－22

起讫里程	区编号	断面方数量/m³		施工方数量/m³								利用方数量/m³	土石等级	运距/m	施工方法及数量/m³			
				路堑		自取土坑		路堤				自何处来 任何处去			推土机 100 m	铲运机 200 m	铲运机 300 m	铲运机 500 m
		路堤	路堑	往路堤	往弃土堆	紧方	涨余方	自路堑		自其他					I / IV	I / IV	I / IV	I / IV
								紧方	涨余方	紧方	涨余方							
1	2	3	4	5	6	7	8	9	10	11	12	13	14	15	16	17	18	19
	Ⅳ												I / IV					
	Ⅳ												I / IV					
第Ⅲ区小计																		
	Ⅴ												I / IV					
	Ⅴ												I / IV					
	Ⅴ												I / IV					
第Ⅳ区小计																		
	Ⅵ												I / IV					
	Ⅵ												I / IV					
第Ⅴ区小计																		

续表 11-22

起讫里程	区编号	断面方数量/m³		施工方数量/m³									自何处来任何处去	土石等级	运距/m	施工方法及数量/m³			
				路堑		利用方数量/m³									推土机 100 m	铲运机 200 m	铲运机 300 m	铲运机 500 m
		路堤	路堑	任路堤	任弃土堆	自取土坑		路堤 自路堑		自其他					I/IV	I/IV	I/IV	I/IV
						紧方	涨余方	紧方	涨余方	紧方	涨余方							
1	2	3	4	5	6	7	8	9	10	11	12	13	14	15	16	17	18	19
	VI												I/IV					
	VII												I/IV					
第VI区小计																		
全段总计		118000	147500															

表 11 –23 路基土石方数量调配汇总表

DK12 + 000 ~ DK14 + 000　　施工设计

土、石类别	施工方法	运距	施工方数/m³	备注
I	推土机施工	100		
IV	推土机施工	100		
I	铲运机施工	200		
IV	铲运机施工	200		
I	铲运机施工	300		
IV	铲运机施工	300		
I	铲运机施工	500		
IV	铲运机施工	500		
全段合计				

（二）施工进度安排

本段土石方工程分为一个区段进行施工安排，由两个机械筑路分队担负施工任务，采用两班制，每班工作 8 h，全月按 23 个工作日安排，施工期为 10 个月。根据土石方调配结果，按照定额（见表 11 –17）以及工期要求，计算机械需要量。补充：铲运机铲运 200 m（IV 类软石）时间定额：0.78 台班/100 m³，铲运机铲运 300 m（IV 类软石）时间定额：1.20 台班/100 m³。

1. 机械需要量的计算

2. 进度安排

表 11-24　第一机械筑路分队路基土石方施工进度计算

施工机械	区段位置	工程量/m³	土壤种类	运距/m	定额/(台班·100⁻¹·m⁻³)	需要台班/台班	使用土方机械数量	工作班数/(班·d⁻¹)	工天/d	日历天/d	起止日期
推土机			Ⅰ/Ⅳ								
			Ⅰ/Ⅳ								
			Ⅰ/Ⅳ								
			Ⅰ/Ⅳ								
			Ⅰ/Ⅳ								
铲运机			Ⅰ/Ⅳ								
			Ⅰ/Ⅳ								
			Ⅰ/Ⅳ								
			Ⅰ/Ⅳ								
			Ⅰ/Ⅳ								
			Ⅰ/Ⅳ								
			Ⅰ/Ⅳ								
			Ⅰ/Ⅳ								

注：按照紧凑法施工

表 11-25　第二机械筑路分队路基土石方施工进度计算

施工机械	区段位置	工程量/m³	土壤种类	运距/m	定额/(台班·100⁻¹·m⁻³)	需要台班/台班	使用土方机械数量	工作班数/(班·d⁻¹)	工天/d	日历天/d	起止日期
推土机			Ⅰ/Ⅳ								
			Ⅰ/Ⅳ								
			Ⅰ/Ⅳ								
			Ⅰ/Ⅳ								
			Ⅰ/Ⅳ								
铲运机			Ⅰ/Ⅳ								
			Ⅰ/Ⅳ								
			Ⅰ/Ⅳ								
			Ⅰ/Ⅳ								
			Ⅰ/Ⅳ								
			Ⅰ/Ⅳ								
			Ⅰ/Ⅳ								

（三）双代号网络图、施工横道图

（四）质量、安全措施

思 考 与 练 习

1. 路基工程主要包括哪些工程项目和工作内容？

2. 编制路基工程实施性施工组织设计的程序是什么？

3. 土石方调配的基本目的和要求是什么？

4. 土石方调配应遵守哪些基本原则？

5. 区间路基土石方调配的基本原理是什么？ 如何确定最大经济运距？

6. 横向运距如何确定？ 当重载方向有上下坡时，如何确定实际运距？

7. 简述概略调配法的方法原理及特点。

8. 路基土石方工程施工中如何选择施工机械？

9. 路堤填筑施工工艺流程中"三阶段、四区段、八流程"分别指什么？

10. 如何计算路基工程施工所需的劳动力、机械及运输工具的需要量？

11. 怎样计算路基工程的施工进度？

12. 铁路路基施工平面布置图的主要内容？

参考文献

[1] 吴安保.铁路工程施工组织[M].北京：人民交通出版社，2011.

[2] 赵君鑫，陆银根.铁路工程施工组织设计[M].成都：西南交通大学出版社，2013.

[3] 张向东.铁路施工组织与管理[M].北京：中国铁道出版社，2013.

[4] 李明华.铁路及公路工程施工组织与概预算[M].北京：中国铁道出版社，2016.

[5] 成虎，陈群.工程项目管理[M].北京：中国建筑工业出版社，2011.

[6] 刘武成，黄南清.施工组织设计与工程造价计价[M].北京：中国铁道出版社，2007.

[7] 王首绪.公路施工组织及概预算[M].北京：人民交通出版社，2008.

[8] 李立增.工程项目施工组织与管理[M].成都：西南交通大学出版社，2009.

[9] 柴彭颐.项目管理[M].北京：中国人民大学出版社，2011.

[10] 郭占月.高速铁路工程施工组织管理[M].成都：西南交通大学出版社，2014.